反全球化的新語境

周慶華 · 著

序

　　正當全球化風行而世人普遍期待它更實在的時刻，要反全球化且能看到具體的效應，顯然有如蚍蜉撼樹，絲毫也起不了什麼震盪的作用。但反全球化這條路又不能不走，因為由西方世界所主導推動的全球化，已經過度耗用地球有限資源而造成不可再生能量即將到達飽和的險境，不反全球化大家就會淪落集體滅絕的下場。

　　我們知道，全球化表面的榮景，始終掩蓋不了赤裸裸的資源爭奪戰和許多貪得無厭的嘴臉在吃定這個早已千瘡百孔的地球。封·笙堡（A. von Schönburg）《窮得有品味》一書就描寫了這一幕景象：「在那些所謂新自由主義的國家裏，比方說英國，法律並沒有明確規定資方該怎麼通知員工『他被裁員了』。於是倫敦一家保險公司，只用手機簡訊就叫員工滾蛋。另一家公司更有創意，而且還效率卓著：他們乾脆啟動警報系統佯稱火警。驚慌失措的員工全數自動離開座位，聚集在辦公大樓前。接著奇妙的事發生了，所有被裁員員工的晶片都失效了，再也不得其門而入（此舉堪稱是裁員中的經典之作）。另外，美國一家投資銀行也很妙，他們在旗下的倫敦分行舉辦了一次『樂透抽獎』，抽到『0』的人就必須自動離職。」（封·笙堡，2008：21）這還只是系統內部的社會達爾文主義式的「殺伐」。如果再擴及西方跨國企業的四處掠奪，那麼留給當地社會的豈止是一個「血淋淋的創傷」可以道盡！

　　封·笙堡的書裏還著錄了一個現象：「伊利諾州那個『幸運』的三十七歲廚師，贏得樂透彩三百六十萬美金，不到幾天就心臟病突發，一命嗚呼了，據說是因為受不了得獎的壓力！另一位曾在德國被大肆報導過的『樂透先生』，也在贏得三百九十萬馬克樂透彩後，從只喝得

起廉價啤酒的失業貧民,搖身變成穿金戴銀、皮草加身的大富豪。夜夜笙歌、酒色才氣的結果是,五年後他掛了。所以事情的結果可能跟我們想像的剛好相反:我們認為幸運的事,可能是導至災難降臨的最大原因。王爾德說得好:『如果上帝要懲罰一個人,就是傾聽他的願望。』」(同上,78)這看來好像僅是「個案」,其實背後的邏輯卻是世人都被鼓舞了向錢看的熱情,而由那些少數的「幸運兒」代為演出猙獰吃相的戲碼!

全球化就儘讓我們看到這些「不知伊於胡底」的難堪境況,沒有了明天美好的盤算,也沒有可以深所寄望的未來。此外,全球暖化警示升高、生態嚴重失衡、環境破壞日劇和核武擴張無時或已等等,更讓人無從看好全球化有辦法反過身拯救自己所惹來的危殆!因此,反全球化就是最新的濟世策略,也是還想活命的人勢必要一起承擔的重負。

因為反全球化仍在擬議中,必須先有適當或充分的語境提供空間給它發揮,所以我就透過言說來完成這一次第的「諫靜之旅」。而由於先前零星所見的一些反全球化聲浪還搆不上連自己尾隨全球化都一併要反的規格,以至我的倡議也就可以逕自稱為「反全球化的新語境」。一般所說的語境,是具有認知作用的,叫做「認知語境」。而「所謂認知語境,既包括了上下文這種語言意義上的語境,又包括了即時情景這種物質語境,還有個人特定的記憶、經歷和對未來的期望所構成的心理語境以及社羣知識、百科知識這些在不同程度上共有的知識語境」〔斯珀波(D. Sperber)等,2008:譯者前言 14〕。反全球化所需要的新語境,既是可以作為上下文範限的,又可以充當環境背景和人的先備經驗,合而顯現它的能表顯能潛藏的特性。而這點我所完構的一系列論述,基本上都有自信可供反全球化思潮的憑藉。

如果說反全球化得有基礎才能進一步去衝撞全球化的體制,那麼這個基礎無疑就是東方文化原本保有的那一非耗能狀態以及針對現況而有待發展的新能趨疲(entropy)世界觀,二者「合作」就成了對抗全球化最好的武器。而目前還難見成效的,只要等非西方社會的人覺

悟且願意唾棄西方文化的宰制，就會出現「登高一呼，四方響應」的效應。因此，反全球化的新語境在此時此刻就有一點「導夫先路」的功能；它表面上是在供給反全球化的可用資源，而實質上則是自己也先反全球化了。就因為憑著這雙重性，所以更確信反全球化乃是通往救渡世界危亡最直接的道路。

周慶華

目　次

導論：反全球化新語境的形塑方向

　　全球化已經不是一朝一夕的事實，從十六世紀西方開始興起資本主義及殖民征服後就陸陸續續的登場；如今西方社會更挾著強勢的政經、科技和軍事力量橫掃全世界，而造成非西方社會也被迫普遍接受西方文化的一體化現象。但我們卻又發現這種全球化的高耗能和殘酷鬥爭取向，早已導至地球資源日漸枯竭、生態失衡、環境破壞、暖化效應和核武恐怖等後遺症難以善了。因此，從根本上反西方社會所主導的全球化，也就成了挽救舉世沉淪的唯一途徑。

　　當今有所謂賽局理論，告訴人一些諸如「囚犯困境」、「公共財的悲劇」、「搭便車」、「膽小鬼賽局」、「自願者困境」、「兩性戰爭」、「商場爾虞我詐」、「軍備競賽」和「獵鹿問題」等，都是雙方未能協議合作所釀成的〔龐士東（W. Poundstone），2007；費雪（L. Fisher），2009〕。如果把這點「通」到全球化現場，那麼似乎也可以預告「只要你願意追隨全球化的腳步，你就不會被孤立而慘遭淘汰的命運」。問題是：比起人類如此無節制的全球化下去而很快就會滅絕來說，反全球化只不過是從富裕轉清貧，那又算得了什麼？再說反全球化一旦形成一股浪潮，被「孤立」的國家越來越多，豈不是可以反過來有效的制衡全球化操縱者的瘋狂舉動？可見反全球化的未來充滿著「希望」，大家沒有理由越過它而還能思考人類的前途問題！

　　只是反全球化必須有新語境來提供它「反」的背景。以及促成它更知所前進的方向。這就是本書所極力要開發的，成果已經展示在後面。現在基於大家閱讀「入題」上的方便，則不妨略作一點導論。首先是如何摶成反全球化新媒因的構想：新能趨疲（entropy）時代的世

1

界觀和現存的創造觀／氣化觀／緣起觀等三大世界觀,彼此構成一基
進一保守的對立關係。當中前者和後者中的氣化觀／緣起觀(一為中
國傳統所屬;一為印度佛教所開啟)有某種程度的相通,可以進一步
的相互辯證;而前者和後者中的創造觀(西方所屬)則為兩極端,頗
不相容,以至要相互辯證就得要氣化觀和緣起觀來折衝,而造成彼此
必須「多元辯證」才足以挽救地球陷入不可再生能量趨於飽和的危機。
而以此作為反由創造觀型文化所主導的全球化浪潮的媒因,恰好可以
成為一種反全球化的在地新構想。

其次是最有可能成為這一波反全球化的強大制衡力量的華語敘述
及其抗衡式的華語帝國,則期待儘快形塑反轉來發揮濟危扶傾或挽救
世局的功能。前者(指華語敘述),緣於面對歐美強權所推動的全球化
浪潮,原自有一定威勢的傳統中國,竟也不能免俗的全心去擁抱,撿
拾別人的唾餘度日;以至百多年來一直不見自家面目,民族尊嚴從此
掃地!因此,寄望一個新穎的華語敘述來針砭時局且試圖挽回失去的
自信心,也就有「時代的意義」。而這個新變途徑,則在復振深化可以
藉為濟危扶傾舉世滔滔暴亂的安全閥的傳統仁學。傳統仁學以「推己
及人」為張本,節欲面世,所具有的「縮結人情／諧和自然」特性,
可以緩和西方強權為「挑戰自然／仿效上帝」所帶來的蹙迫壓力和迷
狂興作。後者(指華語帝國),乃因英語帝國的形成,靠的是殖民征服
和資本主義動能,使得英語在跨洲際的流動中取得一種「傾銷」和「迎
合」的絕對優勢。如今另一個華語新興勢力正在醞釀,但要離可以成
為華語帝國的目標還很遙遠。理由是華語背後的文化形態並不像英語
背後的文化形態以造物主的支配身分自居,沒有殖民他者的強烈欲望
和連帶興作資本主義,自然也無力反凌越西方社會而奪取帝國地位。
但華語因內蘊「氣化觀」的韌度和諧和性,卻可以用來制衡英語帝國
過度行使所導至的世界破敗的危機;而在相對上的挽救世局有功而自
成一個抗衡式的帝國。

　　再次是可以透過後生態哲學的去執方式和文化治療的通識致用遠景來支持反全球化的律動。前者（指後生態哲學），起於向來生態哲學所自詡的以綠色經濟來挽救地球危亡的策略，其實也沒有脫離「增加人類負擔」的行列；不如後生態哲學能徹底的扭轉乾坤，因為它以「根本去執」的諫諍方式，將人類推向真誠面對能趨疲危機的關卡。這是破斥發達經濟和轉向持續經營迷思的唯一利器，也是世界可以重獲休養生息的唯一機會。而這還可以探向靈界以取得更進一步「互通相偕」的消息，以便再開啟另一波後後生態哲學的論述規模。後者（指文化治療），則是因為當今世界資源高度短缺、生態環境遭到嚴重破壞和軍備競賽深為危及人類社會的和平等，都肇因於西方創造觀型文化內蘊的原罪觀念及其塵世急迫感所衍發的強勢作為以及東方的氣化觀型文化和緣起觀型文化的妥協屈服。而這得回返對文化次系統中的觀念系統的改造平反，以為拯救世界的沉淪，並深為寄望新能趨疲世界觀的創立，作為一個通識觀點的文化治療最後的手段，以促使世界的永續經營和人類社會的長治久安。

　　再次是寄望新媒因（memes）的產生和類似電影文化學的建構予以反全球化致命的打擊和從旁規諫。前者（指新媒因），所看重的是媒因作為一個不定性的思想傳染因子，可以從形塑社會的力量到繁衍文化的幫手，在在顯示它的「語言催化」的功效。這種功效，是透過語言包裝或體現意識形態和世界觀而四處傳播形成的；它的「一來一去」的搧動力和穿透力，已經成了考察社會變遷和文化趨向的憑藉，可以特加留意且從未來學的角度別為寄寓。後者（指電影文化學），則是為了電影是一種綜合藝術，可被討論的面向甚多，但獨缺一門電影文化學。現在新建構這門電影文化學，則可以補既有電影學分支學科的不足，而予以電影「終極」所以可能作積極的理論說明。當中文學性電影審美的精緻化體現，則為電影文化學話語撐起它最可感的一面，如《海上鋼琴師》、《那山那人那狗》和《春去春又來》等所印證的。而相關成果的演繹和運用，也因為該理論建構的有效性而可以確保無虞。

　　再次是反全球化所能形成的強大的制衡力量的華語敘述和華語帝國，背後需要中國哲學的非線性思維和一套氣化觀來奠基。前者（指中國哲學的非線性思維），針對向來析辯中國哲學不同於西方哲學的人，思路都礙難「貼緊」，以至所論大多乏效且不知從那裏入手去設想前景的問題。而這改進之道，則可以強化方法論而將中國哲學定調為非線性思維，以有別於西方哲學的線性思維；彼此背後由氣化觀和創造觀分立「各自顯能」，並分別橫併和通貫於對象思維。至於哲學這種後設思維類型，在中國非線性思維系統內，可以發露來引導世人重新調整步伐走出地球末日的困境，則又是大家要有的最大的蘄嚮。後者（指中國哲學內蘊的氣化觀），則可以由字義論述一體以見一斑：中國傳統哲學的表出有字義論述一體，以「字」領銜，界說闡發，兼陳列問答，具象哲理啟蒙樣式。所論述僅及一度後設，卻已自足，而有別於西方哲學須一再後設才能顯義。彼此分別有世界觀在背後制約，不可混同，也無從混同。而論述字義以成就一種特殊看待方式的，則取它可以繼續應時「正人心」、對比「明殊途」和批判「警雜說」等以制衡外來文化的凌駕致禍。

　　再次是無妨經由超鏈結的讀經方式和重新彰顯中國古來仁學的優著性，以儲備抗衡全球化的有力武器。前者（指超超鏈結的讀經方式），這是繼後結構主義的「互文性」和解構主義的「延異」說為後現代社會打造一個語言遊戲的空間之後，網路興起所開啟的「超鏈結」觀念及其踐履又把人類推進到了更可能虛無化的後資訊社會，所有傳統的學問在這一頻遭被解構威脅的關卡，能否「起死回生」就看我們是否有辦法讓它「超越」過去。而這無妨先以一個「超超鏈結」的作法來投石問路，從傳統最富「常道」的經書汲取當中的智慧為形成一股新的鏈結人生、社會和全世界的批判力量，專注於以縮結人情和諧和自然的古老教訓對治當今的紛爭和能趨疲的危機，庶幾可望有大家所僅能期待的「雖不美好卻也不致太壞的明天」。後者（指重新彰顯中國古來仁學的優著性），全因孔子所遺語錄《論語》，率先開啟氣化觀型文

化所特有的「縮結人情」學問，而以「相人偶」的仁道定調，所論涵蓋仁性、仁心和仁行等倫理體系，已經自成一格而深深影響著後世道德形上學的衍變發展。但仁學為一而看待仁學的意見卻頗見分歧，自古迄今幾乎都還未能盡憭「此中緣故」。以至另出一「仁學學」的詮解形式，將「一切都是人所賦予而成義」的道理闡述清楚，以及跟氣化觀型文化的精神作一內在理路的系聯，也就有重開新學的意義和價值。

再次是以另類的靈療轉向觀念來思考反全球化的必要跨界動員，以及藉類如新詩寫作的跨域升沉後的新抉擇來貞定反全球化的路向。前者（指靈療轉向），我們將會看到或發現權力欲求的跨界重現的不可避免性以及靈療盛行的跟原為對治文明病的歧出扞格。前者（指權力欲求的跨界重現的不可避免性），是指權力這種「儼然是生活最真實的形式」的對他人的影響力或支配力，它一旦在心中醞釀而形成一種意志（欲望），很快地就會外發為生活場域的強勁的競爭力；而這種競爭力在靈體的無止盡的流轉互動過程中也一定是要不斷地跨界重現（甚至更「變本加厲」的循環互進）。至於後者（指靈療盛行的跟原為對治文明病的歧出扞格），則是起因於靈療隨著為對治文明病的另類療法興起而公開化後，並沒有回返「轉求自足」，反而在跨界重現權力欲求的當下加劇了文明病的蔓延；而這只要看看社會中靈療盛行而絲毫不減大家「昏茫奔競」的心理就可以會意一二。這麼一來，靈療的應時性就不自覺的走到歧路上去了。靈療既然不能如所預期的施展它的功效，那麼從後設思維的角度來重新規畫前景也就有相當程度的迫切性。後者（指新詩寫作的跨域升沉後的新抉擇），則是詩從心理審美與生命解脫等雙重情境中穿梭而出，自成一個王國後，它的意象華采和韻律精品就蔚為文本典範；而在一著重抒情一強事創新世界的過程中，又開出了中西兩大詩路。當中彼此的不可跨越性，則始終要成為我們思考前進步伐的趨向和穩定性；以至在新詩一片仿西的思潮中「如何奮起」而重新出發，也就變成今後國內詩人書寫的一大考驗。

　　最後是藉由「思維與寫作」課程和類如兒童文學史的建構來探討外來文化的不當凌駕而輔以為對治全球化。前者（指「思維與寫作」課程），以「思維與寫作」作為一門課程，固然無法自我顯示學科的屬性，但它的總體後設性，依然有總縮提領各學科的作用，對於反省學科建制的種種問題可以給予必要的解答。因此，它在大學教育中就具有「獨此一支」的特殊指標性及其多方的驅動程式，為學科的分進整合和立志創新帶來實質的效益。至於它還可以有的內在的因應能趨疲和跨域書寫等新指標性，則為深所期待，可冀其聯類出奇。後者（指兒童文學史的建構），可以資深兒童文學人洪文瓊的作法為反思對象：資深兒童文學人洪文瓊，長期以來為臺灣兒童文學立史的心志甚殷，所旁及兒童學／兒童文學的內涵論述也頗有可採，很可以取為對話的對象。他獨樹一幟的出版史觀已經展現某種程度的透視力；而他所不及的受詮釋學或後結構主義影響的新史觀，則回過頭來保障了他的另類的書寫典範。換句話說，他所立的典範，一方面是他的書寫大多聚焦在兒童文學的出版上，而別人則無能為力；一方面則是此外可以再行開拓的書寫向度而他尚不能夠的，大家則無妨視為反例而積極於填補，以便兒童文學的理論和實證研究真的可以從附庸蔚為大國。

　　長期以來，西方人一直在預測未來，包括地緣政治對世人的思考和生活的影響〔弗列德曼（G. Friedman），2009〕、社會和科技等多種力量同步發生且交叉互動的「超鏈結」趨勢〔葛蘭德（E. Garland），2008〕以及「顧客導向」、「擁抱文化變革」、「例外管理」、「創新」和「以價值為基礎的策略聯盟」等企業革新方向〔拉納戴夫（V. Ranadivé）2006〕等等，這都是盼望舉世一起發生效應的；但他們從來不知道，這樣下去如何保證地球的資源不會耗盡和大家的生存空間不再有任何的風險。因此，反全球化以掃除這類的盲目性，也就更得由非西方社會的人從中濟助，對未來有一番「別為前瞻」的預測。而這在本書中，不啻已經作了特佳的示範。

第一章
基進世界觀與保守世界觀的多元辯證：
反全球化媒因的在地新構想

一、全球化的功與過

現在大家所說的全球化，是一個概括性的稱呼，專指全球性的人口、金融、資訊科技和商品等的流動現象〔湯林森（J. Tomlinson），2007：1～3〕；而它所不能盛稱全實的虛張處，則是還有近三分之一個世界尚未在這波富裕經濟的沾溉中〔史旭瑞特（T. Schirato）等，2009：2～3〕。這也就是全球化論述和反對論述的決戰點所在。此外，全球化的推手非西方霸權莫屬，其他社會只是被帶動而無力自主；以至反全球化論述更有藉口據以對抗全球化論述，而造成彼此不斷地駁火交戰。

不論如何，由西方霸權所推動的民主政治、自由貿易、知識經濟和社會福利等文化全面性「覷欲」同化的事實，已經有一股不可抗拒的全球化氛圍，而不得不承認世界正在進行一體化的新構成。這種構成因為有「強迫中獎」和「劇力威脅」成分，所以全球化連帶的也會遭受引致負面效應的指控。換句話說，全球化有史以來就「毀譽參半」，而我們以「功過」兩面性來看待它，至少是一個後設檢視的「必要的起點」。

據考察，有關全球化的論辯，約可分成三個陣營：「超全球化論者」，宣稱民族國家已經過時；「懷疑論者」，認為全球化根本是一個迷

思，隱瞞了國際經濟逐漸分割為三大區域集團的現實狀況，而集團中的政府仍頗具影響力；「轉型論者」，肯定當代的全球化模式是前所未有的，國家和社會處於鉅變當中，使得世界的連結更為緊密，但也呈現高度不確定，國家和社會都得嘗試適應這個世界〔卡利尼寇司（A. Callinicos），2007：22～23〕。此外，還有人主張全球化是一個複雜的、多面向的過程，而不是以經濟為主。他們認為全球化應該被概念化為一個過程，而社會關係和往來的空間組織可以在這個過程中獲得轉型，形成跨洲或區域間的流動，以及行動、互動和權力行使的網絡。因此，全球化應該被視為一個跨歷史的現象，從前現代時期至今日而呈現出各種不同的「歷史形式」（同上，23）。

可見全球化這個現象，有人褒，有人貶，有人深入看待，有人重新規範，幾乎是莫衷一是！在這種情況下，又要如何進行一種功過的評估？但也不然！全球化的論述也跟其他的論述（如現代化、後現代性和後資訊社會等論述）一樣，都緣於特定目的而可能的，大家「各有所見」所體現的是框限全球化的現實「必然需求」，而跟有否客觀存在的全球化現象無關。因此，當我們說要把全球化的功過帶出來檢討時，所意謂的並不是全球化「正是如此」，而是「希望它如此」。而這跟前面所點出的「已經有一股不可抗拒的全球化氛圍，而不得不承認世界正在進行一體化的新構成」會形成一種隱性的詭論，只能期待有相同背景或相似經驗者的認同，而無法「必定如此」以為接受嚴格邏輯的考驗。

那麼全球化可以判定的功過又是怎樣的？這點如果順著全球化「既存事實」的脈絡來說，它的功部分很容易被視為能夠更方便連結不同社會中的人事物：「今天這個全球化時代則植基於大幅滑落的電信成本之上，拜微晶片、人造衛星、光纖及網際網路發明之賜。這些新科技意味著開發中國家並不僅是把原料輸往西方，換回成品；它們意味著開發中國家同樣也可以成為一流的生產者。這些科技還可以讓企業找到它們所需的不同零件、在不同國家從事研究及行銷，但仍能透

過電腦和電傳視訊會議緊密的結合在一起，好像大家都同在一個地方做事一樣。此外，由於電腦和廉價電信的結合，人們現在已經能夠在全球各地提供並交換勞務（從醫療建議到軟體撰寫到資料處理），這些都是過去絕對做不到的」〔佛德曼（T. L. Friedman），2006：9〕；而它的過部分也很容易被當作因不均衡發展而造成利益無法共享：「由於全球人口絕大多數都被排除於全球化所帶來的好處之外，因此它造就的是一種深刻的分歧，且逐漸地會帶來劇烈的互競過程。全球化的不對稱發展使得全球化所帶來的絕非是能夠讓全球利益均霑的普同過程」〔赫爾德等，2005：5～6〕，但這種衡量標準是有問題的；也就是它在先天上已經肯定了全球化，才會以全球化所「達到的程度」和「未竟的志業」為考察點而得出功過的結論，這顯然是一個不太妙的循環論證。因為我們可以問「為什麼非要全球化」？這樣上述的論證就無緣回答了。

　　判定全球化的功過既然不合以全球化本身為根據，那麼它還可以取來對勘的系絡大概就是世界的改變狀況。全球化的深化讓非西方社會中人看清了西方霸權的「不懈怠殖民或征服」的本質，永遠不會放棄它們支配世界的「普同幻想」。在這一點上，它的功在於啟發了世人或迎或拒來解決自我的存活問題。但也因為有相當多人加入了全球化的行列，導至耗能太快而造成資源日漸枯竭、生態大為失衡、環境急遽破壞和核武恐怖威脅等後遺症，使得世界快速沉淪而惡過百出。可見全球化讓人認清了自己「無力挺住」的事實，也連帶的傷害了一個原本有元氣的地球。

二、反全球化的正當性

　　當全球化逐漸擴大規模而所給人領悟到西方霸權侵略企圖的刺激後，就應該採取抵制的行動，才能顯現全球化「真正」的功（促使大

家意識到該反侵略），但為什麼大家反而都快要全部順服了？這當中的
關鍵，則是西方霸權太強和征服手段「無所不用其極」而讓人難以抗
衡。前者（指太強），它從早期以船堅炮利不斷轟開非西方國家的大門
開始，一直到晚期挾著強大的政經科技力量像水銀瀉地般的深入非西
方國家的每一個角落，都顯出「無人可擋」的態勢；而後者（指征服
手段「無所不用其極」），則以它普同化世界的幻想透過觀念、制度和
器物的全面性灌輸和推銷，而取得「勢如破竹」且「自我合理化」的
高度成效。而面對這種局勢，不願挨打或被孤立的非西方社會中人，
只好委屈求全的迎向前去，一起走上世界一體化且難辨前途的不歸路。

　　現在有些非西方國家（如中國）乘勢隨著崛起了，西方霸權理當
高興才對（因為推動全球化有成），但它們卻又憂心忡忡起來，倏地讓
人有「其實它們並不希望別人比自己強盛」的錯愕感！所謂「全球化
進入下一階段，快速成長的新興國家和能源輸出國不斷地挑戰西方，
獨裁統治國家，如中國和俄國不斷累積財富，並擁有權力，進而改變
了國際上的遊戲規則。它們侵略性地爭取日漸稀少的資源，經濟和社
會改變也危害著政治穩定性」〔慕勒（H. Müller），2009：5〕，這不就
是那些得了便宜又賣乖者的矛盾論調嗎？因此，全球化又激勵了我們
去認清只准西方霸權征服而不准非西方國家反征服的潛藏事實。

　　更要不得的是，有些「恐中論」正在混淆視聽：「2001 年 5 月，
就在加入『世界貿易組織』（WTO）之前，中國問我們：『全球化就是
美國化嗎？』我們的回答是：『不是，世界正在改變美國，遠比美國改
變世界的幅度來得大。』今日已沒有人在問這個問題。不論我們置身
何處，最顯著的目光焦點都不是美國，而是中國，有如室中的大象。『中
國何時會趕上美國？中國會奪走我們的工作嗎？我們的孩子應該學習
中文嗎？』世界各地都在問這些問題」〔奈思比（J. Naisbitt）等，2009：
181〕。這明眼人一看，就知道是「不負責任」的說法。先不提中國崛
起榮景不可能維持太久（目前它的生產毛額才佔世界的 8%，遠不及
美國的 24%，根本不值人家一哂；爾後如果生產力再上升而威脅到西

方國家的存在優勢時，西方霸權一定會介入干涉，不會給它反傾銷的機會），就提中國的耗能現象〔伊茲拉萊維奇（E. Izraelewicz），2006；肯吉（J. Kynge），2007〕，倘若西方霸權不刺激它生產和不購買它的產品，它有什麼理由這麼拚命在參與消耗資源的行列？而當它一旦被鼓勵起興作的熱情了，西方霸權卻又要數落它太過張揚，試問這是什麼道理？

　　站在全人類未來「福祉」的立場，勢必要反全球化。這種反，一方面是針對西方霸權在全球化上的積極推動；一方面則是針對非西方社會的盲目曲從（或有意的隨波逐流）。前者，也許會有類似「有些論者指出，今日的帝國主義是以一種嶄新的模式出現，因為正統帝國已經被多邊控制和監督的全新機制所取代，例如頂尖工業強權的七大工業國以及世界銀行均在此列。也正因為這樣的情況，許多馬克思主義者認為當前的新時代並無法以全球化的語彙加以描述，反而是一種西方帝國主義的新樣態，並受到世界主要資本主義國家的金融資本的需求和要求所主宰」（赫爾德等，2005：11）這一說法而直斥全球化的非俱在性，但「無法以全球化的語彙加以描述」仍改變不了西方霸權在導引世界走向上的強主地位（更何況它也承認了那是西方霸權的新演出），所以要反的對象並不會有「虛擬」的問題；而後者，原有自己的生活方式，千不該萬不該這樣隨人起舞到幾近瘋狂的地步，以至反它的跟進行為也「正當其時」。

　　當然，這種反跟時下所見大多源自西方社會內部反全球化的異質聲音並不盡相同，它所要破斥的是一個根源性的關於塵世急迫感的迷思。如今我們會看到這類反全球化的呼聲：「班揚和唐克利認為，儘管全球化不是一個新的現象，但它在當代世界中表現出來的幾種形式，在質和量方面都和過去有鮮明的差異。這些形式中包括一般常被人指出，例如科技導至時間和空間的壓縮；人權、民主和跨文化認知等概念的擴散；西方資本主義進入一個全新而貪婪的階段；美國化文化的強勢壓境；電子帝國主義；資訊的所有權、生產和取得的不平等；全

球媒體生產和傳遞的所有權集中在少數企業（多為美國企業）手上」（史旭瑞特等，2009：11～12）。而相仿的論調也曾被以標題的形式歸結為：

> 「世界並不是一個商品」、「全球化現象是世界的公敵」、「世界是不可出售的」、「打倒全球獨裁經濟」、「對民主和自由的威脅」、「社會末日」、「不平等統治」、「環保浩劫」、「食物危機」、「文化之死」、「非人世界」，在面對著全球化此一令人不安、憤慨而且不只一次使人感到駭怕的現象時，這許多令人驚心動魄的標題就一一浮現。〔傳頌（A. Fourçans），2007：79〕

但這所涉的普遍在為全球化「補苴罅漏」的作法，卻有違這裏要為未來人類的福祉著想的真反旨意，難以引為什麼「殊途同歸」或「異曲同工」而重新再炒作一番。換句話說，未來人類的福祉是要回歸各自的生活方式而保障它不受外力脅迫牽制的權利（上面引文中有「全球化現象是世界的公敵」、「社會末日」、「環保浩劫」、「食物危機」、「文化之死」和「非人世界」等說詞，詳情不得而知，或許跟我的想法類似，可以保留它的「發言權」），從此平穩的「各安所往」，這才是反全球化的重點所在。

由此可見，反全球化只有一個目標，就是不要全球化。西方社會中人因為信仰單一神，將重返天國視為終極的歸宿，而能不能獲得救贖順利回到上帝身邊，就成了他們所謂「塵世急迫感」的來源（詳後）。因此，在現實世界締造高度的物質文明，也就可以藉為榮耀上帝而優先得到接納；而殖民征服及其資本主義配備，則是希冀「滾雪球」效應不被中斷。殊不知這已經嚴重侵犯到他方社會中人的生存權和自由抉擇權，必須要由反全球化來予以矯正。而基於這一但知有自己的信仰而不願正視他人有不同的信仰「以至殖民災難禍及四鄰」的不堪情境，反全球化自然就有代非西方社會反制而可能被高度認同的正當性。

三、世界觀中介的全球化與反全球化

　　反全球化的正當性，在某種程度上是全球化的不能正當性的對比而凸顯出來的。它主要是以「無從齊一信仰」（被強迫齊一信仰的另當別論）的理由來站穩腳跟，然後寄望喚起被征服者的自覺而各自回返原先的生活軌道。而這就得從終極信仰所形塑的世界觀介入全球化的運作到反全球化的可能性先作一點耙梳，以便了解「終究要反全球化」的確切因緣。

　　有人認為全球化不是到了晚近才開始：「從 1800 年代中期到 1920 年代末期，這個世界也經歷過一段類似的全球化時期。倘若以國內生產毛額來比較跨國界貿易和資金的流量，以及用人口來比較跨國界勞力的流量，第一次世界大戰之前的全球化時期，跟我們今天所處的環境就極為相似。當時勢力叱吒全球的大英帝國在新興市場投注巨額資金，以至英國、歐洲及美洲的權貴經常遭受因為阿根廷鐵路債券、拉脫維亞政府債券或德國政府債券的拖累而引發的金融危機。由於當時並無貨幣控制機制，所以在跨越大西洋的電纜線於 1866 年完工連線後不久，紐約爆發的銀行及金融危機在短時間內便傳遍倫敦和巴黎」（佛德曼，2006：7）。這是無可懷疑的事；但當真要說有全球化的事實，還可以遠推到十六世紀宗教改革後一併興起的殖民主義和資本主義。基督教新教徒憑著他們「因信稱義」的信念，脫離舊教會的束縛，由於社會地位低落（而非上層社會的既得利益者），必須以快速致富的方式來改善處境，所以促成了資本主義的興起；爾後為了更能取得存在的優勢，連帶地到世界各地掠奪資源和建立根據地而造成殖民主義的隆盛（當今的美國和加拿大，就是被新教徒征服後興建的國家），而全球化也就從此時陸續的展開，迄今都不見平息當中藉別人的資源來實現自己「致富美夢」的優著氣燄。

　　基督教新教徒所以會走到這個地步（舊教徒後來也紛紛受到刺激
而跟著張揚起來），關鍵就在他們所信守的「原罪」觀。這種原罪觀，
在論者的討論中較多集中在道德的訓誡或罪惡的防範方面：

> 神是至善，人是罪惡。人既然沉淪罪海，生命最大的目的就是
> 企求神恕，超脫罪海，獲得永生。這種思想，應用到政治上，
> 演為新教徒的互約論。人的社會乃是靠兩重互約建立：一是人
> 和神之間的互約。一方面是人保證服從神意，謹守道德；另一
> 方面基於人的承諾，神保證人世的福祉和繁榮。在這人神互約
> 之下，人們彼此之間又訂下了進一步的信約，言明政府的目的
> 乃是阻止人的墮落，防制人的罪惡……總歸來說，新教徒的幽
> 暗意識隨時提醒他們：道德沉淪的趨勢，普遍地存在每個人的
> 心中，不因地位的高低、權力的大小而有例外……因此，他們
> 對有權位的人的罪惡性和對一般人的墮落性有著同樣高度的
> 警覺。（張灝，1989：9～10）

> 一個基督徒由於他的信仰，不得不對人世的罪惡和黑暗敏感。
> 這種敏感，他是無法避免的。基督教對人世間罪惡的暴露可以
> 說是空前的，我們因此才知道罪惡的根深蒂固，難以捉摸和到
> 處潛伏……原罪的理論使得基督徒對各種事情都在提防……
> 隨時準備發覺那無所不在的罪惡。（同上，16～17引阿克頓語）

這固然解釋了西方社會嚴訂法條和倡議民主政治的由來，但卻大為忽
略原罪觀對新教徒（及舊教徒）心理的警示作用。換句話說，原罪教
條的訂定，勢必會影響到新教徒贖罪的恐懼（駭怕回不了天國）而恆
久的不安於世。而緣於贖罪的必要性，一種深沉的塵世急迫感也悄悄
的孳生，終於演變成要在現世累積財富兼及創造發明（包括哲學、科
學、文學、藝術和制度／器物等等的建樹翻新）來榮耀上帝並藉以獲

得救贖；尤其在資本主義和殖民主義矯為成形後，更見這種「過度的煩憂」（相對的，同樣源自希伯來宗教的猶太教和伊斯蘭教，在它們流行的地區，因為沒有強烈的原罪觀或甚至沒有絲毫原罪觀念，所以就不時興基督徒所崇尚的民主制度、科學至上和資本主義／殖民主義等行徑，以至相關的成就就沒那麼「耀眼」）（周慶華，2001a：23；2006a：250）。因此，它所體現的「創造觀」這一世界觀，就正好支持了它要以「創造」來回應上帝造人而人負罪被貶謫到塵世後的尋求救贖的「必經之路」。但可嘆的是，非西方社會中人原不是這種信仰，卻在人家一番「傾銷」後「迎合」了上去，導至世界日漸一體化在窮為耗用地球有限的資源。

　　非西方社會中人原信守的世界觀，主要有中國傳統的「氣化觀」和印度佛教所開啟的「緣起觀」：一個相信宇宙萬物是由精氣化生的，特別講究諧和自然和縮結人情；而一個相信宇宙萬物是由因緣和合而成的（不為所縛就成佛），特別講究自證涅槃和解脫痛苦（周慶華，2002a；2004a；2005；2006a；2007a；2008a）。信守這兩種世界觀的人，都不會有類似信守創造觀的人那樣「急切」的演出終至「失態」！然而，百年來敵擋不了西方霸權凌厲的攻勢，原信守上述兩種世界觀的人都走出陣地降敵去了，徒然遺下一個本可以「試為拖延卻不願等待」的喟嘆！

　　但話說回來，大家一起西化的結果，不就像今天這樣在誤蹈能趨疲即將到達臨界點的末路，有誰能夠提出有效的拯救方案並積極在進行？顯然有創造觀的引導，一定會向全球化邁進，而全球化則是「死路一條」！那麼反全球化不以氣化觀和緣起觀為前導會有前途嗎？很困難。不論新的世界觀將要如何形塑（詳後），這兩種世界觀在介入地球的復元上還是「缺席不得」。

四、基進世界觀對抗保守世界觀

　　西方社會中人（絕大多數屬於基督徒）對天國的嚮往，一方面會激起塵世急迫感；一方面則會連帶漠視塵世的一切（只供他們尋求救贖所用），合而鑄下一個不堪的典範！我們知道，基督教的傳統教示，塵世的歷史是有它確切的起始和結束的，真正有價值的東西僅存在於上帝所在的天國。這種強調「他世」的說法，往往導至人們對今世物質世界的罔顧或甚至無度的榨取，而助長生態的破壞和物質的消耗。還有基督教學說的其他缺點，就是有關「支配萬物」的觀念；它一直被人們利用來作為殘酷地操縱及榨取自然的理據。這一點，雖然有些神學家已經在重新界定「支配萬物」的意義（他們主張任何剝削或殘害上帝創物的舉動都是有罪的，而且也是叛逆上帝意旨的一種褻瀆行動；同樣的任何破壞所賦予自然世界的固定意旨和秩序，也是一種罪行和叛逆。因此，許多新神學家指出，所謂「支配萬物」並不意味人類有權剝削大自然，它的真義乃是指管理大自然）〔雷夫金（J. Rifkin），1988：355～361〕，但因為「錯誤」已經造成且積重難返（西方人不可能從可以維持霸權的科學中收手，這些讜論未免「緩不濟急」而徒留遺憾罷了（周慶華，2006a：305～306）。此外，西方世界的人的塵世急迫感，長期以來不斷地有意無意的衍生出一種暴力愛，以「強迫接受憐憫和教誨」的方式在對待非西方世界的人；它所要索得非西方世界的人「悔過」的承諾，已經低估了非西方世界的人的「求生之道」（也就是不跟西方世界的人一般見識）。這表示裏面有西方世界的人既不了解自己也不了解他人的近於「全盲」的問題。如：

> 一個正視挑戰並接受對它和對我們時代整個文化的共同生活
> 的審判的基督教，可以為人們應付更嚴重困境的方式作出深遠

的貢獻。基督教的作用不在於它似乎可以成為政治、經濟和社會的替換物。基督教本身不是在技術世界中建立起的一種不同的工程，也不是另一種管理城市和處理國際事物的方式；但基督教可以為新的希望提供基礎。因為透過對基督教的信仰，它賦予人們以「天國公民」的希望，同時伴隨著塵世的責任感。在這裏人們敢於承認自己真正的罪惡，同時基督教能夠對社會衝突提供富有成效的抨擊；因為透過對基督教的信仰，它使人們意識到即使歷史的分化不能清除，「我們都在基督裏合一」。〔塞爾（E. Cell），1995：120〕

像這種把塵世的責任扛在一身的「自我陶醉」模樣，不啻暴露了西方世界的人的普同幻想和支配欲望，難免要成為衝突或紛爭的根源。而所有當今所見的能源短缺、生態失衡、環境破壞和核武恐怖等弊病，也就是從這兩點（指崇尚天國的信念過深和塵世的急迫感）發端。信守氣化觀和緣起觀的人原不走這條路的，但從近代以來憚於西方科技的威嚇脅迫，也都挺不住而被收編隨人趨向了；以至已現的能趨疲徵象的「沒有明天」的後果，也就得由大家來「分攤」承受（周慶華，2007b：189～190）。

這顯示信守氣化觀和緣起觀的人也有「墮落」的潛能（才會盲目屈就）；原先他們無知所期望的追趕或超越西方的成就，事實證明已經是空中雲霓（不但如民主政治的追求而造成社會內部更大的不安，還有其他如科技的發展／學術的構設／文學藝術的創作等也都「小人一號」），永遠只能成為人家的影子，而醞成舉世一起陷入不可再生能量即將趨於飽和的危機！因此，要有新的世界觀來對抗這些舊的世界觀，才有可能讓岌岌可危的世界「起死回生」。

所謂新的世界觀，不是別的，正是要因應人類目前的困境而形塑的「新能趨疲世界觀」（雷夫金，1988）。這種世界觀的實現，是要降低再降低對物質的需求，而可能會讓文明快速的退化而無從再尋求發

展；以至它帶有相當程度的基進性而有別於先前各種世界觀「不能如是」的保守性。而它所以不必憂慮過度行使所造成的「文明停頓」問題，是因為它比先前各種世界觀的窮為踐行所會面臨的「文明滅絕」情境要有利，世人無妨勉為一試。

五、兩種世界觀的多元辯證作為在地反全球化的新媒因

雖然如此，要大家全然棄守舊的世界觀而改崇尚新的世界觀，可能會難如登天；而這就得先從兩種世界觀的多元辯證做起，然後再逐漸走向所要追尋的目標（以至真的走到那個地步又要如何的問題，則可以屆時再議，現在無法預期）。由於這種多元辯證是要在地進行，以達普遍化革新的效果，所以它可以「上升」為一種反全球化的新媒因（memes）。

媒因，作為「思想傳染因子」〔道金斯（R. Dawkins），1995；林區（A. Lynch），1998〕，在類比上所能提供給在地反全球化的動力是那構想的「切合時代需求性」，要阻擋它傳播的人必須加倍的付出心力。換句話說，反全球化的新媒因從在地出發（不論由誰來倡議），連結成網絡，最後一定可以看到改善當前處境的成效。而這內在的動能，就在於透過多元辯證兩種世界觀而推出的新方案。

這個新方案，由新能趨疲世界觀分別來對治既有的世界觀，一方面極力批判規諫信守創造觀的人必要淡化對天國的嚮往，不能再無視於大多數的蒼生還要在地球上「寄生」（他們根本不知道有什麼天國可嚮往或無法認同對方所嚮往的天國），自己多耗用一份資源就會減少別人一次生存的機會，同時也直接間接的危及自己後世子孫的存在優勢；一方面則多方提醒奉勸信守氣化觀和緣起觀的人得從盲目跟隨的迷茫中醒悟過來，究竟是一起走上「同歸於盡」的末路還是自我節制而清貧過活，總得作個抉擇。然後當對治有效了，就可以回過頭來強

化新能趨疲世界觀的正當性。此外，既有的創造觀、氣化觀和緣起觀等，各自信守的人又可以進行「內部」的辯證，透過「諧和自然／綰結人情」和「自證涅槃／解脫痛苦」的作為來折衝緩和「挑戰自然／媲美上帝」的激化，次階段性的有果效後又可以晉身回返新能趨疲世界觀而讓它「總其成」。而這不在意從一小地方開始踐履連結，冀能廣起效應；以至反全球化媒因的在地新構想就「於焉形成」，從此再也不須疑慮反全球化會無處著力。

我們看到全球化的論調還在奮力強補「更實在」、「更公正／更民主」、「強化多邊主義」和「權力分散」等藥方〔迪德里齊（H. Dieterich）等，2001；赫爾德等，2005；里茨爾（G. Ritzer），2006；史旭瑞特等，2009〕，完全忽略一個發燒且千瘡百孔的地球已經瀕臨潰亡的境地，屆時所有不當的期待都會負向反噬，連所見的全球化遺留一起化為灰燼！因此，及時的反全球化以及從邊地發聲，就成了未來要走的唯一的道路。

第二章　原味或看家本領：
　　華語敘述的新變途徑

一、全球化與反全球化

　　百多年來，西方文化急起且橫掃全世界，而老大中國竟沒能找到發聲管道來跟人競比，徒然看著科技遠落人後，而學術、制度和經濟實力也全被凌駕，宛如失去動力的船艦在大海中載浮載沉。相較古來自屬泱泱大國所有的燦爛文化，近代中國卻在一夕之間黯淡無光，完全乏力抗衡「回春」，真教人情何以堪！而現在我們還可以有什麼樣的說詞，為這一段「少了光彩」的歷史挽回一點信心？這不妨從晚近全球化和反全球化論述的針鋒相對中開始慮度。

　　基本上，全球化是一個被看成「既成的事實」，而反全球化則是不同意已然全球化的論述或從邊緣抵抗相關全球化強迫接受的浪潮。前者（指全球化），約略從十六世紀以來，西方世界透過殖民征服、資本主義動員和科學技術更新等「一體成形」的龐大怪獸肆虐非西方世界就逐漸開啟了，如今全球化儼然就是「跨越洲際的流動和社會互動模式的影響範圍擴大，影響程度的加劇、加速和更加深入。它代表著連結遠距社羣的人類組織結構所產生的改變或轉化，並使得跨越全球各區域和大陸的權力關係觸角更加延伸」（赫爾德等，2005：5）。換句話說，全球化的概念「提醒我們一種經由跨全球性，並經由我們對它注意而形構起來的多元面向

的經濟、社會、文化和政治的連結。因此，全球化涉及世界的逐漸壓縮
以及我們對於那些過程逐漸增長的意識」〔巴克（C. Barker），2007：99〕。
而它的主導者則為歐美的「先後」霸權：

> 全球化是歐洲文化經由移民、殖民和文化模仿而擴張到世界各
> 地的直接結果，而它深入文化和政治領域的支脈在本質上也跟
> 資本主義的發展形態相同……這意味正在經歷全球化的全球
> 化模式本身是一個歐洲模式（譬如歐盟的發展被廣喻為全球去
> 領土化實例）。〔華特斯（M. Waters），2000：5〕

> 既存的國際政治秩序主要透過經濟和軍事稱霸一方的強權國
> 家（及它們的組織）的行動所構成……按照這樣的說法，倘若
> 沒有美國霸權的運作，那麼支撐著晚近國際互賴密集化的既存
> 自由世界秩序則無法維繫。在這樣的觀點內，全球化被理解為
> 幾乎和美國化無異的現象。（赫爾德等，2005：11～12）

這除了展現出主導變數的遞嬗競爭（指歐美霸權的先後爭奪宰制全局），
還隱含著不平均的世界經濟和相當程度的虛無化前景（如「在地文化」
的消失）；而諸多「變故」的暴露，自然就給了無力主導全球化的國家和
厭惡被同化的個人有了抗拒的理由（周慶華，2008a：181～183）。

　　至於後者（指反全球化），則是對於全球化的「全球」性名不副實以
及強權藉機籠絡收編他國的行徑予以質疑和撻伐。所謂「現代世界秩序
的歷史可以被視為西方資本主義強權們瓜分利益的歷史，並重新將世界
切割成為數個排外的經濟領域。有些論者指出，今日的帝國主義是以一
種嶄新的模式出現，因為正統帝國已經被多邊控制和監督的全新機制所
取代，例如頂尖工業強權的七大工業國（G7，加拿大、法國、德國、義
大利、日本、英國和美國）以及世界銀行均在此列。也正是因為這樣的
情況，許多馬克思主義者認為當前的新時代並無法以全球化的語彙加以

描述；反而是一種西方帝國主義的新樣態，並受到世界主要資本主義國家的金融資本的需求和要求所主宰」（赫爾德等，2005：11），就是當中質疑全球化部分具代表性的言論。至於撻伐全球化部分的言論，則多由邊緣國家的人在發動（湯林森，2007），所擔心的無非是壟斷資本國家的排擠壓抑已到了「無所不用其極」的地步，不反彈恐怕就沒有「翻身」的可能性。但以上這些反全球化的聲浪，終究只是一股「潛制衡」的勢力，仍舊無法抵抗日漸加劇的全球化浪潮。

這樣一來，全球化的狂飆推行和反全球化的點滴緩衝，所形成新世紀初的「不對稱」的拉鋸場景，也就顯得一切逆向思維都是「徒然之舉」！歐美強權一樣穩穩地在幕後臺前操控主演全球化的戲碼；不願「隨之起舞」的國家，必須付出被封殺或自殘而潰亡的代價。而在這一幾乎普遍「妥協」了的情境中，還有華語敘述從邊地發聲而尋得「自主空間」的機會麼？

二、反全球化中華語敘述的位置

顯然作為「現在我們還可以有什麼樣的說詞」（見前）的華語敘述的催生號角，得從全球化的範疇游離出來而轉向反全球化陣營吹響，才算「知所新變」。而這種反全球化的新變法，當不像有些人一邊主張隨順全球化的腳步一邊又嚷著要走出「自己的特色」（里茨爾，2006：譯後記 297）那麼簡單！因為前者（指隨順全球化的腳步）已經翻身無望了，不可能還有什麼說詞可以凸顯且能護住顏面；而後者（指走出「自己的特色」）也不過是「西學中用」的翻版，依然要在既有強權設定的框架中「圖存苟活」，畢竟都不是真正在走「反」路。

由於全球化的威力始終發自歐美強權，所以華語敘述無從有自己的新版來「接收」全球化的成果；馴至它要在全球化外別為「發聲」，才有撥雲見日「樹立威望」的可能性。我們知道，還在「努力」成為人家

中下游工廠的海峽兩岸的敘述模式（姜汝祥，2004；尹啟銘，2006；王
萬邦，2008），絕對無法取得領航發言權的！不信，且看光美國一個霸
權，長期以來經由威迫和同意之間均衡的不斷調整的「霸主」作為，所
用來自我支持的政經、科技和軍事等強大力量，他國就難以望其項背：

> 美國經常仰仗支配和威迫手段，必要時甚至不惜消滅對手；即
> 便對內，也不乏悖離憲法和法制的殘酷紀錄。麥卡錫主義、謀
> 殺或監禁黑豹黨領袖、第二次世界大戰期間拘禁日裔人士、監
> 視和滲透各種反對團體……對外行動則是更加殘暴無情，包括
> 支持伊朗、伊拉克、瓜地馬拉、印尼、越南的政變，造成傷亡
> 不計其數。此外，還視其所需，在全球各地支持國家恐怖主義。
> 美國中央情報局和特種部隊，在無數國家從事祕密活動……雖
> 然我們可能還是一知半解，但美國最令人驚異之處，就在於各
> 種官方和半官方來源中，所知和所載的資訊何其多，而這些紀
> 錄又是多麼灰暗、卑劣且令人不安。剷除對手的方法很多，經
> 濟支配力量，具有和軍事武力同等的毀滅效果。最好的例證就
> 是美國金融機構和美國財政部於 IMF 支持下，在東亞和東南亞
> 地區資產價值暴跌過程中扮演要角，不但導至該地區大量人口
> 失業，也使當地社會和經濟進步狀況倒退許多年……〔哈維（D.
> Harvey），2008：32～33〕

在這種情況下，華語敘述還可以跟人家的「強項」比什麼？到頭來不
就淪落到像中國大陸近年來那樣被譏誚為「飢餓之國崛起」的難堪模
樣：「由於中國對原物料的需求大幅增加，使得廢五金的價格水漲船
高。所以以臺灣為始，馬路上的人孔蓋一一消失；蒙古、吉爾吉斯、
芝加哥、蒙特婁、格洛斯特、吉隆坡的人孔蓋全都缺貨」（撮自肯吉，
2007：28）、「為了供應中國糧食需求，巴西砍伐大量雨林地種植大豆，
每分鐘有六塊足球場大的雨林消失。為了供應中國木材，印尼每年有
一塊面積相當於瑞士大小的森林遭到盜伐；而中國還一面製造越來越

多的二氧化碳」（同上，215～217）、「世界銀行列出全球污染嚴重的二十個城市，當中有十六個在中國。中國有 30%的地區下酸雨。雖然對外的主力城市正在進行清理，但鄉村地區逐漸淪為傾倒有毒廢棄物的垃圾場。跨國企業所成立的工廠使中國變成世界工廠，但也讓中國成為『世界垃圾場』」（同上，214）。如果再加上頻被發現的毒玩具、毒食品、毒奶粉和毒蔬菜等危害全世界的不名譽事件，豈不更沒得樂觀？

　　從另一個角度看，歐美強權也不可能坐視非西方世界試圖跟他們「平起平坐」的舉動。就像極力反全球化理論家阿敏（S. Amin）所指出的：「在南北抗爭的過程中，發展中國家要對抗這些壟斷資本國家非常困難……這些國家並不允許中國和俄羅斯升級，成為平等的夥伴；中國要買美國油公司或是天然資源的取得管道，都遭到嚴格限制。但現在中國領導人一心只想要加入世界資本體系……他們對自己角色和未來的願景，最後只怕成了幻影；現在即使短時間有高成長，但不久內部社會矛盾就會劇增，統治正當性逐漸喪失，西方國家就會趁此機會搞垮中國，就像現在西藏和新疆的情況」（郭崇倫，2008）。因此，倘若華語敘述是要在全球化裏更全球化，那麼它的前途仍然如汪洋中的「飄搖之舟」那般的危殆！

　　既然趨同全球化無法保證華語敘述的獨特性，那麼反全球化就是勢必要嘗試的新路（此外還有無所謂全球化也無所謂反全球化一途可以考慮；但這沒立場的立場，恐怕更會讓自己陷入「無所適從」或「任人擺布」而不見前景的窘境）。這條開啟敘述新潮的道路是要真有自我色彩的！換句話說，它不是一個「且戰且走且觀望」的新名詞，而是貨真價實／如假包換的「華語敘述」！這一華語敘述，從全球化的反面走出來，經過淘洗淬煉後，還要回到「匡正」全球化上，作為一個可能的中流砥柱！以至所謂「反全球化中華語敘述的位置」，就帶有那麼一點淑世「捨我其誰」的倫理標記。

三、華語敘述的剩餘情節覓踪

　　就純敘述（敘事）來說，可以指傳統通行的處理時間序列裏的一系列事件（周慶華，2002b：99～100），也可以指晚近廣涵的「一切人類活動和傳播」〔布魯克（P. Brooker），2003：262〕；但不論如何，它的權力意志和文化理想等「目的訴求」，已經使它徹底成為一種心理／社會／文化機制再現的活動（周慶華，2008：179～180）。因此，用華語來敘述而讓它形成一種「華語敘述」，根本上就是為了有別於非華語敘述而去世界舞臺爭取「出頭」或「風行」的機會（同上，180）。但遺憾的是，既有華語敘述盡是要把自我所屬社會（國家）轉附歐美強權的「驥尾」來顯能，而全然不理會這般再怎麼積極奮發也贏不回尊嚴！這當中的差距，就在人家所能的，我們幾乎永遠不能；而跟隨全球化的腳步，就形同是在逼迫自己帶上鐐銬去追趕別人，顛躓挫敗定所難免。

　　整體上，西方人的受造意識一直會促使他們走上創新的道路；所謂「人類受造的目的，是為了創造；唯有創造，人類才能以榮耀回報造物主」〔魏明德（B. Vermander），2006：15〕，不啻道出箇中消息。而實際上他們的所有成就（包括累積財富、從事科學技術的發明和學術的建構以及極力於新穎文學藝術的開展等），也都結結實實的被用來回應上帝造人的美意（不論是為榮耀上帝還是為媲美上帝）。反觀我們自己所信守的氣化觀這種世界觀，僅在「絡結人情／諧和自然」上顯力，跟西方人所信守的創造觀那一以「挑戰自然／仿效上帝」為旨趣的世界觀迥異（周慶華，2005；2007b），如何能夠自我卸下「擔負」去追趕別人而還能追趕得上？想曾經得過諾貝爾文學獎的泰戈爾（R. Tagore）（他的生命形態可以隸屬於東方另一以「自證涅槃／解脫痛苦」為蘄嚮的緣起觀型文化傳統），聲譽在西方竟然大不如想像：「現在西方已經少有人閱讀他的作品，英國小說家葛林甚至在 1937 年就指出：

『至於泰戈爾，除了葉慈先生之外，我實在不相信還有誰會認真看待他的詩。』〔沈恩（A. Sen），2008；130〕還有「更甚者」：「西方人很少有欣賞東方文學的，中國和日本詩人在西方的讀者也為數不多」〔寒哲（L. J. Hammond），2001：43〕。原因不就這些東方的文學作品都不合西方人馳騁想像力以為創新慣了的胃口！而再「拉開」來看，東方人一切仿效或半仿效西方人的表現，又有那一樣被人看中且大為讚賞過？有的盡是像底下這類的「冷嘲熱諷」：

> 亞洲的現代文化很多仍是沒有創造力。日本小說很繁榮；印度也還有一些真正高質量的文學家，存在著一些有趣的畫家。從整個來看，是呈再造而不是創造的趨勢。在數學和自然科學方面，日本已成為完全的現代文化。印度在物理學領域有一些高質量成果，並且旅居國外的印度人在這個領域和其他相關的領域中也一直起著顯著的作用。在印度，自然科學的研究的規模還是很大，但整個科學領域中科學成果的質量，總的來說還不能認為已達到國際標準。巴基斯坦在這方面不論是在數量上還是在質量上似乎更不行。日本和中國是亞洲具有比較先進的現代文化國家，兩國存在的明顯趨勢是，一些很有才華的年輕科學家都暫時或永久的從他們本國移居到西歐和北美。整個東南亞，科學研究幾乎不存在。在社會科學方面，創造性和即使只是熟練的高標準的日常工作也很缺乏。正在進行有價值的工作是地方編史和本土傳統文化研究。〔希爾斯（E. Shils）2004：499〕

這當然是典型的「西方中心」的論調，把一切不符西方創新規範的東西都蔑視不提；而對於己文化傳統何以能夠創新不絕以及有意無意凌駕他者的霸權心態如何了卻等也一概鮮少反省（周慶華，2008a：191）。對於這種非公允的評論或莫名的指控，想「為之氣結」的人可能還得有點強心來看下列這段話：「不久前，我們為未滿五歲的兒子西蒙找學校，而申請進入北倫敦一所小學的程序之一是跟校長面談⋯⋯那位校長告訴我

們，他的學校『拉丁文很強』，只要小男孩展現對拉丁文有天分，就可獲准學希臘文。從校長閃著亮光的眼睛可以判斷，顯然這是拉丁文成績優良的獎賞。我大吃一驚。『拉丁文！』我說：『你們為什麼教拉丁文？現在世界上有多少人說拉丁文？』『呃，是沒有，但拉丁文是所有語言的根本。』校長說。『你是說，包括中文、越南文和印尼文嗎？』『噢，不是那些語言，』校長說：『我是指所有歐洲語言。』『噢，你是說垂死的歐洲語言，像法語。你知道今日世界上有多少人說中文嗎？』校長搖搖頭。『我不知道。』『超過十億人。』校長似乎很驚訝。『你有沒有教中文的打算？』我問。『沒有，老實說，我從沒想過。』」〔貝克曼（M. Backman），2008：19～20〕這擺明了就是「唯我獨尊」；寧可學（教）他們「本系統」已經死去的拉丁文〔瓦克（F. Waquet），2007〕，也不願碰一下正在流行的他系統的中文，豈不欺人太甚？一個老大中國，居然只剩下「任人嘲弄」的份（而不再有一點被景仰或被敬畏），「是可忍，孰不可忍也」！

　　試問華語敘述還可以這樣不顧別人鄙視的眼光而胡亂或無知式的當別人附庸以為「逞能」下去嗎？如果不在乎顏面，也不計較前景，那麼繼續「苟且偷生」也不失為一種混世或欠世的好方法；但如果覺得還有「谷底回升」的必要和想望，那麼向已經快被挪盡的華語敘述的剩餘情節尋覓可以他圖的踪跡，也就成了唯一的希望所繫。而它無疑的是躲藏或隱匿許久的自我專屬的文化韌性：一個有關「道成仁心」的氣化觀型文化精髓。這一精髓，早已發跡，卻從未普遍實踐見效；但它的覆蓋性和可以穿透生靈的實力，於今更顯得必要重新召喚，以為因應和緩和全球化所帶來的衝擊和禍害（詳後）。

四、可能的華語敘述的新變途徑

　　專門從現有華語敘述所未慮及的剩餘情節去找尋出路，自然要提供一個「對比」的情境，好讓大家了解必要從仿效或妥協別人的作法

上「知難而退」的道理。而這在前節的「稍事比較」中，已經有「挑戰自然／仿效上帝」、「縮結人情／諧和自然」和「自證涅槃／解脫痛苦」等世界現存三大文化系統差異特徵的提點，現在則要更細緻的勾勒出彼此無法共量的情狀，以為華語敘述不能不從時下格局中翻然「新變」的倡議張目；然後才是接著規模相關新變的途徑。

　　如果我們把文化視為一個歷史性的生活團體表現它的創造力的歷程和結果的整體（沈清松，1986：24），那麼它所可以依便再分出終極信仰、觀念系統、規範系統、表現系統和行動系統等五個相互統屬的次系統就能有效的用來架構上述三大文化系統各自的細項特徵：

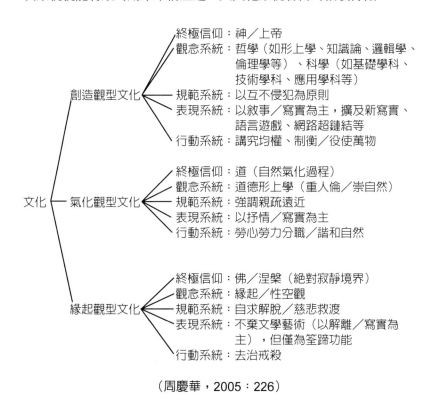

終極信仰：神／上帝
觀念系統：哲學（如形上學、知識論、邏輯學、倫理學等）、科學（如基礎學科、技術學科、應用學科等）
規範系統：以互不侵犯為原則
表現系統：以敘事／寫實為主，擴及新寫實、語言遊戲、網路超鏈結等
行動系統：講究均權、制衡／役使萬物

終極信仰：道（自然氣化過程）
觀念系統：道德形上學（重人倫／崇自然）
規範系統：強調親疏遠近
表現系統：以抒情／寫實為主
行動系統：勞心勞力分職／諧和自然

終極信仰：佛／涅槃（絕對寂靜境界）
觀念系統：緣起／性空觀
規範系統：自求解脫／慈悲救渡
表現系統：不棄文學藝術（以解離／寫實為主），但僅為筌蹄功能
行動系統：去治戒殺

文化 ── 創造觀型文化／氣化觀型文化／緣起觀型文化

（周慶華，2005：226）

在這個架構裏，還得補充說明的是：同為創造觀型文化範疇的猶太教和伊斯蘭教流傳的地區，為何不及奉行基督教教義的西方國家後來在民主政治和科學技術的發展上成就那麼「耀眼」。這是因為西方國家長久以來就混合著古希臘哲學傳統和基督教信仰（源於希伯來宗教，又分化出天主教、東正教和新教等），這二者都預設（相信）著宇宙萬物受造於一個至高無上的主宰，彼此激盪後難免會讓人（特指西方人）聯想到在塵世創造器物和發明學說以媲美造物主的風采，科學技術就這樣在該構想被「勉為實踐」的情況下誕生了（同為希伯來宗教後裔的猶太教和伊斯蘭教，在它們所存在的地區，因為缺乏古希臘哲學傳統的「相輔相成」，就不及西方那樣成就耀眼）。至於民主政治方面，那又是根源於基督教徒深信人類的始祖亞當和夏娃因為背叛上帝的旨意而被貶謫到塵世（形諸他們所信奉的舊約《聖經》），以至後世子孫代代背負著罪惡而來（形諸他們所信奉的新約《聖經》）。而為了防止該罪惡的孳生蔓延，他們設計了一個「相互牽制」或「相互監視」的人為環境，也就是所謂的民主政治（一樣的，信奉猶太教和伊斯蘭教的國家並沒有強烈的「原罪」觀念或根本沒有「原罪」觀念，所以就不時興基督教徒所崇尚的那種制度，而終於也就沒有開展出民主政治來）（周慶華，2005：228～229）。

反觀信守氣化觀或緣起觀的東方國家，它們內部層級人事的規畫安排或淡化欲求的脫苦作為，都不容易走上民主政治的道路。因為人既被認定是偶然氣化而成，自然就會有「資質」的差異，接著必須想到得規避「齊頭式平等」的策略以朝向「勞心」「勞力」或「賢能」「凡庸」分治或殊職的方向去策畫；而一旦正視起因緣對所有事物的決定性力量，就不致會耽戀塵世的福分和費心經營人間的網絡。同樣的，科學技術的發明沒有可以榮耀（媲美）的對象，而「萬物一體」（都是氣化或緣起）或「生死與共」的信念既已深著人心，又如何會去「戡天役物」而窮為發展科學技術？由此可見，各文化系統所以形態互異，全是源於彼此都隱含著「不可共量」的終極信仰和世界觀。但這到了

近代，由於西方殖民主義和帝國主義興起，強勢凌駕非西方社會而迫使它們直接間接的轉向西方取經；結果是非西方社會並沒有能力學會西方那一套知識和科技，始終處在邊緣地帶任人操控和剝削。以至在當今電腦普及化而網路空間不斷拓廣的情況下，非西方社會中的人還是無法像西方人那樣熱中且無止盡的投擲心力在新科技的研發上。因為西方人所要追求的東西都可以連到他們的信仰；所謂「早期基督教徒設想的天國，是『靈魂』完全擺脫肉體弱點困擾的地方。現今的網路族傲然聲稱，在這一『（數位）世界』裏，我們將豁免生理形體帶來的一切侷限和尷尬」〔魏特罕（M.Wertheim），2000：2〕，試問沒有天國觀念的非西方社會中的人，如何想像這種發展網路科技就是為了在塵世建立一個「理想國度」？這也合該非西方社會中的人難能跟西方人在科技的發明上並駕齊驅（周慶華，2005：229～230）。然而，西方人的作為又保障了什麼？沒有！它的為維持既有的優勢而無限度的榨取地球有限資源以及促使生態失衡、環境惡化和核武恐怖等後遺症，恐怕一場毀滅性的災難就要降臨！因此，非西方社會的人應該要比西方人早一點覺醒，別為謀求出路而不再盲目的跟隨「同趨末途」！

　　所謂的早一點覺醒所要的「別為謀求出路」，在華語敘述來說其實只是一個自我喪失根本的重新召喚。這個根本，就是儒道所規模出來的帶「節欲」性質的安頓現世的學問。當中以儒家的仁學（推己及人的學問）所體現或所提住的氣化觀型文化「綰結人情／諧和自然」的正向實踐的最高準繩為切要（逆向實踐的最高準繩為不興作為而純任逍遙的道家所發露，彼此可以「相輔相成」）。這在歷來雖然不盡能普遍推行（關鍵在「氣化成人」有質差而不易形成「共識」落實的問題難以解決），但仍無妨於仁學躍居氣化觀型文化中人所得遵守的極致性規範。

　　相對於帶「縱欲」性質的西方所體現的創造觀型文化的強勢支配作為所越見驅使世界一起蹈上相互爭奪資源和災禍地球的不歸路，這一復振強化仁學（而非妥協於人）的「綰結人情／諧和自然」

的維世特長，使它成為一種緩和科技宰制的安全瓣和針砭科技弊害
的批判力等，也就是今後很難不需求或不借重而還可以找到「長治
久安社會」和「永續經營地球」的良方。至於帶「斷欲」性質的緣
起觀型文化所崇尚的「自證涅槃／解脫痛苦」規範，必要時也可以
試為援引來「協同出擊」（周慶華，2001a；2004a）；只是它的「高調」
獨唱終究難諧人情（不切合人性）而有不便廣為藉助的苦衷（周慶
華，2008a：69～70），最後還是得靠仁學的深化顯能來「匡正」時流
和「扶傾」世道。

五、拿出可以作為安全閥的看家本領

依仁學的「推己及人」的內在規範性，是針對自然氣化過程的「道」
而考量的。由於精氣化生成人，大家糾結在一起，必須分親疏遠近才
能過有秩序的生活；而分親疏遠近就是以血緣為區別依據最稱合理，
以至中國傳統社會才會以家族作為基本結構（周慶華，2006b：92），
而仁學所料中的勢必要有「推己及人」的仁心／仁行來終極的縮結族
內人情並擴及他族和整體社會也充分顯現出它的洞見和強著為經驗法
則的必要性。

本來在系統內這一起因於「相人偶」的仁學自有它的「懸為標的」
和「衡鑑準則」的魅力，但從遭遇西學的衝擊而不再奮起抵抗後，它
的「光芒」也因此消隱於歷史的角落。雖然這仍難寄望於系統外如深
著受造意識而必須尊重個體存在且由此組成社會的西方人的改向信
守，但就已經千瘡百孔的地球來說不仰賴它來「修補復元」也不可能
有更好的策略。我們知道，西方創造觀型文化所以會興盛且透過殖民
征服而橫掃全世界，主要就是「原罪」觀念在當中起作用（見前）；而
這可以畫一簡圖來補充說明：

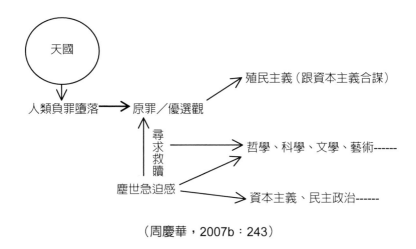

（周慶華，2007b：243）

因為「原罪」教條的強為訂定（可能是基督教當時獨立自希伯來宗教而為容易或廣為招徠信徒才加入的），所以導至必須尋求救贖（以便重回天堂）而出現明顯的「塵世急迫感」。這種急迫感的「積重難返」，就是到了十六世紀宗教改革後新教徒（並一起「刺激」帶動舊教徒）的相關反應的「逾量」表現：新教徒脫離天主教教會後所強調的「因信稱義」觀念，逐漸演變成要以在塵世累積財富和創造發明（包括科學、技術、文學和藝術等等的建樹翻新）來榮耀上帝或當作特能仰體上帝造人「賜給他無窮潛能」的旨意而不免會躁急蹙迫；尤其在資本主義和殖民主義（及後來的帝國主義）隨著矯為成形後，更見這種「過度的煩憂」（周慶華，2006a：250）。而這種「過度的煩憂」結合上「優選觀」，也釀至創造觀型文化中人妄想成為上帝第二來宰制世界，並且透過上述的累積財富、創造發明科技、建構學術和文學藝術翻新等成就榮耀所信仰的原上帝，以為多少仍然存在的期待優先被救贖的憑藉。而這卻不意造成如今世界不但無從轉美好並且還快速惡化的危急局面！

　　很顯然的，我們想以仁學置入創造觀型文化，就像創造觀型文化的消罪意識及其所衍生的各種「迷狂」作為想置入氣化觀型文化一樣

的困難（百多年來國人一直委屈求全的想迎合別人，都認不清這個事實）！但我們卻可以藉由仁學的實踐來形成一股「穩定的力量」，而不一定要靠向別人乞憐以為「苟延殘喘」。換句話說，仁學是可以成為危世的安全閥的；它是我們的看家本領／本色，沒有理由說自行放逐後而還可以從別的地方獲得理想的替代物。然而，眼看世人倡議救世的方案，盡在「以水濟水」或「以火救火」（研發新科技來取代舊科技）上著眼〔巴克（J. A. Barker）等，2006；奈思比（J. Naisbitt），2006；康斯勒（J. H. Kunstler），2007；麥唐諾（W. McDonough）等，2008；佛里曼（T. L. Friedman），2008〕；而相關華語敘述所見的圖存對策也多跟別人「沆瀣一氣」（蕭新煌等，2005；于國欽，2006；王文洋，2007；孫震等主編，2007），總不能不深致感喟！而這時懷想沒有生存恐懼和沒有爭奪殺伐的仁道遂行的「大同社會」，也就顯得特別的殷切！

第三章　華語帝國 VS.英語帝國：
一個可能的制衡的任務

一、從中國熱到華語熱

　　儘管中國經濟竄起的這幾年，依然能源短缺、鋼鐵不足、盲流四散、人口老化、仿冒猖獗、環境破壞、貪腐嚴重、地下經濟和政治干預等（肯吉，2007：序 12），但它還是有著最快速的經濟成長率、最高的外匯儲備量、最大規模的軍隊和最多的中產階級及海外僑民〔張志楷（G. C. K. Cheung），2009：推薦序 11〕而驚動全世界！

　　剛開始，中國只因勤於吸資製造而成為世界工廠，讓人覺得「中國僅在全球產業價值鏈的末端佔據了支配地位，中國的競爭力僅僅是低成本的製造能力，相對於產品的數量和規模，中國在價值創造上的成就幾乎可以忽略」（曾鳴等，2008：29）；但現在稍有不同了，「中國國力的增強，不只是依靠勞動力密集型工業布局的改變，同樣也依靠著整個尖端工業（資訊、電信、生物技術和航空等），它正在取得革命性的進步」（伊茲拉萊維奇，2006：227）。全世界的中國熱也就因為這樣越炒越熾烈，以至於快要到「莫可一世」的地步。

　　雖然我們仍舊不忍看到這副「飢餓之國崛起」的模樣：「舊紙、廢塑膠、廢鐵……對中國這隻饕餮來說，今天什麼都成了好東西。國家的工業化引發了真正的需求爆炸：到處都要購買金屬、能源、農業和

工業的基礎產品。為了建設道路、橋樑、港口、城市和工廠，中國需要大量的木材、混凝土、鋼、鋁、鎳、鋅和其他金屬。為了讓它的電站和工廠運轉起來，讓火車、飛機和汽車啟動，中國需要充足的汽油、鈾、煤炭和天然氣。為滿足新出生的消費者，中國對小麥、大豆、牛肉、棉花、黃金和白銀的胃口也變得更大」（伊茲拉萊維奇，2006：171），但它能一掃百年多來中國在世界舞臺上抬不起頭的屈辱，總是一件可喜可賀的事！而沿著這股中國熱的持續醞釀，華語也闖出名號而跟著滾燙起來。

這一方面外國人會主動想來學華語；另一方面中國也很積極的透過廣設海外中文學校和孔子學院去從事華語的推廣。前者，光上個世紀九〇年代初期所發生的效應，就已經可以看出端倪：「1993 年 9 月 26 日，越南《人民報》發表河內外語師範大學陳英詩的文章主張學習漢字」、「香港《華人月刊》1994 年 1 月號報導，中文很快將蓋過義大利語，成為澳大利亞西部最常使用的外語」、「在美國，有兩百多所大學有華語課，美國大學委員會和教育測量中心決定，從 1994 年 4 月起，把華文列為外語測驗的語種，使華文成為美國學生申請大學入學資格的憑據之一」、「在加拿大、哥倫比亞大學東亞學系的華文部，出現了學生報名排隊的長龍，這是歷年少見的現象」和「1994 年 3 月 23 日，香港《文匯報》報導，英國查爾斯王儲日前在出席英國文化協會一個推廣計畫揭幕典禮上呼籲英國人學習中文」等（李梵，2002：30～33）都是實例；而後者，中國於海外除了持續在增設中文學校，至今還在六十四國家設立二百二十六所孔子學院以及在八十一個國家成立孔子研究所和孔子教室來傳播中華文化（奈思比等，2009：173、196）。顯然它的經濟力逐漸威行世界告捷了，買賑的人快速增加，而華語熱在短期內可能還會再一波的升溫。

二、華語熱可能的伸展向度

　　如果世界經濟沒那麼快崩解，而外國人也不忌諱到中國投資，那麼中國以目前二位數字的經濟成長率，對於推動華語的熱潮必然有正面的貢獻。只是它的凡事「需求孔亟」的樣子，最後會不會演變到惹人厭而成了過街老鼠，就不得而知了。好比它對鋁、銅、鐵礦、鉛、鎳、鋅和小麥等的需求都高居世界第一位，而對石油、煤炭和糖等的需求也都高居世界第二、三位（慕勒，2009：75～76），倘若引發世界各國的反感而聯合予以抵制，屆時華語熱恐怕就會隨著降溫；也許從此還要戴上一個耗能大國的罪名而被人唾棄！而這就涉及到華語是否還有出路的深遠的問題。

　　從現實情境來看，華語熱的不穩定性會來自中國經濟實力的弱化，而這跟歷史上有些已具相當規模的世界語的興滅和原創國國力的消長相應性是一樣的。如「某種語言所以成為全球語言，跟『多少人』使用這種語言沒有多大關係，『誰』使用這種語言才是重點。拉丁文在羅馬帝國時期曾是國際語言，但這並不是因為羅馬人的人數比被統治者多，而是他們比較強勢。當羅馬軍事力量式微，在隨後一千年中，拉丁文仍然是教育體系中的國際語言，這都要歸功於另一股力量：羅馬天主教教會」〔克里斯托（D. Crystal），2000：27〕；倘若中國的國力（主要由經濟力所支撐）無法繼續維持當前的優勢，那麼剛剛興起的華語熱就會隨著退燒。此外，現在世界由英語所獨佔「通用語」的局面，也是華語能否競爭勝出的關鍵：

> 　　不論我們喜歡或不喜歡，在進入二十一世紀的此刻，英語的確已在這個全球化的時代成為最主要的世界語言。迄至目前，全球大約有四分之一的人口在說著程度或優或劣的英語，英語人

口已超過了說中國普通話的人口。有七十多國將英語列為官方語言，有一百多國將英語視為主要的第二外語……英語已成為語言世界的霸權。在知識、資訊、商業、娛樂、旅遊和網路日益發達的此刻，英語在美國國力的支持下，正逐漸成為大家的必需。（克里斯托，2000：導讀 10）

在這種情況下，華語如何反轉尚未成為世界語的劣勢而躍上世界舞臺，就更難以逆料；畢竟英語現在有「美元」撐著，中國要有能力將「人民幣」變成世界通行的貨幣才有機會跟人家一較長短。而就現實面來看，這一目標大概不可能達成。理由是「美國貨幣在二次世界大戰結束後成為全球貨幣標準，只要關係到國際貿易，如工業產品、原物料、資本和專利等，一律以美元計價。西方國家政府和發行銀行無不緊盯著美元匯率……1969 年開始，歐洲的貨幣開始貶值；1973 年，這套系統終於崩盤，西方國家放手讓匯率自由波動……然而，美國展現了屹立不搖的權力地位，美元仍然為世界貨幣，從正式美元系統轉為非正式的，但財務市場仍然以美元為中心。美國貨幣依然主宰著國際貿易，發行銀行的外匯儲備仍然主要以美元為主」（慕勒，2009：104），而「長久以來，中國人民幣一直很有實力，可以成為世界貨幣第三名，光是中國十三億人口的國民經濟潛力就足以投贊成票；但是到目前為止，中國既沒有完全開發的財務市場，也沒有獨立、國際認同的發行銀行。西方專家預估，至少還需要十年，人民幣才能更具國際化，但在這之前，全世界只有一種選擇：美元或歐元」（同上，110）。而即使中國本身所欠缺的條件——改善了，西方霸權還是會聯合壟斷貨幣市場而阻絕中國獨佔鼇頭（民族自尊心和白人中心主義都會「從中作梗」）。這樣華語想「出頭天」，就得另尋出路。換句話說，華語要攻克由英語所建立的城堡，光得不到奧援你就「無力可施」。因此，華語就不是以跟人家搶地位來凸顯自己的異能，而是透過批判對方以為顯現制衡實力，終而找到了一個可以依靠的出口。

三、面對英語帝國雄霸的出路問題

所以要這樣思考華語的伸展方向（而不認同盲目躁進或其他的異想天開），是因為可能的華語帝國無法像現存的英語地國有可以崛起的機會；同時華語的特殊性（而非英語跟其他印歐語言有某些共通性）大致上也只有華人才能了然並順當的使用，西方人很難真正的契入（即使是西方的漢學家，也是絕大多數都無法使用中文書寫，顯現它對西方人來說的高難度），致使計慮華語的出路就不能以英語帝國為模本。

有人認為世界語的形成，有兩種主要的發展方式：第一，將此種語言定為官方語言，並在政府、法院、媒體及教育體系等領域中當成溝通媒介；第二，即使沒有被官方認可的地位，但該語言卻會在一個國家的外語教學上取得優先順序（克里斯托，2000：25～26）。而由這點來看英語，它已經是「扮演官方語言的最佳例證。它在迦納、奈及利亞、印度和新加坡等超過七十個國家中，擁有某種特殊地位，遠比其他也被相當程度使用為官方語言的法語、德語、西班牙語、俄語和阿拉伯語要來得高，每年都會產生關於英語被定為官方語言的新政治決策」，而「現今，英國成為中國、俄羅斯、德語、西班牙、埃及和巴西等一百多國廣泛教授的外語；而且在這些國家中，英語正取代別的語言，逐漸發展成學校裏的主要外語」（同上，25、26）。這說的是事實，只不過它完全忽略了「接受者」的意願問題。這種問題，當不僅僅是一個所謂「國家的支持」所能解決：

> 選擇特定語言為主要外語的原因，也有類似的差異性，包括歷史傳統、政治利益、商業需求和文化或科技的聯繫。而且即使在選擇某種語言為主要外語時，這個特定語言的「出線」也因政府或外國援助機構對外語教學政策提供充分的財務支援程

度而有很大的區別。在一個充分支援的社會環境中，媒體、圖書館、學校和高等教育機構方面的資源，將會致力於讓人接觸並學習主要外語；外語老師的質和量也會提升；書籍、錄音帶、電腦、電訊系統和各式各樣的教材會逐漸普及。然而，許多國家因缺乏政府支援或外國援助，阻礙了語言教學目標的發展。（克里斯托，2000：26～27）

這類說詞就過度樂觀且有膨脹國家功能的「曖昧」嫌疑。換句話說，國家的支持及其相關的鼓勵措施只是必要的條件，它的充分條件還在該語言有某種魅力可以吸引眾人主動去接受。而這在英語來說，它是所有音系文字裏語法結構較簡單及字尾變化少等「容易認記」特性而被推舉出來代表的。因此，我們才會明白像底下這些例子是怎麼可能的：

比利時有兩種語言：法語及法蘭德斯語（屬日耳曼語系）。不過，我最近到該國最大機場（布魯塞爾機場）時，數了有五十幾張海報及廣告看板，竟沒有一個是用法文及法蘭德斯文寫的，全都用英文……即使在全世界最不願意說英語的法國，反對英文入侵的戰爭也幾乎要宣告失敗；早在 1989 年初期，法國的疫苗的研究機構（巴斯德研究院），就宣布將他們知名的國際醫學期刊改以英文發行，原因是讀法文版的人太少了。〔布萊森（B. Bryson），2009：11〕。

倘若英語本身沒有因為上述那種特性而先被各國的民眾接受了，他們的日常使用和學術期刊會一改舊習嗎？雖然有人不苟同這一點：「1848 年，某位評論家在一本英國期刊《雅典娜殿堂》中寫道：『由於文法結構簡單，字尾變化少，幾乎完全不注重性別差異，助動詞及語尾的簡化和精確以及表達的豐富和活力，我們的母語似乎被組織普遍採用，

成為世界語言。』這樣的看法是錯誤的。儘管有許多字尾變化及詞性變化，拉丁文卻曾經是主要的國際語言；儘管名詞有陰性、陽性之分，法語也曾是國際語言；字尾有很大變化的希臘語、阿拉伯語、西班牙語和俄語，也在不同的時代和地區成為國際語言。容易學習與否，跟這一點關係也沒有……英語乃是時地因素配合而造就的。在十九世紀初期，英國成為領先世界的工業及貿易大國；到了十九世紀末，美國的人口已超過西歐各國，經濟也是全世界最具生產力、成長最快的。英國帝國主義在十九世紀時將英語傳布到全世界，使英語成為『日不落語言』；到了二十世紀，世界秩序幾乎是單方地透過新美國經濟強權促進並維持的；而使用美元的，正是英語的環境」（克里斯托，2000：28～31），但誰敢說如果上述諸國也有超強的軍事、經濟和科技等力量作後盾，它們的語言就同樣也可以像後出的英語那樣更廣為世人所使用？那些語言所「多」出來的字尾變化和詞性變化等成分，仍然會困煞許多人的學習意願。因此，英語所具有的這種「普羅性」，使它在推廣上阻力可以減到最低。

　　如今外人的華語熱，僅因它的商務便利需求，而還不及對它的社會文化背景了解研習的渴望，以至離它要取得類似英語帝國的地位還無限的遙遠。就最具競爭力的西方人來說，他們要將華語列為通用語，必須跨過一個他們所陌生的形系文字系統（不像英語同在他們所熟悉的音系文字系統範圍內），可以想見這是一件幾乎不可能的事。再說英語的歷史有西方人所容易體認接續的文化，而華語的背後卻是一個西方人全然絕緣的精神圖景，根本不可能要他們「棄難從易」。此外，習得英語的人，已經在國際交流中如魚得水，他們又何必就此放棄而專學一種華語來跟單一體的華人溝通？顯然華語的未來不可能廣及的命運早已註定，不是任何想望可以使它改變處境。

　　換個角度看，西方人在他們的潛意識裏也不會樂見一個可以超越他們的強權的興起。過去半個世紀，常以圍堵赤禍的名義將中國孤立於東亞上；而當中國經濟改革開放後，開始突破防線，跟國際多邊的

交流。但西方人卻又以恐懼新霸權的心態在對待它，危言聳聽的把它
描繪成這個樣子：

> 中國人在整個 1970 年代及 1980 年代不厭其煩地指控蘇聯懷有
> 「霸權式」的野心。隨著蘇聯的潰散，中國人將他們的怨憤轉
> 向美國，預言似地且反覆地指稱美國一直在「追求霸權」。其
> 實，所有這類點名批判都屬佛洛依德式投射的政治版，因為中
> 國的菁英明顯的在覬覦「霸權」這個稱號。在古老的（至今猶
> 存）中國世界觀裏，混亂及失序只能藉由營建單一且具主宰性
> 的權力軸心，旁有藩屬和進貢國才得以避免。而如果得有一個
> 霸主，就像中國歷史及文化所共同期待的那樣，則非中國莫
> 屬。中國人民在他們對霸主的執迷上，有他們自身對天命論的
> 信條。〔毛思迪（S. W. Mosher），2001：4〕

這不啻是在警告「別讓中國壯大起來，中國壯大起來就會危及西方霸
權的地位」！這麼一來，新一波的圍堵政策豈不是又在悄悄的醞釀了？
因此，前面所說的「即使中國本身所欠缺的條件一一改善了，西方霸
權還是會聯合壟斷貨幣市場而阻絕中國獨佔鰲頭」，自然就不純是虛
擬，那一天遲早會來臨。這樣華語熱只是一時的，它的溫度不久就會
消褪；以至華語的出路鐵定不在「深入西方社會」，而在自我設法挺立
以因應西方社會即將可見的反撲行動。

四、華語帝國能期待到什麼程度

　　所謂「自我設法挺立以因應西方社會即將可見的反撲行動」，這一
方面是提醒中國人別太過自信已經打入了國際市場而以為一個華語帝
國就要形成；一方面則是奉勸中國人追隨西方物質文明的腳步來沾沾

自喜華語熱的蔓延得適可而止，否則等西方霸權反撲白熱化，自己將
會變得「一無所有」。前者，雖然也看到少數中國人有這樣的反省：

> 中國的專家們經常考慮的問題是，中國的發展是否具有可持久
> 性。答案要取決於中國國內的各種因素，如政治壓力、社會不
> 平等、地區不平衡、金融系統的脆弱或生態災難等。但當前最
> 主要的威脅，也是最緊迫的威脅，其實是在別的地方，在中國
> 境外，在所有那些因中國返回經濟強權俱樂部而受到影響的國
> 家。（伊茲拉萊維奇，2006：318～319）

但實際上中國人卻是大多還在自以為是的盲闖國際市場，導至有人以大
象走入瓷器店來形容那種行為的駭人耳目和遭忌狀況：「二十世紀，闖進
世界經濟瓷器店的只是幾隻老鼠（日本、韓國等），它們不會造成多大的
損失。而今天，則是一頭可能造成慘重損失的大象進入了商店。為了給
大象騰出地方，人們需要對瓷器店進行重新改造。為了使大象找到自己
的位置，還需要對它進行馴化。」（伊茲拉萊維奇，2006：319～320）
　　至於後者，那又是另一個特別難了的問題，關係到一個泱泱大國
的發展「失準」困境！現在西方人所欣喜的是，中國多方加入國際組
織且跟西方亦步亦趨的走上追求高度物質文明的道路：「轉型中的中國
不斷表現出像這樣的彈性和務實。正因如此，令人對未來感到比較樂
觀。中國可能已經跟世界密不可分，深深陷入種種的組織及條約之中。
中國需要依賴他人，不可能去咬餵它吃東西的手。」（肯吉，2007：320）
因此，像趨勢專家奈思比所預測的中國大趨勢，而以「思想的解放」、
「自上而下和自下而上的結合」、「園地造林讓樹木自由成長」、「摸著
石頭過河」、「藝術和學術的醱酵」、「融入世界」、「自由和公平」和「目
標諾貝爾獎的創新之路」等八個支柱為判斷依據（奈思比等，2009），
就都是在顯示中國的西化日深；而這不免會讓人疑慮中國已經沒有了
自家面目。

　　以華語熱的準帝國形態來說，它只能是叫售而等待買家，還攝不上居於上游研發主導的角色，以至它的自信指數勢必會隨著市場的波動而起伏不定。此外，它既然是在追隨西方物質文明的運作模式，那麼在先天上已經屈居下風，又要如何反過來宰制別人？這樣有關華語帝國的擬想，就更不切實際，終將自我漫波湮沒！倘若還有人像「從倫敦到紐約，從東京到雪梨，華語在世界舞臺上逐漸走強，並不是因為漢字多麼有優勢，而是由於中國在世界經濟、政治地位的提高，國運盛漢字興」（李梵，2002：30）這般的自詡，那麼他應該看看前面所引那些西方人所發出的「恐中論」和「忌中論」所隱藏的殺氣！

　　可見華語帝國所能被期待的未來景象，就不可能是「征服者」的姿態，它毋寧是要自降一級而以撿剩餘在被觀望著。換句話說，華語帝國所以能成就，絕不是它有機會躍居世界主流地位，而是在西方如英語帝國繼續霸佔舞臺中所遺零碎配角的承接，風光永遠不會大量降落在這種「作陪」式的帝國身上。因此，對華語帝國的期待，就不合是比照英語帝國的擴張（那一定不可能成功），而得以回返來裝備自己走批判英語帝國的路；它可以從「優質化」自我來顯能，而把本身原有的對英語帝國的依賴降到最低，這樣才比較有希望在內裏上「自別於他」。

五、一個新的制衡力量

　　其實，今天中國的強經濟發展，正是西方霸權禍害連累的明證。西方霸權所內蘊的創造觀型文化，極力於媲美上帝造物和藉塵世成就以為榮耀上帝而寄望優先獲得救贖（周慶華，2001a；2002a；2005；2006a；2007a；2008a），不意非西方世界本是不同信仰卻迫於這一轉嫁威脅，幾乎都莫名其妙的迎了上去。結果是舉世因過度耗用資源而一起走上不可再生能量即將趨於飽和的末路上，沒有任何有效的反制

策略可以在短期內形成。而更可慮的是，西方人「改造自己」也就罷了，卻要將他們的經歷強迫別人來重複而遂行他們扮演上帝第二主宰他人的意志：

> 罪就是對上帝的反叛。如果因為有限和自由相混，見處於理想的可能性之中而不能說它無罪的話，那麼它一定是有罪的，這是由於人總自詡是自己有限中的絕對。他力圖將他有限的存在變成一種更為永久、更為絕對的存在形式……然而，他們實際上總是將有限和永恆混為一談，聲稱他們自己、他們的國家、他們的文明或他們的階級是存在的中心。這就是人身上一切帝國主宰性的根源；它也說明了為何動物界受限制的掠奪欲會變成人類生活中無窮的、巨大的野心。這樣一來，想在生活中建立秩序的道德欲望就跟想使自己成為該秩序中心的野心混在一起，而將一切對超驗價值的奉獻敗壞於將自我的利益塞入該價值的企圖之中……簡單的說，他企圖使自己成為上帝。〔尼布爾（R. Niebuhr），1992：58〕

非西方世界中人對於這一點有所警覺的少之又少，致使一個老大中國也跟著趕流行推出華語帝國以附驥尾。這麼一來，華語帝國果真能相當程度的廣為風行，也不過是隨著英語帝國在加重地球的負擔，很快就會遭到「自掘墳墓」的反吞滅！既然目前所走的這條路不可能長久，那麼改絃易轍就成了最新所要期待的事。

前面說過，英語帝國所以能夠取得支配世界的地位，在深層次上是緣於它的容易認記性格。而這跟它採用字母來記錄語音又密切相關。所謂「字母的構想有三大特色：獨特、簡易、彈性。其他的形式都是從四千年前最早的字母雛型汲取靈感；所有的字母形式都具有這項發明的簡易特質」，但「這種簡易特質並不是指完美設計所具有的簡易特質，字母這種構想的優點在於使用時的不完美特質。雖然字母無

45

法在任何語言中達到完美境界，但經過一番胡亂的湊合，字母可以適用於各種語言。就像我們這種腦容量大的物種一樣（奔跑、飛翔和游泳等方面比不過別的物種，但在思想上卻無法被超越），字母也是個通才」〔曼恩（J. Man），2002：13〕，就道出了擬音書寫的方便性。當中英語則又在其他語言複雜化後獨保較單純的形式，所以成了它在推行上的「一大利器」。

顯然這是直貫於西方人的上帝信仰，以上帝只賦予人語音能力而未及文字，他們才自行找到字母來實錄存真；而這一旦確立下來了，西方人就會越來越扮演起上帝第二的角色在規訓他方世界的人，告訴他們：「你們也要這樣才像話！」從而開始瞧不起還在使用形體文字（而非拼音文字）的人，說那些形體文字是字母的初形，尚未「組合」成語言，是還沒有「進化」的東西〔居恩（G. Jean），1994；哈爾門（H. Haarmann），2005〕。殊不知還在使用形體文字的如華人，他們只受氣化觀型文化的制約，說話和造字能力都是化生成人中的「精氣」（靈體）的本事；而所有的書寫也都仿氣的流布，僅以線條構字而成就圖像意義（周慶華，2008a：117～122）。而由於語音會變而字體則可以維持相當的穩定性。所以語音和文字就自然愈見分開了。換句話說，中國傳統的文字原不是為紀錄語音的，而當語音隨時空而衍變後就跟文字越離越遠了。試想這時要習慣於「我手寫我口」的西方人來學一套「全新」的文字，豈不形同要他們都來「畫圖」一樣的困難？因此，華語註定是不可能深入西方社會的，它的語音／文字觀念所迴異於音系文字的地方，就是華語無法被跨越來接受的關鍵！

因為華語所內蘊的「氣化觀」這種世界觀，相對來說特別講究「諧和自然」和「縮結人情」（周慶華，2005；2007a；2008a），始終有它的韌度和諧和性，基本上不會也不可能發展出殖民主義和資本主義而造成當今大大小小的人為災難和大自然的反撲！在這種情況下，它最有利的是重新強調這一可以使地球永續經營和人間社會長治久安的文化質性，而華語就是總縮它的形式。以至華語的出路是在重拾民族的

自信心，試為汰除外來文化介入所「雜染的習氣」，站出來勇於批判西方霸權的凌越和罪愆，而形成一道具制衡力的防線和必要的突擊力，以為挽救因英語帝國及西方各霸權過度行使所導至的世界破敗的危機。而在這個環節有所建樹後，才自然形成一個抗衡式的帝國。

第四章　形式與內容：後生態哲學

一、生態哲學作為一種哲學形式

　　哲學從「愛智」（philosophia）的概念創發開始，輾轉變成一種後設思維的指稱（周慶華，2007a）。於是有針對形上原理而後設思維的形上學；有針對認識條件和邏輯規律而後設思維的認識論和邏輯學；有針對行為準則而後設思維的倫理學；有針對審美對象而後設思維的美學；有針對社會組織而後設思維的政治學等等（陳俊輝，1991；張振東，1993；沈清松主編，2002）。這些都因取向有別於對象思維而構成所謂的哲學形式（可以改稱為形上哲學、認識哲學、邏輯哲學、倫理哲學、審美哲學和政治哲學等等），在學科的畫分上自成一個領域。因此，現在要把生態納進來作為哲學的限制詞，許以一種哲學形式，自然也是合法且可行的。

　　雖然如此，生態哲學作為一種哲學形式，它跟一般泛泛的「生態學」卻得有所區別。因為一般的生態學所談的「生物和環境的相互關係」或「人類、生物和環境的相互關係和作用機理」一類課題〔歐頓（E. P. Odum），2000；莫爾斯（M. Molles），2002；歐文（D. F. Owen），2006〕，多半是在指陳現象（屬對象思維範圍），還搆不到後設思維的層次。這樣生態哲學從有關生態的後設思維出發，勢必會再觸及一個問題，就是「我們需要目前這樣的生態嗎」或「未來的生態要怎樣才合理呢」？這是「新」的學科要展現競爭力所得具備的條件；它從一

般生態學所顧不到的層面開啟論述的軸線，然後搭連到人類生死存亡的前景議題上，合而顯現一種不同於既有生態學的理論廣度和深度。

以現今所見相關生態哲學的論述來看，確實已經開拓出了一條診治生態病症的途徑，包括資源枯竭、環境破壞、空氣污染、水質污染、殺蟲劑氾濫、酸雨、臭氧層破洞、溫室效應、生物滅絕等科學和倫理問題的探討〔卡森（R. Carson），1997；羅斯坦（H. Rolston, III），1998；福雷門（B. Freedman），1998；威爾森（E. O. Wilson），2002；辛格（P. Singer），2003〕，無非是希望「還回一個充滿生機和安全的地球」以及「不再有人為的持續破壞和自掘墳墓」。這麼一來，生態哲學就逸離了一般生態學的範圍而向道地的「關世啟新」的路途邁進。而這樣的一種哲學形式，相較其他的哲學形式（如形上哲學、認識哲學、邏輯哲學、倫理哲學、審美哲學和政治哲學等）來說，因為有較多的「入世」或「應世」關懷，所以它也因此而可以享有「最新的哲學形態」的稱號。

二、向「後」思維的生態哲學內容

生態哲學的新興性，保障了生態哲學作為一種哲學形式且有所「凸出稱異」；只是這種哲學形式在定性上還要有自別的內容，才能顯示繼起論述的必要性。換句話說，生態哲學的前後出論而不會讓人覺得重複常熟，必然要有內部「翻奇」或「殊別」的特性供人緬懷；否則只要有一度生態哲學的建構就夠了，毋須再尋續論以為疊牀架屋。而就這一點來看，前出的生態哲學的確有「不夠入時」或「未能對症下藥」的遺憾，以至別為規模新的生態哲學也就勢在必行。

這種新的生態哲學，是以向「後」思維來定調的。本來生態哲學就是以生態為對象所進行的後設思維，它的「後」味並不缺乏。但所以還要這樣強調，主要是因為先前的生態哲學論述，所觸及的

課題大多「空泛無當」或「緩不濟急」，總是感覺只有論述的旨趣而沒有實質規諫的作用。好比有一千六百多名科學家於 1992 年合而發表〈全世界科學家對人類的警告〉一文說的「我們正在快速接近地球的多種極限。當前的各種破壞環境的經濟行為不能再繼續下去了。我們只是在一定程度上對人類大規模的干預行為給關鍵性的生物系統可能帶來的不可預測的破壞有所了解。如果人類想要避免巨大的災難，如果我們想要我們的地球家園不必遭受無可挽回的毀滅，人類就必須徹底改變其對地球以及地球上生命的管理手段」，這被引來當作類似「警告」標誌：「我們絕不可以對已經出現的種種跡象視而不見。我們可以看到鄉村到處充塞著混凝土建築；我們再也聽不到曾經熟悉的鳥兒的歌唱；在旅行途中我們感受到世界各地的文化已經遭到了嚴重的破壞。科學賦予我們知識和力量，但經濟全球化和各種國際機構的存在卻從根本上導至了這種力量被濫用」〔布魯吉斯（J. Bruges），2004：6〕。問題是生態危發到這種地步，是誰造成的？難道不是西方科技發達及其殖民征服造成全球「一起沉淪」的後遺症？而這要反過頭來呼籲「世人」別再破壞下去，那究竟是想把責任推給別人還是自己真有擔當要概括承受這一切？可見生態危機的元兇在西方世界，如果不能有更「後」的思維來改造提領，那麼像上述那一類不痛不癢的言論就是再多也無益。

我們知道，西方人早就知道「成長有極限」〔米道斯（D. L. Meadows），2007〕，一個小小的地球無法容許過度的開發和踐踏。但弔詭的是，由西方人一手導演的向成長極限挑戰的時代劇，卻得全世界的人共同來承擔「敗戲」的後果。而這只有兩種可能：一種是西方人不可能放棄既有的優勢而繼續耗用地球有限資源兼深化生態危機；一種是非西方人眼看西方人還在領先根本不會妥協去從事西方人所做不到的挽救生態危機的偉業。到頭來一場生態的浩劫就真的不可避免；而所有自詡有濟世功能的生態哲學也要因為還在「皮傅之論」階段而無端的虛妄

起來。因此，向「後」再進行後設思維，以為生態哲學更「進一言」，也就有「順勢而為」的明鑑力和應急感。

通常的後設思維，有「力辯」和「規範」等兩面性〔渥厄（P. Waugh），1995；黃慧英，1988；關紹箕，2003〕，可以給對象思維深廣面向和規畫出路；而向「後」的後設思維，就是在這個基礎上再權衡利害或趨時有無而出一論述形式（周慶華，2004a）。因此，這裏所謂向後的再後設思維的「後生態哲學」，也就比照著來為生態找尋合理的「出路」。它在相當程度上要有別於前生態哲學，且能開啟一種更務實或更有效的生態論述，以為世人自我救渡上的參鏡。而這概說是一種「後生態哲學」，細說則是以「根本去執」的諫諍方式作為該一哲學的內容，冀以世界真能獲得休養生息的機會。

三、後生態哲學的時代需求性

所以要以「根本去執」的諫諍方式作為後生態哲學的內容，是因為世界已經千瘡百孔，無法再等待什麼「別的辦法」來無效救急。也就是說，這種後生態哲學比先前的任何一種生態哲學更具有時代需求性；它的無所寄望「替代方案」的徹底自我救助性，在一片擾嚷「綠色經濟」以為改造企業體質的聲浪中顯得特具濟渡意義。

一般所說的綠色經濟（可以視作一種生態哲學），所要管控的是一套「新的企業流程」，並不是真的有意放棄既有的支配欲。所謂「有更多企業開始了解產品製造方式的眾多環境衝擊；當中有一小羣公司了解到，關鍵在於檢視產品本身，也就是產品對環境造成的所有影響。『從搖籃到墳墓的思維』在這時開始興起，整套工具也順應而生。突然間，環保經理人拋出諸多像是產品生命週期評估、有益環境的設計、產品生命終期管理、去物質化、去製造化、重新製造、逆向物流、產品回收，以及長期製造商責任等名詞。公司開始以更好的方式測量並管理

原物料處理量，了解使用每一單位的原物料能製造出多少產品。最後，知名綠色設計師兼建築師麥唐諾以及瑞士化學家布朗嘉一同告訴我們，不應該以從搖籃到墳墓為目標，而是應該做出緊密連結的『從搖籃到搖籃產品』和流程。他們發展出一套執行方式，最終也擬定出這類產品的驗證價購」〔麥考爾（J. Makower），2009：30〕，依照這套綠色經濟哲學行事，所能減少的只是產品源頭的「浪費」，實際上它的研發動能和促銷手段仍然在升級中，一種改頭換面的「綠色資本主義」還是會強迫他人來迎合、附和及參與運作，而全然無助於地球危亡的拯救。

　　長期以來，有關去人類中心的籲請已經多得不可勝數，而如何跟大自然共生共榮的議題也不乏有識之士密集在討論〔伍汀（M. Woodin）等，2005；安德生（R. C. Anderson），2006；達爾尼（S. Darnil）等，2008；麥唐諾等，2008；三橋規宏，2009；凡得來恩（S. Van der Ryn）等，2009；山德勒（A. Schendler），2010；內崎巖等，2010〕，但為什麼世界還這麼「不聽使喚」？顯然這裏面有某種程度的惰性在抗拒那一還沒搔到癢處的改變想望。換句話說，他們說的都是大家懂得的道理，只不過相關的行動力卻陷在一股反向拉力中難以緩和，也莫名的不願被還未退卻的勢力自動放逐，馴至只能勉為跨向綠色經濟一步的過程「又一次的自瀆」！這樣再配合或呼應式的生態哲學，也就顯不出它的「匡時」的需求性，而得轉向從後生態哲學去獲取「藥方」。

　　後生態哲學所要超越前生態哲學的地方，是它的非替代式的救渡策略，從而一改大家轉往綠色經濟「再行拚鬥」的末路。而時代所需求於它的，就是非綠色經濟式的再利用和開發新能源的作為，可以在一切的逆勢中保有最純粹或最有遠景的流向。而換個角度看，綠色經濟所以還會遭受某種程度的惰性的抗拒，正因為它所採用的替代方案無以實地回饋那一「騎虎難下」的競爭優勢；不如從根本上去執，一舉廓清支配迷霧來得省事且有效解決地球日漸貧瘠和危殆的問題。

四、以能趨疲為基點的後生態哲學的開展方向

很明顯的,綠色經濟是建立在「新利用厚生」的前提上。所謂「具有遠見的企業人士已經了解,環境挑戰的長久性質,將使全球企業的方向重新定位,而使我們捨棄會造成嚴重污染或消耗有限資源的工業。取代它們的將是以『生態智慧』為基礎的『四個 R』:『再整修』(repair)、『再調整』(recondition)、『再使用』(reuse)以及『再製造』(recycle)。可以預見的是,以『四個 R』為基礎的工業將會大為興盛。舉例來說,我們將可看到未來二十一世紀,企業界將致力於污染控制、再製造和資源替代、能源效率,以及適合生態的能量供應。這些工業(按:包括資訊技術和生物技術),已被稱為『日升七大新興工業』。所有這些工業都具有明顯的『創造財富』潛力:它們具有長期的『生存力』;它們符合生態學的自然定律;而且它們更適合耐久的經濟制度,而這些將使我們邁入『第四波』世界」〔梅納德(H. B. Maynard)等,1994:148〕,就是這一新經濟浪潮的先聲。爾後的綠色企業、生態設計和綠色資本家等一系列變革的籲求,都「相沿成習」的準備大展鴻圖。只是這種轉利用替代性質能或再利用舊有質能的耗餘部分,對於減緩地球趨於死寂(能趨疲達到臨界點)並沒有實質的貢獻。要使地球免於快速趨向死寂的唯一有效的辦法,就是降低再降低對資源的利用(周慶華,1999a;2001a;2004a;2005)。

即使是二十世紀後半葉「深層生態學」興起以來,所要重振的綠色復甦大業,似乎也沒有想像中那麼容易「克盡其功」。因為深層生態學所嚮往的「人是地球公民,跟其他生命同等地位,並跟自然和諧相處/自然有它的固有價值,眾生平等/在了解自我乃是大我的一小部分後,僅求取最簡單的物質供應/崇尚節儉和再利用/發展適當的科

技，不以追求享受為目標／依照各民族的生活傳統和地理疆界來劃分居住區域」等目標（林耀福主編，2002：47），還是有「再利用」和「發展適當的科技」等尾大不掉的陋習，一樣會繼續把地球帶向不可再生能量達到飽和的險境。以至世人想要永續經營地球的美夢，仍然得靠上述的「減卻」作法來實現。

　　前面說過，當今舉世的生態危岌全是西方的科技發達和殖民征服所造成的，因此釜底抽薪還得從這一西方人的「盲點」破除起。首先是西方人普遍信仰上帝，認為塵世的歷史是有它確切的起始和結束的，真正有價值的東西，僅存於上帝所在的天國。這種強調「他世」的想法，往往導至西方人對今世物質世界的罔顧或甚至無度的榨取，而助長生態的破壞和物質的消耗。此外，有關「支配萬物」的觀念，也一直被西方人利用來作為殘酷地操縱及榨取自然的理據（雷夫金，1988：357～358）。其次是新教出現後，對於累積財富以為榮耀上帝「以便優先獲得救贖」有著堅定的信念〔韋伯（M. Weber），1988〕，以至資本主義和殖民征服就矯為成形，隨後的掠奪資源和壓迫他者等也在世界各地「泛濫成災」。再次是和資本主義／殖民征服相輔相成的科技研發，也因為一可以顯在世成就（並藉以榮耀上帝）一可以凌駕他人（以取得競爭優勢），所以就「一發不可收拾」。而由這種種因緣及其高度積效使然，輾轉導至了西方人開始自我膨脹而以上帝第二自居：

> 　　罪就是對上帝的反叛，如果有限和自由相混，見處於理想的可能性之中而不能說它無罪的話，那麼它一定是有罪的，這是由於人總是自詡是自己有限中的絕對，他力圖將他有限的存在變為一種更為永久、更為絕對的存在形式。人們一廂情願的尋求將他們專斷的、偶然的存在置於絕對現實的王國之內。然而，他們實際上總是將有限和永恆混為一談，聲稱他們自己、他們的國家、他們的文明或是他們的階級是存在的中心。這就是人身上一切帝國主義性的根源，它也說明了為何動物界受限制的掠奪欲會變成人類

生活無窮的、巨大的野心。這樣一來，想在生活中建立秩序的道
德欲望就跟想使自己成為該秩序中心的野心混雜在一起，而將一
切對超驗價值的奉獻敗壞於將自我的利益塞入該價值的企圖之
中。生活和歷史有組織的中心必須超越和歷史本身，因為在時間
上、歷史上出現的一切太片面、太大不完全，無以成為其中心。
但由於人認識的侷限性，由於希望自己能克服自身的有限這兩
點，使它們注定會為他局部有限的價值提出絕對的要求。簡單的
說，他企圖使自己成為上帝。（尼布爾，1992：58）

這一「幸而成功」後變本加厲的向帝國主義發展，並透過全球化的威
力橫掃非西方世界，就成了如今舉世一片沸沸揚揚兼怵目驚心的景
象。像這樣提倡綠色經濟，豈不是再給西方人一次稱霸的機會？他們
又如何會從這一波企業改造中縮手？如果要說世界這般的「不堪聞
問」，那麼它就是西方人所全程促成的，沒有理由要非西方人一起來承
受壞事的罪過（至於非西方人被鼓動的消費熱情和參與運作的願力，
只要源頭斷了，就會無以為繼）。

在這種情況下，就得從根源上斷去西方人畏懼得不到救贖的念
頭，才有可能稍緩現世的汲汲營營以及「禍延四鄰」。因此，後生態哲
學首要展現批判力，就是針對西方人這種不能推及他人和不能顧及
他人安危的信仰（而後才是第二級序的新生態策略）。而這種批判，一
直要到下列這類前提的形成：倘若西方人的塵世急迫感得到了緩解，
而且也真的有現存的危機意識，那麼再談相關的環保議題才會有著
落。換句話說，後生態哲學所負的優先的使命，就在於碰觸這一西方
人給自己隱匿而非西方人也諱莫如深的環節，還給大家一個「純淨」
（不著宗教信仰色彩）的議論空間。

接下來就是因應能趨疲危機的問題。這原被西方人所意識：現代
科技固然可以開發出鉅大的能量，卻消耗了鉅量的能源（不可逆）；科
技文明縱然造就了空前的富裕生活，但也相對的造成了高能趨疲的社

會。它的危機，正在：隨著科技引擎的加速化前進，我們的工業社會益形往上升級，而相對的我們的工業產品、製造流程、食品生產、農業耕作、運輸系統、都市結構、軍事裝備、育樂環境、醫療保健，甚至我們的社會構造、政治系統和經濟模式等等，也益趨於精密和複雜。在這種高度複雜化的工業社會環境裏，人類生活必需仰賴輸入大量的物質和能源，才得以維持下去；一旦社會的質能基礎發生動搖、質能的供應後勁不繼時，整個社會生活就會出現混亂、甚至癱瘓（雷夫金，1988）。但因為有像諾貝爾物理獎得主普里戈金（I. Prigogine）那樣在唱反調說「我們可以求取利用可再生資源，以作為新的能量基礎，利用遺傳工程學以作為一種新的技術轉化器，依然能造成大量的能量流通，無限制的成長，以及永無終止地追求物質上的進步」（普里戈金，1990）以及西方早就養成了高成就的優越感等，並沒有如所預期的真正看到「經教訓後的反應」；倒是一再冒出類似前述那些「揚湯止沸」的綠色經濟的無益舉措。因此，重整旗鼓再出發的途徑，就在全面性預防能趨疲臨界點的到來。它不再像美國前副總統高爾（A. Gore）那般天真的以為「改用省電燈泡／正確使用家電／少次多量的洗衣原則／節約使用熱水／減少待機時的耗電量／減少交通運輸製造的碳排放／選擇燃油效率高的車／減少消耗品的消費／購物前做到垃圾減量／落實資源回收及再利用／使用環保購物袋／減少肉類攝取／購買當地自產的食品／支持環保節能產業／參與政治活動／支持環保團體」等等（高爾，2008）就可以拯救這個世界（因為它所內蘊的「享受」和「耗費資源」等，比起先前的只是程度不同罷了，並非反方向而行）；而得徹底的凜於能趨疲危機，極力朝「不貪求物欲」（反奢華生活）、「不累積財富」（反資本主義）和「不窮究科學」（反征服）等方向發展。這是人類在面對生死存亡關頭所無從逃避的最終選擇；逾越了這個範圍，人類就得持續陷溺於「即毀焦灼」中而無以自拔！

五、「再後」的後後生態哲學的期待

「不貪求物欲」、「不累積財富」和「不窮究科學」等作為後生態哲學的開展方向，所得面對的自然是一個「文明萎縮」的問題；它在相當程度上會讓人類的文明頓時或逐漸黯然無光，而有待給予「合理的交代」。沒錯，這種將對資源的需求降低再降低的作法，在透過各種可能的途徑致效（如教育、傳播宣導和形成輿論壓力等致使人人經由內在自覺到外化為行動）的過程中，勢必會讓人類既有的文明快速退化和無從再「尋求發展」；但不這樣做，又有什麼好辦法挽救世界的沉淪？因此，在面臨滅絕和倒退的兩難問題時，還是以選擇倒退為最佳考慮。

換個角度看，文明（可以跟文化變換為用）本來就不合像先前那樣的伸展，現在緩和或停止前進的腳步，也只不過是回到地球未被開發支取的時代，其實並非是真的在「倒退」。縱是如此，全世界六十幾億人口的安頓還是必須一併予以解決的問題，才能盛稱這套以能趨疲為基點的後生態哲學策略可以「通行無礙」。而這點我們可以這樣想：地球是一個封閉的系統，由於質能不滅的關係，所有存在體只是在內部相互轉換而已，並未消失；因此從靈學的角度看（周慶華，2002a；2006a），我們可以透過教育宣導各存在體「各安所往」（在現實界的存在體，死後靈體不要蜂湧般的「乘願再來」而持續造成資源供給的壓力；而在靈界的存在體，也得調整「互動」的策略，不再盲目的讓兩界相互傾軋失衡；至於還有少數外星球來投胎轉世的靈體，依然可以採「勸導」的方式讓他們釋然的返回來處），不再「迷戀」這一已經不再美好的現實界。

這樣我們就可以再期待一個「再後」的後後生態哲學；這個後後生態哲學，是以探得兩界相偕前進護世的可能方案為目標，而將原後

生態哲學的觀念和實踐成果極大化。因為它還在更後的擬議中，所以無法設定進程。不過話說回來，也不盡然沒有機會獲知一二它的可能性；畢竟我們每一個「活」著的人都要過渡前去靈界而可以預先儲存經驗以備「不時之需」，而相關必要來的靈體也無妨多研習有效的對治策略以為「迎世印證」，都可見細微關連影響的俱在性和可運作性。

第五章　文化治療：
通識的觀點及其致用場域

一、這個世界有多糟

　　根據報載，北極的海冰即將完全消融；而這固然會帶來一些好處（如讓西北航道維持長時間暢通，大幅縮短北太平洋和北大西洋之間的航程；此外，海冰一旦融化，這片海域中的油田、天然氣田和漁場也將更容易開發），但這麼一來自然生態必然遭受嚴重衝擊，而且北極圈周邊諸國的領海和資源之爭也將日益激烈（閻紀宇，2008）。換句話說，這種的環境快速變更和爭奪消耗資源，勢必會發生大規模的「生態系統崩解」（尹德瀚，2006）。

　　這是地球的暖化效應，緣於人類使用過多的石化燃料和過度的開發破壞。所謂「絕大多數科學家都相信氣溫上升的過程，是在工業革命之後，開始大量燃燒煤、石油及天然氣等石化燃料所致。而且全球暖化程度正在與日俱增，1970年代比1960年代暖，1980年代比1970年代更暖，1990年代仍然持續暖化著」〔克里斯欽森（G. E.Christianson），2006：13〕、「人類改變地球的情形很嚴重而且持續加重。地表三分之一到一半的土地已經失去原貌；工業革命後大氣層二氧化碳含量增加將近30%；大氣中被人類固定的氮已超過所有地表植物固定的總量；一半可用的淡水已經被人類利用；還有四分之一的鳥類瀕於滅絕」〔麥克邁克爾（T.

McMichael），2007：261引維拉賽克及其團隊報告〕等等，都不再是危言聳聽，而是鐵證明確的擺在我們的眼前。

　　雖然有人認為全球暖化問題不是迫切要解決的，還有比這更急迫的饑荒、貧窮和疾病等關係人類生活和環境品質的要務需要去面對〔隆柏格（B. Lomborg），2008〕，但他卻不知道暖化只是終極端，在這個過程所「隱藏」的資源掠奪和消耗所造成地球上大多數人的貧困和病痛，彼此是無法分得開來的。還有一部分「異想天開」的人，認為暖化並不是件壞事：「縱使同意人類是地球溫室效應的罪魁禍首，地球平均溫度提高幾度，對住在寒帶地區的居民未必是壞事。開暖氣比開冷氣的成本高，加雪鏈也要多花錢……溫室效應固然會衝擊部分國家的農業，但其他國家的農業勢必會受惠……天氣變暖，海洋蒸發的水氣會更多，其他地區的降雨會更多。地球大部分地區都是沙漠，需要更多的降雨；有些降雨可能正好化解部分地區的缺水之苦……地球可能因此更適合人類居住」〔梭羅（L. C. Thurow），2000：211〕，這就更忽略了我們得在這種不確定會如何「洗牌」或「大搬風」的過程中，不斷地要面臨旱澇交替的煎熬和被吞噬的痛苦的窘境。

　　有人觀測到：地球上存在的極限，會限制人類活動的生態足跡。某些地區人類生態足跡的成長已經超越限度。如雅加達排放的廢氣含量，早已超過人體肺部所能承受的極限；菲律賓的森林快要消失殆盡；紐西蘭外海的鱈魚漁場也已關閉；海地國家的許多地區，土壤流失嚴重到岩石外露；萊茵河河水的化學物質含量偏高，使得荷蘭的港口必須將浚污工程所挖出的污泥當成廢棄物處理（陳慕純，2008：121）。問題是當有機會釀禍的「富裕國家的人民使用比以前更加耗油的車輛時，他們同時也導致莫三鼻克或孟加拉的氣候變遷（這將造成農作物欠收、海平面上升和熱帶疾病的擴散等）。正當科學家提出成堆的證據，以證明百萬人的性命將會因排放廢氣所導至的溫室效應的持續而受到危害時，廢氣排放量最高的國家的領導者說道：『我們不會做任何傷害我國經濟的事情，因為我們的首要考量是美國人民。』」（辛格，2003：32）沒有人願

意出來承擔責任。因此，有限資源的急速枯竭、汙染的增加、失控的氣候變遷、天然災害的頻繁和人口的爆炸危機等等，已經使地球變得又熱、又平、又擠（佛里曼，2008），快要一無是處了。

　　我們只有一個世界，這個世界充滿著讓整個生物圈再也無法承受的龐大的污染和不斷上升的氣溫所引爆的水災旱災以及爭奪資源所帶來的生化戰核戰的陰影等嚴重問題。即使有那麼一點「偏狹」的自信「我們有理由相信人類有能力讓環境變得更好，但是首先我們必須認知到人類目前的生活方式是剛剛才發生的、非常態的、無法永久持續的」，但卻「極少有人會拒絕使用煤炭、石油和天然氣，回到那個沒有鞋子、必須忍受飢寒的舊時代」〔克羅斯比（A. W. Crosby），2008：259〕。這麼一來，我們所居住的這個星球，就得繼續拉警報，直到大家有能力和願意為它緩和停陷為止。

二、文化治療作為拯救的手段

　　很顯然的，糟透的世界已經無法讓它回復正常；而能趨疲即將到達臨界點的警訊（雷夫金，1988），也越來越見急切，一個小小的地球就這樣面臨空前的困局。對於這個困局，世人所想的盡是綠色企業、綠色經濟和生態設計等一類強調開發新能源和再利用的營運模式〔伍汀等，2005；安德生，2006；達爾尼等，2008；三橋規宏，2009；凡得來恩等，2009；山德勒，2010；內崎巖等，2010〕；殊不知開發新能源所要增加的成本無法估算〔就像一位日本學者所說的：「如果以太陽能發電來取得相當於核能發電一部機器所能產生的電力（約 100 萬仟瓦），必須在東京山手線範圍裏全部鋪滿太陽能電池面板；如果以風力發電，必須取得相當於山手線範圍裏面積三點五倍大的土地」（竹內薰，2009：124）〕，而再利用的「用」觀念一樣是在消耗資源，終究沒有解決原來就存在的不可再生能量將要達到飽和的問題。

63

　　現在又因為「全球化」浪潮所帶動的經濟鏈，更讓脆弱的地球「呼吸急促」！因為它使某一產業、某一地區、甚至某一國家產生嚴重的失業（如國內工作由海外承包）；而由於跨國企業的幕後操縱，國際間的貿易協定，金融市場的遊戲規則及國際貸款等，都使貧窮國家更難以擺脫貧窮；還有歐美跨國企業以壟斷獨佔的方式，向第三世界廉價採購礦產、木材等天然資源，且將污染性產業移向第三世界而造成嚴重的環保傷害。此外，跨國企業在第三世界牟取特權及暴利，賄賂官員，操縱政治；而全球化所到之處，擴大了貧富差距、知識差距，助長社會的不安。論者建議的因應辦法是：第一，凡是涉及第三世界或開發中國家的貿易、投資、貸款和環保等權益時，西方世界要以平等態度訂定遊戲規則；第二，彼此間的協定儘量要資訊透明，減少在開發中國家行賄及操縱的可能；第三，開發中國家本身要發展出清廉政治及社會安全網，減少產業調整時的影響；第四，一些資源豐富的開發中國家，因資源價格上升暴增外匯時，一定要妥善把資金用於改善人民的生活；第五，「綠色國民淨所得」的觀念要大力提倡，開發中國家對生態保育、資源耗竭和溫室效應等不能漠視；第六，已開發國家不要為商業利益而鼓勵第三世界購買大量軍火及不切實際的消費方式；第七，開發中國家對社會基本建設、教育體系、金融市場和相關法規等，要加速現代化，互相配合；第八，世界銀行等國際性機構在推行善意援助性政策時，「大棒子」和「胡蘿蔔」要兼用〔史迪格里茲（J. E. Stiglitz），2007〕。問題是有效嗎？這是由西方強權所發起帶動的變局，不但整個競技場無法讓所有國家「平等的參與」，還有它的「騎虎難下」的優勢維持情結也不會因一場呼籲和諫諍就開始解套趨緩（至於開發中國家的「急起直追」模樣，也因為有西方強權直接間接的「鼓舞」而不會退卻）。

　　那麼這要怎麼辦？衡量情勢，大概只有靠文化治療來拯救。現實中有許多精神性的治療，如意義治療、哲學治療、藝術治療和敘事治療等〔弗蘭克（V. E. Frankl），1992；史區斯特（S. C. Schuster），2007；

史柏林（D. Spring），2004；佩尼（M. Payne），2008〕，但都只侷限於個別心理創傷的治療，還搆不上「集體性」的治療，於世道的升沉轉化無補。如今談文化治療，就是一種集體性的治療。這種治療，整體上是要靠文化來拯救世界的沉疴，所以才把該拯救稱為「治療」。由於文化是一種「軟實力」，作用不同一般的猛藥或強心劑，它只能從觀念上逐漸改變世人對自己所在環境高度的自覺及其應有的行為態度，以至它就無法比擬醫學上的一些「藥到病除」的速成療效。

　　以文化作為拯救世界沉淪的手段，它在方法論上是全面性的。也就是說，文化的「統包性」（詳後）本身就暗示了它勢必要全面啟動來發揮功能，以便顯示它的「不同凡響」。因此，即使文化一詞到目前為止還是旨趣不定如「文化是一個複雜的且尚處爭議中的詞彙，因為文化的概念並非再現一個獨立於客體世界的實體。相反地，文化最好理解為一個流動的符徵，這個符徵可以為人類的活動產生特定的和多元的論述方式，因為人類活動的目的極多元。也就是說，文化的概念是一項工具，讓我們用以作為一種生活形式來說，這個工具或多或少具有用處，而且它的用途和意義也持續地在改變中，正如思想家們希望能在文化的概念中去『探討』出不同的事物」（巴克，2007：62），但它作為一個最高指導精神的滲透實力，仍然有著不可被取代的可期待值。

　　當然，這種文化治療的期待，得是超「文化帝國主義」式的。所謂「文化帝國主義意指某一個文化受到另一個文化的宰制，也意指一系列涉及某一個國家的支配過程，以及／或者消費資本主義的全球性宰制。這個論點強調，『被宰制』國家失去其文化自主性及文化同質性或『同一性』的全球性擴展。文化同一化過程的主要機制，一般都被認為是跨國的企業，尤其是那些源自美國的跨國企業。因此，文化帝國作為宰制的意義在於，它是一系列隱藏在全球資本主義再製的經濟和文化過程的結果」（巴克，2007：55），這就不可能繼續援引來惡化世界而無所效力於匡世的偉業。此外，對於「實用」層次的文化產業中的一些運作模式，也無意接榫：「文化產業基本上存在矛盾的本質。文化產業組織和流通

符號性創意的方式，反映出當代資本主義社會中的極度不公平和不正義（如階級、性別、民族及其他限制）。這些不公平的障礙阻撓人們進入文化產業的領域。那些有管道進入文化產業的人通常會被鄙視；而許多想要創作文本的人則為生計所困。倘若要製作特定類型的文本，還需承受極大的壓力。而且想要獲取當下的產業組織資訊以及與眾不同的文本，更是難如登天。此外，某些文本類型則確實較具有能見度。這些現象都是文化產業領域的殘酷真貌。不過，也因為文化產業並不能完全壓制原生而特殊的符號性創意，迫使企業主和高層主管不得不對符號創作者讓步；相對於一般員工，他們擁有更高的自主權（自我決定權）。這點恰好說明了前面提及的文化產業矛盾性」〔海默哈夫（D. Hesmondhalgh），2006：6〕。這種還不辨文化為何物的籠統生產觀（即使當中還有矛盾性），基本上是無從藉以「說什麼」的。

三、一個通識觀點的文化治療方案

文化同一化過程的跨國企業的宰制機制，所搬演的是當今能趨疲趨向飽和的戲碼，它的可被譴責性早已需要「另一種文化」來治癒（而不可能還可以藉它拯救這個世界）；還有文化產業化的帝國主義／資本主義合謀的腐蝕性，也預告了它「沒有長久」的本錢。因此，剩下來的就是一個統觀性且可以自由出入任何國度的文化治療方案，要從中被形塑出來。

所謂統觀性的文化治療方案，是指可以統觀全局而致以相關的文化治療的策略及其施行途逕；它是經過統觀權衡而後選擇相應的文化予以治療，前提是「應需」而邏輯結構則是一種或多種「文化修為」。由於文化治療旨在「應需」，所以它的策略擬定及其施行途徑的規畫就得「因物制動」而由統觀權衡能力來保證；而它的邏輯結構在一種或多種的「文化修為」，以至慎為選擇也就成了文化治療可以被寄望的一大考驗。

這總稱是「一個通識觀點」的。我們知道，通識是「通貫識見」或「宏觀洞見」的簡稱或宣稱（周慶華，2008b：1），它以通貫各學問領域而顯獨特見解為旨歸。相對的，不能如此表現的，就稱不上通識。好比下面兩個例子所示的：「一位學識良好的醫生，他發表了一項舉世聞名的宣言說，人不可能有『意識』這種東西，因為他解剖了許多人體，而從來沒有發現過人有意識」〔波謙斯基（J. M. Bocheński），1987：57〕、「1975年，世界重量級拳擊冠軍阿里把轉播他拳擊賽的阿依達霍爾劇場的門票提高一美元作為捐款，將這些捐款獻給了在非洲的鑽井工程。因為當時非洲的中西部連年乾旱，許多游牧民都為飢餓和乾渴而困擾。在西非獅子山中部挖掘的一口井，的確為保護迫於乾旱南下而來的幾千名牧民和他們的家畜發揮了很大的作用。當然，阿里的善意也受到了人們的讚揚。但幾年以後卻發生了意想不到的問題，很多游牧民定居在水井周圍，並飼養家畜，所以水井方圓三十公里內的草木都被吃得精光。因此，在被綠蔭覆蓋的獅子山中部出現了一塊圓圓光禿禿的地方，形成了來自撒哈拉大沙漠的熱風吹向大海的通道。通道兩側原本濕潤茂密的樹林也變得乾枯稀疏，北部本來就稀疏的樹林地帶竟成了沙漠。阿里本想拯救為飢餓、乾渴而痛苦的人們，結果卻事與願違，造成了更為嚴重的自然破壞」〔堺屋太一，1996：200〕。前例那位深具科學知識的醫生，有文學家的幽默，卻傷了哲學家和宗教學家的心。哲學家在建構知識論的過程中，一定會先肯定意識的存在；而宗教學家在思考人所以能仰體上帝的旨意時，也得先聯想到上帝造人也一併把意識賦給了他。但這一切卻被一個「科學至上」的信徒給弄擰了，也為人間增添一樁「無知而強以為知」的遺憾事。後例拳王阿里和鑽井工程隊充分發揮了類似社會學家的人道關懷和宗教家的愛心，解決了非洲中西部游牧民族飢餓的困擾，但因為沒有能耐做好科學式的生態環境的評估，導至美意大打折扣，甚至反成了破壞生態環境的「幫兇」。像這種無可彌補的「錯誤」的發生，就是源自當事人缺乏應有的識見以及不知浮濫施捨可能引發不良的後果（周慶華，

2008b：11～13）。由此可見，文化治療如果不是通識觀點的，那麼它僅能做到「頭痛醫頭，腳痛醫腳」的短期效果，於地球的持續經營和人類社會的長治久安等都無所助益。

那麼這種通識觀點的文化治療方案又要如何形成？首先是有關文化治療中的文化性及其可治療性的貞定。在這裏基於「布局」的需要，文化得從「旨趣不定」（見前）的情境中轉向限定它的用法，而依然保有它不可被取代的可期待值的「作為一個最高精神的滲透實力」（見前）。這個限定，不採「文化是整體的生活方式」（巴克，2009：97）這種較寬泛的說詞，而是將它當作是人類展現創造力的歷程及其結果的整體。所謂「文化是一個歷史性的生活團體表現其創造力的歷程和結果的整體，其中包含了終極信仰、觀念系統、規範系統、表現系統和行動系統」（沈清松，1986：24），就是這個意思。而該整體所包含的五個次系統，則為終極信仰是指一個歷史性的生活團體的成員，由於對人生和世界的究竟意義的終極關懷，而將自己的生命所投向的最後根基；觀念系統是指一個歷史性的生活團體的成員，認識自己和世界的方式，並由此而產生的一套認知體系和一套延續並發展其認知體系的方法；規範系統是指一個歷史性的生活團體的成員，依據其終極信仰和自己對自身及對世界的了解（就是觀念系統）而制定的一套行為規範，並依據這些規範而產生一套行為模式；表現系統是指用一種感性的方式來表現該歷史性的生活團體的終極信仰、觀念系統和規範系統，因而產生了各種文學和藝術的作品；行動系統是指一個歷史性的生活團體的成員，對於自然和人羣所採取的開發或管理的全套辦法（同上，24～29）。而從這個文化性到它的可治療性，就在它「要不要進趨」或「轉向進趨」而讓整體表現的負面效應趨緩、甚至消弭於無形。其次是文化五個次系統的關鍵在觀念系統（背後自然是終極信仰；只是得在觀念系統形成後，才有其他次系統「實踐」的基礎），它要被據為改造其他次系統以顯示「觀念」的主體能動性。而這在同一文化系統有「出了問題」的，就得重新詮解調整該次系統中的觀念系統，

以便自我了結；而這在同一文化系統原「沒有問題」的，也得重新強化彰顯該次系統中的觀念系統，以便齊匯益世。再次是其他幾個次系統的跨域交纏後「更見混亂」現象的澄清，一方面要得力於「系統別義」功能的發揮；一方面則要針對世局「如何善了」的課題強為介入分辨的行列。前二者是策略擬定及其施行途徑的規畫；後者則是文化修為的慎為選擇，合為一個可以深為寄望的文化治療的方案。

四、文化治療的類型及其開展的方向

上述文化五個次系統，最優位的是終極信仰，它塑造出了觀念系統，而觀念系統再衍化出了規範系統；至於表現系統和行動系統，則分別上承規範系統／觀念系統／終極信仰等（按：表現系統和行動系統之間並無「誰承誰」的情況，但它們可以「互通」），彼此可以形成這樣一個關係圖：

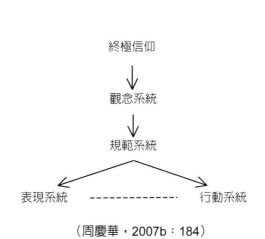

（周慶華，2007b：184）

　　這五個次系統，由觀念系統在「觀念」上冒領提住規範系統以下幾個次系統，它既是文化的核心，也是文化所能發揮治療功效的首選條件。前者（指文化的核心），它的標別作用，又可以區分出世界現存的三大文化系統，分別為創造觀型文化、氣化觀型文化和緣起觀型文化（它們就是以觀念系統中的「世界觀」作為區別依據）。而連結上述五個次系統，三大文化系統各自的特色就可以圖示如下：

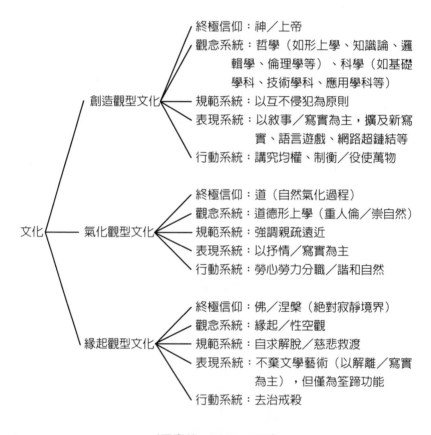

創造觀型文化
終極信仰：神／上帝
觀念系統：哲學（如形上學、知識論、邏輯學、倫理學等）、科學（如基礎學科、技術學科、應用學科等）
規範系統：以互不侵犯為原則
表現系統：以敘事／寫實為主，擴及新寫實、語言遊戲、網路超鏈結等
行動系統：講究均權、制衡／役使萬物

氣化觀型文化
終極信仰：道（自然氣化過程）
觀念系統：道德形上學（重人倫／崇自然）
規範系統：強調親疏遠近
表現系統：以抒情／寫實為主
行動系統：勞心勞力分職／諧和自然

緣起觀型文化
終極信仰：佛／涅槃（絕對寂靜境界）
觀念系統：緣起／性空觀
規範系統：自求解脫／慈悲救渡
表現系統：不棄文學藝術（以解離／寫實為主），但僅為筌蹄功能
行動系統：去治戒殺

（周慶華，2005：226）

當中創造觀型文化，它的相關知識的建構（及器物的發明）根源於建構者相信宇宙萬物受造於某一主宰（神／上帝），如一神教教義的構設和古希臘時代的形上學的推演以及近代西方擅長的科學研究等都是同一範疇；氣化觀型文化，它的相關知識的建構根源於建構者相信宇宙萬物為自然氣化而成，如中國傳統儒道義理的構設和衍化（儒家／儒教注重在集體秩序的經營；道家／道教注重在個體生命的安頓，彼此略有「進路」上的差別）正是如此；緣起觀型文化，它的相關知識的建構根源於建構者相信宇宙萬物為因緣和合而成（洞悉因緣和合道理而不為所縛就是佛），如古印度佛教教義的構設和增飾（如今已傳布至世界五大洲）就是這樣（周慶華，2001a：22）。三大文化系統又分別講究「挑戰自然，媲美上帝」、「諧和自然，綰結人情」和「自證涅槃，解脫痛苦」（周慶華，2007b：196），彼此不可共量，也無從跨域而還可以平等的爭勝（如有妥協而爭勝的，必有不平等的後果。詳後）。

後者（指文化所能發揮治療功效的首選條件），從整體來看，氣化觀型文化和緣起觀型文化所信守的「氣化」和「緣起」觀念，只著重在「諧和自然，綰結人情」和「自證涅槃，解脫痛苦」，根本不可能走上耗用資源和破壞環境生態的末路；只有創造觀型文化所信守的「創造」觀念以「挑戰自然，媲美上帝」自居，才會無止盡的消耗塵世的一切東西而造成地球日漸加深的浩劫。換句話說，創造觀型文化中人由於有「塵世急迫感」（從天國來最終又要返回天國），對於能不能重返天國總是「念茲在茲」；以至藉由累積財富以及從事科學發明、學術建構和文學藝術的創作等途徑來尋求救贖而在高度支取地球有限資源的行徑，也就累世不絕！而這在原不時興這種取向的另外兩種文化傳統裏（因為沒有造物主信仰的緣故），透過仁愛／自求逍遙或自了／慈悲救渡而保存一個相當諧美的自然空間；但從近代以來，迫於創造觀型文化的強力傾銷和征服，早已挺不住而紛紛妥協屈服（周慶華，2001a；2004a；2005；2007a；2008a）。如今還以「飢餓大國」和「匱乏大國」的崛起姿態（如中國大陸和印度），在窮為追逐創造觀型文化

中所見的科技／經濟成就〔肯吉（J. Kynge），2007；塞斯（A. Chaze），2007〕；殊不知舉世都在同蹈一條自我毀滅的不歸路，前景如何也光明不起來。這時如果沒有「拯救良方」，那麼這種「垂死掙扎」勢必會繼續下去（周慶華，2008b：34～35）。因此，重回對關鍵性的觀念系統的「重新詮解調整」或「重新強化彰顯」（見前），也就成了這一波救治危亡的不二法門。

前節說過，「這在同一系統有『出了問題』的，就得重新詮解調整該次系統中的觀念系統，以便自我了結；而這在同一文化系統原『沒有問題』的，也得重新強化彰顯該次系統中的觀念系統，以便齊匯益世」，這樣相關的文化治療就有三種類型可說：首先是為「出了問題」的文化系統重新詮解調整該次系統中的觀念系統，如創造觀型文化就是；其次是為「沒有問題」的文化系統重新強化彰顯該次系統中的觀念系統，如氣化觀型文化和緣起觀型文化就是；再次是為「出了問題」的文化系統和原「沒有問題」的文化系統但卻妥協屈服於他者文化系統別為創立新的觀念系統，如新能趨疲世界觀就是。

第一種類型的文化治療的開展方向，自然是對那天國嚮往的淡化；創造觀型文化中人不能再無視於大多數的蒼生還要在地球上「寄生」（他們根本不知道有什麼天國可嚮往或無法認同對方所嚮往的天國），自己多耗用一份資源就會減少別人一次生存的機會，同時也直接間接的危及自己後世子孫的存在優勢。第二種類型的文化治療的開展方向，是要從盲目跟隨的迷茫中醒悟過來，究竟是一起走上「同歸於盡」的末路還是自我節制而清貧過活，總得作個抉擇。第三種類型的文化治療的開展方向，有鑑於前兩種類型都有「騎虎難下」的問題，它要迂迴前進而不斷以不可再生能量將趨於飽和相警，並透過實際踐履的連結來廣起效應；這是要把資源的利用降到最低限度，以確保能趨疲到達臨界點的延緩來臨。至於上述三種類型的文化治療的推動，則要靠每個人的內在的覺悟和外在輿論的壓力，交相促成。

五、相關文化治療的致用場域

末了，還有一個相當迫切的議題，就是如何選擇文化治療優先的致用場域，以保障上述所謂「開展方向」的不為虛發。而這依三種文化治療的形態來看，所能致用的場域，無疑的是相關「觀念伸展的地方」。換句話說，如果我們期待創造觀型文化中人淡化對天國的嚮往，那麼就得知道他們所以要如此嚮往的內在根由而予以諫諍而迫使改向；同樣的如果我們希望氣化觀型文化中人和緣起觀型文化中人不要盲目跟隨別人，那麼也得知道他們已經跟隨的其實下場到底有多嚴重而予以揭發警惕放棄；至於如果我們認為新能趨疲世界觀有足以拯救世界沉淪的效用，那麼更得知道它所會造成世界改變（在未來發生）的後果。

這種致用場域所能指陳的，以順次來說是這樣的：創造觀型文化中人的「塵世急迫感」（見前），來自基督教徒所預設的「原罪」觀念。因為原罪教條的強為訂定，所以導至必須尋求救贖（以便重回天國）而出現明顯的不安於世。這種不安於世的「積重難返」，就是到了十六世紀宗教改革後新教徒（並「刺激」帶動舊教徒）的相關反應的「逾量」表現：新教徒脫離舊教教會後所強調的「因信稱義」觀念，逐漸演變成要以在塵世累積財富和創造發明（包括哲學、科學、文學、藝術和制度等等的建樹翻新）來榮耀上帝或當作特能仰體上帝造人「賜給他無窮潛能」的旨意而不免會躁急蹙迫；尤其在資本主義和殖民主義隨著矯為成形後，更見這種「過度的煩憂」（按：同為創造觀型文化範圍的猶太教和伊斯蘭教世界，因為沒有強烈的原罪觀或甚至沒有絲毫原罪觀念，所以就不時興基督教徒所崇尚的民主制度、科學至上和資本主義／殖民主義等行徑，終而相關的成就就沒那麼「耀眼」）（周慶華，2001a：23；2006a：250）。而它可以透過列圖來看出「整體」的形態（詳見第二章第五節）：

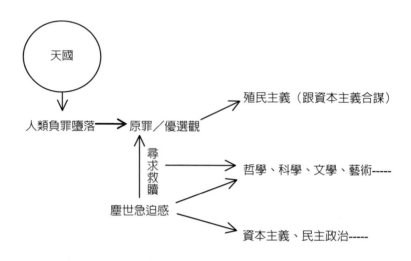

（周慶華，2007b：243）

圖中的「優選觀」，已經有人加以揭發了（韋伯，1988），但還不夠「貼近」著講。換句話說，對新教徒來說，優選觀是在他們漸次締造現世巨大成就以及武力殖民取得支配優勢後才孳生出來的；而這一觀念既然定型了，相伴的殖民災難就隨後四處蔓延，一直到今天仍未稍見緩和（過去是靠軍事殖民，現在是靠政治、經濟和科技殖民）。而根據這一點來看，有些西方人的自我察覺就到不了「點」上：

> 默頓認為新教倫理有如下三條原則：（一）鼓勵人們去頌揚上帝，頌揚上帝的偉大是每個上帝臣民的職責；（二）讚頌上帝的最好途徑，或者是研究和認識自然，或者是為社會謀福利，而運用科學技術可以創造更多的物質財富，所以大多數人應該去從事科學技術和對社會有益的職業；（三）提倡過儉樸的生活和辛勤勞動，每個人都應該辛勤工作，為社會謀幸福，以這一點感謝上帝的恩德。（潘世墨等，1995：114）

這段話所提及的新教徒所遵守的三個倫理信條，表面上有相互衝突的現象（如第三個信條就跟第二個信條很不搭調），其實則不然！因為只有過著簡樸的生活，才能積多財富以傲人。而新教徒所以要有這類的現世成就，一方面是想藉它來尋求救贖（希冀可以獲得上帝的優先接納而重回天堂）；一方面則是想展現自己的本事而媲美上帝的風采。另外，新教徒所認為的為社會謀福利（創造更多的物質財富）一事，明顯是基於「自利將促進物質福分的增加」這個理念，但它所以可能是建立在「塵世是短暫的，不值得珍惜」（可以無止盡的開發利用；即使耗用完了也不足惜）的前提上；而這已經衍生成地球的資源日益枯竭，且因科技不斷發達所帶來的污染、臭氧層破壞、溫室效應、核武恐怖和生化戰爭風險等後遺症無法解決（周慶華，2007b：243～244）。因此，從根本上對諍消除只有基督教徒才有的原罪觀及其現實效應，也就成了相關文化治療所要致用的場域。

此外，氣化觀型文化中人和緣起觀型文化中人的盲目屈就，顯見他們都有「墮落」的潛能；原先他們所期望的追趕或超越西方的成就，證明已經是空中雲霓（不但如民主政治的追求而造成社會內部更大的不安，還有其他如科技的發展／學術的構設／文學藝術的創作等也都「小人一號」），永遠只能成為人家的影子（周慶華，2005；2008a；2009），而釀成舉世一起陷入不可再生能量即將趨於飽和的危機！因此，也從根本上召喚二系文化原有的「節欲」和「斷欲」觀念以抗衡來自西方的「縱欲」作為，也同樣成了相關文化治療所要致用的場域。

至於新能趨疲世界觀，它一方面要加諸創造觀型文化反激化和氣化觀型文化／緣起觀型文化逆向屈服的表現以為索得悔過的承諾；一方面還要經由輿論強關途逕以為宣示「少量輕取」的決心。它的致用場域為全面性的繼起營生觀念的發用；也許會因此而消沉人類的文明，但這是安定人類社會和長久經營世界的唯一保證，只好姑且這樣寄予厚望了。

第六章　媒因來媒因去：
從社會形塑到文化繁衍的語言力量

一、媒因的媒因性

　　媒因（瀰，memes），被賦予「文化傳遞單位」的概念意涵，是從道金斯《自私的基因》一書開始的。道金斯把源自希臘字根的英文 mimeme 改成 meme，為的是「希望讀起來有點像『gene』這個單音節的字」；同時「這字也可以聯想到跟英文的記憶（memory）有關，或是聯想到法文的『同樣』或『自己』（même）」（道金斯，1995：293）。因為它的科學基因的類比性，可以複製傳播，所以也被他人稱作活性的「思想傳染因子」（林區，1998：14）。而這思想傳染因子被提到時，已經當作複數在使用，以至 memes 就成了「最新的名稱」。

　　從某個角度看，媒因作為思想傳染因子，它所具有的「活躍性」，道金斯認為可舉的例子太多了，「旋律、觀念、宣傳語、服裝的流行，製罐或建房子的方式都是」；而正如同在基因庫中繁衍的基因，藉著精子或卵，由一個身體跳到另一個身體以傳播，媒因庫中的媒因，「繁衍方式是經由所謂模仿的過程，將自己從一個頭腦傳到另一個頭腦。例如科學家如果聽到或讀到某個好的想法，他就將這想法傳給同事或學生，他會在文章裏或演講中提到它。如果這想法行得通，它就是在傳播自己，從一個頭腦傳到另一個頭腦」（道金斯，1995：293）。更有甚

者,它還被比喻作流行病:「思想傳染因子就像電腦網路上的病毒軟體,或城市中的流行性病毒,會透過高效率的『程式設計』,規畫自身的傳染途徑,蓬勃發展。信念在很多方面會影響傳播,甚至可以引發不同的觀念『流行病』,展開一場不在計畫中,卻多采多姿的成長競賽」(林區,1998:14)。可見媒因早已不再中性化;它的「新生」力量正在穿透理論的氛圍而被扭轉成一種可以開啟前衛論述的動能。

雖然如此,媒因的媒因性不會只是一個能「靈活」指稱的功能足以涵蓋,它潛在的指涉各種現存或將存的思想傳染因子的必要定性,還得一併計入,使得媒因真正可以躋升到可被哲學檢視的層次(而使它有足夠的條件被運作或被操弄來建構一個新的知識系統)。換句話說,媒因要在接受「可以左衝右突的生命」或「能顯能隱的活動力」的意義賦予後,才算完成它被新創參用的儀式。

二、媒因的「語言催化」功效

在此地正是要依這樣的媒因的意涵,來討論媒因可廣可深的致用潛能。由於它是不定伸展向度的思想傳染因子(只要具有思想傳染因子潛能的,都可以期許它成真且被有效的論述安置),所以「論域」自然就會隨著廣闊;而我們所可以先行為它度量的是,它以語言形式存在而終得顧及它在型塑社會和繁衍文化上的催化功效,所依賴的就是它的絕大成分的「人為操作」性。正因為媒因少見「因無意而搏成」的情況,所以一切討論的焦點就得擺在人的操縱上。

這種人的操縱,首先顯現在媒因的語言形式方面:一種思想傳染因子必得是語言的,才可被掌握;而掌握了該語言,也就形同在操縱語言。好比已經在流行的「破窗理論」,倡導者所要告訴人的「犯罪絕對是失序的結果。如果窗戶破了沒有修理,經過的路人一定覺得,沒有人關心,也沒有人管理。很快地就會有更多窗戶遭人打破,無政府

狀態會從這棟大樓蔓延到整條街。都會區內像塗鴉、公共失序、強迫乞討等小問題，等於都是被打破的窗戶，只會招致更多、更嚴重的犯罪」〔葛拉威爾（M. Gladwell），2000：151〕這個道理，就必須操縱那一串言說和該「破窗理論」的概念，才能進入傳播場域；而這一旦被廣為接受了，那就越見大家一起「操縱語言之不暇」！

其次顯現在媒因的複製方面：人複製思想傳染因子本身，就是衍展或再生產語言的過程。它雖然不比謠言的傳播情況：「一個謠言，總是不知從那兒鑽出來的，然後就開始繁殖，開始流傳，並且很快就形成燎原之勢。然後謠言愈演愈烈，達到頂點。再下去就開始冷卻，變成點點火花，四處流竄。最後就漸漸熄滅，偃旗息鼓，歸於死寂」〔卡普費雷（J. N. Kapferer），1992：3〕，但只要它有意維持製造趨勢的形態，就一定是在人的牢牢的掌控中。

再次顯現在媒因和媒因的競爭方面：持不同思想傳染因子的人，最後會造成對峙的局面；而該對峙的張力就是操縱語言的雙方力拚說服勝出的結果。所謂「作家葛拉威爾在他的著作《引爆趨勢》中，以意見領袖比一般人掌握更多資訊、更有說服力、人際網路更發達的概念，解釋各種變化的發生。但《引爆趨勢》以意見領袖的思維解釋巨大的變革如何在短時間內影響許多人的概念不僅有誤，更不該以單一社會學的理論說明社會上各種不同的變化……根據瓦茲和他的同事多茲利用電腦模擬的結果，顯示要透過人際網路傳播，需要的不是少數幾個具有影響力的個人，而是一羣容易受到影響的關鍵多數，也就是只要看到有鄰居做某種造型打扮或用某個品牌就會跟著使用的人」〔維加德（H. Vejlgaard），2008：188～189〕，像這種「拚搏」，不就是當事人用一套語言去對抗另一套語言的麼！

這麼一來，媒因就會被排上「語言催化」的行程。也就是說，它會用語言催化社會意識的形成和文化價值的搏塑。前者（指用語言催化社會意識的形成），這是創設媒因的人，在沒有更好選擇的情況下所會一致認定實行的。正如當前盛行的微趨勢觀念：「我們活在一個選擇如雪

片飛來的世界⋯⋯某個程度來看，這代表『福特經濟』已經被『星巴克經濟』取而代之。二十世紀初，福特創造了生產組裝線，讓大眾消費成為可能，同一種款式人人都在用⋯⋯今天符合這種產銷模式的產品已經少之又少⋯⋯星巴克的主導概念卻是「顧客自己選」。那一種咖啡豆，那一種牛奶，砂糖還是糖精，選項愈多，顧客就愈滿意⋯⋯『福特經濟』是一大堆人從事生產，造出來的產品整齊劃一。『星巴克經濟』就不一樣，生產者人數不多，造出來的產品卻千百款隨人挑」〔潘恩（M. J. Penn）等，2008：14～15〕，這要取代先前的大趨勢觀念而催化新社會意識的形成，所採取的策略無非還是「包裝」微趨勢觀念的那一整套語言。而後者（指用語言催化文化價值的搏塑），這也是創設媒因的人，在想要更近一層主導文化進程時所會共同信守踐履的。一如常見的科技文化的推銷：「過去數千年來的發展，也許已使支持思想傳染因子生存的『特殊情況』，比過去任何人類演化階段都更為常見。人口密度飛漲，交通進步神速。這些因素不僅有助於生物傳染因子周流全球，暢通無礙，也有助於思想傳染因子的散布。一般人擁有更多溝通的對手，交換可溝通的觀念，還有更多潛在的傳遞機會。現代科技也培養新的思想傳染因子，而只需一通電話或一段廣播，就能傳遞給潛在的接收者」（林區，1998：39），這要推波助瀾現代物質生活進步神速的觀念而催化科技文化的搏塑，所採取的手段也無非仍是「強提」現代物質生活進步神速的觀念的那一整套說法。

可見媒因作為一種型塑社會和繁衍文化的語言力量，確有它高度的能動性。這種能動性，最基本的是它會像病毒遇到機會就展開「無孔不入」的衝撞潛能；而在更有利的情況下，它會不斷地增殖，直到環境條件不再時自動終止。因此，媒因的「可以左衝右突的生命」和「能顯能隱的活動力」等特徵（見前），也就因為有這樣的可能性而必須被先行設定。這看似一個循環論證，實際卻又不然！因為它有現實經驗基礎，理論的貞定只是為了更加模塑它的可指涉樣態而已。這樣

媒因就是在一個「來來去去」可穿梭的情境中生存的動能，它永遠可以被高估影響力，也永遠可以被哲學檢視體質和進趨向度。

三、意識形態／世界觀的體現傳播

　　媒因來媒因去的世界，其實是一個充滿著極度競爭而又無法有效預期進程的場域。在這個場域裏，誰都想主導風氣而佔盡優勢，對於不太具競爭力的媒因，只得讓它「隨波逐流」而任人採擷（不像那些能左右風尚的媒因總是搶佔先機而取得多人信從），一點也不會不捨。因此，有人所指出的媒因具有傳染性／小動作也會產生重大轉變／轉變並非逐步形成而是在很短的時間內物換星移等特色（葛拉威爾，2000：31），也就僅針對那些「強者」而說的，其餘都只能緩著發生效應。至於還有人提及媒因有強調量的生育型／強調效率的生育型／改宗型／存續型／敵對型／認知型／動機型等七種傳遞方式（每一類型都涉及一種思想傳染因子的「帶原者」，具有使觀念的「感染羣」增多的作用）（林區，1998：15～22），這也一樣是已經競爭勝出的媒因才有這些狀況；反觀那些還在等待中的媒因，就只好涼在一邊「沒有你發言的餘地」！換句話說，媒因極多，真能爭勝出線的卻很有限。這樣世界再怎麼有媒因來媒因去，也都只能把焦點放在那些強勢的媒因上而再一窺它們的另種風貌。

　　所謂另種風貌，是指媒因是透過語言包裝或體現意識形態和世界觀而四處傳播的。它的觀念或信仰本身就是一種十足的意識形態；而當該意識形態上升到可以整幅看待世界和人生，就成了世界觀。正因為媒因具有這種能撩動人心或促人認同的深層特性，所以它的傳播才會帶「左衝右突」或「能顯能隱」性。我們知道，意識形態是一套思想體系或觀念體系，它的形成一向被認為是為了解釋世界或改造世界〔塞爾維爾（J. Servier），1989；麥克里蘭（D. McLellan），1991；威

肯特（A. Vincent），1999〕。這在個別的媒因上，也許還不容易一眼看出它的這種「體系」式企圖，但只要稍微抽絲剝繭一下，立刻就會恍然大悟它所內蘊的這一性質。好比有一種性自由的觀念：

> 不論是基於追求欲望或地位，偏好「人多勢眾」的性生活的人，在改宗的說服力上通常比堅守一夫一妻的人佔優勢……在此同時，多多益善者不論已有多少名性伴侶，都還會繼續物色新對象。他們的信息也可能傳遞給旁觀者……過雜交生活的人僅是讓不雜交的伴侶發現他們的雜交行為，也足以產生改宗的效果，而這種事經常發生。發現的人於是面臨結束這段感情，或是自己也多找些性伴侶以恢復平衡。這麼做往往使新伴侶也接觸到雜交的媒因，周而復始，循環不已。（林區，1998：89）

這種觀念的形成，原本就是要進行一場性革命，在淺層的思維形態上已經是準意識形態了；但它真正牢不可破的是從雜交→液態的愛→充分享受性愛歡愉→受造意識等相連且一體成形的深層意識形態在支持它的改宗。換句話說，雜交是由「愛情的喜悅會因更換對方的歡愉而變得更持久」〔沙羅梅（J. Salomé），2004：57〕這一「液態的愛」〔包曼（Z. Bauman），2007〕在保障的；而液態的愛又是必須表現對性愛的熱中以體證上帝造人的美意的「充分享受性愛歡愉」和「受造意識」等觀念所授權的，它們成體系的結構了該性自由的欲求。顯然這全源於西方，在相對上自有它特別許可實踐的環境。就以中國傳統的情況來作比較：

> 中方人人都想有婚外情，卻不是人人能得逞。原因是傳統觀念中，人為陰陽精氣所化，凡事最講究陰陽調和，而一夫一妻正是合適，不然就會太過（淫）；所以大家就以這點作為自我節制的憑藉，也用它來批評、阻止別人濫情。反觀西方人人也都

想有婚外情，而實際上也沒有什麼障礙存在。理由是在他們的
傳統觀念中，人是上帝所造的，雖然也實施一夫一妻制以體現
平等精義，但又認為享受性愛的歡愉是上帝特別給人的恩賜
（其他動物就不可能像人這樣能持續做愛）；於是當享受性愛
的歡愉比什麼都容易感受到且優於其他事物的前提下，平等這
種只是人「體認」上帝旨意而後自我設限的觀念，也就可以擺
在一邊了。（周慶華，2000a：65）

因此，倘若要說媒因在傳播上必要體現一種意識形態（才有普遍感染
力），那麼該意識形態就得是像上述性自由觀念那樣從根源信仰上內化
護住它的踐行度（反觀沒有這種信仰的人，就不會輕易的去嘗試「以
違眾望」）。而就這個例子來看，它也一併體現了「創造觀」這種世界
觀。而世界觀本身就是最終極的意識形態；它在跟意識形態不作切分
時，就如節標所示彼此以斜槓相連接。而說實在的，有那一種意識形
態背後沒有蘊涵世界觀（更何況當它直接就是世界觀時）？以至媒因
在實際上就是意識形態和世界觀的體現；而它所以能夠「應機」傳播
無礙，所依賴的正是它會不斷勾起人想到他們曾經信守的相同意識形
態和世界觀這一心理趨近性。

四、考察社會變遷與文化趨向的憑藉

依經驗，媒因的生產，有一定的心理、社會和文化條件，包括存有
感召／價值動機／權力意志、意識形態／權力關係／傳播機制和世界觀
／終極信仰等等（周慶華，2002b；2003；2004b；2005；2006b；2007b；
2008s；2009）。當中除了意識形態和世界觀是對媒因的「同類制約」，
其餘都會或多或少的「管控」媒因的生產流程，因此媒因的形塑成功後
所要回饋的也是這類普遍存在於他人的內外在環境。這樣媒因其實是處

在一個既受制約又要反制約的循環論證的情境裏，使得倡導媒因學的人有理由相信媒因學是一種「典範大挪移」，也就是「把業經一再討論的『人如何吸收觀念』的議題顛倒過來；新方法的問題是：觀念如何吸收人」；說得更精確點，媒因學「認為兩種問法都有道理，但新問法適用於某些議題，舊問法則適用於另一些議題」（林區，1998：31）。但又不然！從媒因已然形成且經過風行後都會造成某種程度的社會變動和文化改造的角度來看，它的主體性仍然顯眼於被塑造的依附性，馴至我們沒有更好辦法不把它當作考察社會變遷和文化趨向的憑藉。

由於心理機制居於「背後實際操控一切發展」的角色地位（尤其是權力意志最具終極動能），所以這裏僅保留「社會變遷」和「文化趨向」兩大面向來加以討論。而這首先要談的是，媒因一旦能取得多數人的信賴，就會形成所謂的趨勢。而有關趨勢，有人觀察到它大略有底下幾個特質：「產品必須持續推陳出新，才能維持趨勢制訂者對這股風格、設計或產品的注意」、「趨勢制訂者對創新風格的興趣只會維持一段時間，等到該產品或風格有新的版本出現，就會對原來的東西失去興趣」、「一旦趨勢制訂者對制訂趨勢的產品失去興趣，為了重新抓住他們的注意力，一定要推出新的版本，才能延續趨勢形成的過程，保持趨勢的熱度，讓其他趨勢族羣也成為這股趨勢成形過程中的一分子」、「新的產品和風格推出後，一定要經過趨勢制訂者會看的媒體認可，才形成一股趨勢」、「能夠制訂趨勢的名人對趨勢的成形有很大的影響力」和「電影，尤其是好萊塢的電影，對趨勢的成形有很大的影響」等（維加德，2008：164～165）。同樣的，媒因只要像個新產品，就有可能主導趨勢的走向；而它所影響的社會變動和所促成的文化改造，又會回過頭來輝煌它的皇冠。

其次要談的是，媒因對社會變動的影響和對文化改造的促成，會因為「競爭」的關係而升級它的質地。也就是說，不論該媒因是制式觀念（主流觀念）還是非制式觀念（反主流觀念或不同主流觀念），只要進入跟他者較量的場域，它的質性就會因為有「挑激」它的源頭在而轉為顯現「自我活化」的張力。而這時所被影響的社會變動和所被

促成的文化改造，也會因為有其他的拉力而顯得熱絡和無目的繃緊。好比西方近代興起為抗衡男性霸權的女性主義這種媒因為例，不論西方女性主義者是如何的從上帝造人時的「男先女後」順序找到男女不平等根源〔克勞（P. T. Clough），1998；費雪（H. Fisher），2000；寇尼爾（R. W. Connell），2004〕，都難以否認該媒因一經形成後就以凌厲的攻勢臨近它所假定的父權體制而樹立起一個集體性的權力欲求的標竿〔維登（C. Weedon），1994：1〕。換句話說，「女性主義作為後現代思潮的重要流派，是對『厭女主義話語』的反動，同時也是對女性禁忌和等級秩序的質疑。它從西方馬克思主義那裏獲得了『否定意識』和『批判』性話語；從解構主義那裏獲得了『消解』男性／女性二元對立和顛覆既定等級秩序的解放策略；從詮釋學那裏獲得了『重寫文學史』的視野和對歷史重新詮釋的最佳角度。這樣女性主義作為一種新的理論話語置入了當代文化，從而使得長期被放逐在男性中心權力文化之外的女性『邊緣文化』成為二十世紀後半葉的熱門話題」（王岳川，1993：383～384）；而這種否定、批判、消解、重寫和重新詮釋等策略的運用，就形同是在充分顯現它的「主動出擊」以及「不達目的絕不罷休」的新強者模樣。由於女性主義這種媒因一興起就帶有集體性的權力欲求，所以它所推出的相關的語言形式也就不離一個「社會主體」（在西方還兼有「文化主體」）從中起影響或支配作用。因此，女性主義中的「女性」就不是純生物學上的劃分，而是一種由文化和社會規範所造成的性別特徵和行為模式，最終底定為向男權抗爭或假定為男權所抑的話語。而這種改變作為則是以社會主體（將女性主義者普遍適用後形成的）為促動兼威嚇者，反過來可以直接在社會和文化各領域發揮「集體」反宰制的功能（周慶華，2005：83～86）。縱是如此，女性主義所引發的諸如「自我矛盾」、「太過化約」、「價值不高」和「循環論證」等反批判〔科恩（S. Cohan）主編，1993；廖炳惠，1990；蔡源煌，1998；林靜伶，2000〕，以及它內部自我衝突所衍化的自由主義女性主義、社會主義女性主義、存在主義女性主義、基進女

性主義、精神分析女性主義、女同志理論、後殖民女性主義和生態女性主義等支派（顧燕翎主編，1996），都一併促成它更向「活物」邁進（會不斷調整步伐和改變姿態）；而經由它某程度影響的社會變動和促成的文化改造，則因充滿著其他相關媒因的拉鋸而不得不橫向熱燎原，以及它因騎虎難下而變本加厲反反批判所導至的無從善了硬後果，也同時加減了整體的成效。

　　再次要談的是，媒因的「報酬遞減」規律，所無法恆久性維持對社會變動的影響和對文化改造的促成，卻有可能被另一個「復古」法則所取代，而仍有重現風華的機會（雖然它可能被創造性的改造）。這時整個社會網絡和文化體制就得把握時機進行新階段的重整和擬訂因應策略；否則「良機」錯過了，就會平白的浪費「資源」。而所以要提這一點，是有感於媒因作為一個不定性的存在體，必要有我們相應的對待態度，才能夠表現出對於它「一來一去」的搧動力和穿透力的真切體認。換句話說，媒因終究是媒因，沒有人可以完全掌控它影響社會和改造文化的向度；而當它所具有的相當程度的自主生命（也就是它被創造後所結成的生命體會有一定生存的空間）再度發揮效應時，我們還對它毫無察覺，那就有失人的「睿智」了。正如「舊帝國」（文化保守勢力）的反撲一事：

　　　　我們能夠想像得到後現代主義可能會怎樣結束？以什麼作結束？如前所見，它連個具體可指的開始都沒有，只是一種被延續著的在現代性之中的糾纏。某些趨勢看來像是新的，但事實不然。（一）一名遊戲者，就是「共產主義」，從場上消失（五〇年代晚期就有人如此預測），卻不真的可信；（二）電腦空間（資訊技術和巨碩媒體的總成）是「超級」現代的種種發展的產物。傅柯去世（1984年）前不久，籲求重新思考「啟蒙時代」。似乎已出局的那些「壯觀大敘事」哲學家，忽然又都回來了……另一個「幽靈」正等著再度出場：浪漫主義。也許此一幽靈將

帶來我們正在尋求的治療法。後現代主義的唯一治療法，就是無法治癒的浪漫主義病。〔阿皮格納內西（R. Appignanesi），1996：174～175〕

後現代理論發展迄今，已經出現了一些根本的缺陷。大多數的後現代理論傾向於化約、對競爭觀點的獨斷排他、過度狹窄。大多數的後現代理論忽略了政治經濟學並且未能闡明現實的經濟、政治、社會以及文化層次之間的適當關連。為了對抗後現代理論的這些缺點，我們將要尋求重建一種多向度和多觀點的社會理論（批判社會理論）。〔貝斯特（S. Best）等，1994：319〕

所謂「啟蒙時代哲學」、「浪漫主義」和「批判社會理論」等等，都是舊有的勢力。這在後現代的尾聲確實曾經風光一時，只是網路社會形成而使人淡忘了它們轉潛伏於媒因底層，從此失去重新因應來緩和網路社會盲目躁進的能力。

　　如果說媒因是考察社會變遷和文化趨向的憑藉，那麼所加諸媒因的各種內外在變數就是該憑藉的憑藉。它可以躍出引領風潮，也可以隱跡伺機而動；它能夠給現實正面加溫，也能夠讓現實反面緊張；它有辦法光華再現，也有辦法退保藏密，總是變化不定而短少我們駕馭它的能耐。這樣肯定媒因的多重功能是必要的，但不能太過自信有足夠的條件可以操縱它的行程。

五、別為寄寓未來

　　探討媒因，可以成立一門媒因學；而媒因學內的「媒因的媒因」，則理應更值得我們對它多感興一點。也就是說，我們在推廣媒因學，該媒因學也可能成為一種新的媒因而有機會「瀰漫」開來。這樣別為

寄望它而使媒因學更加可觀（且同樣具有「一來一去」的撼動力和穿透力），也就成了最後我們所得思考的問題。而這種思考本身，基本上就是未來學式的。

　　未來學究竟可以為媒因學指引什麼方向？有位未來學（趨勢學）者坦白說道：「預測未來遠比預測趨勢困難的多。趨勢是一種由人類啟動的社會發展模式，這個模式已經存在好幾個世紀，未來或許可能會改變；但到目前為止，除了趨勢發展的速度有可能會加快，模式本身並沒有改變的跡象。預測趨勢的未來，就像預測未來的事情一樣，準確度並不高」（維加德，2008：217）。既然這樣，又何必有一門「未來學」？倘若未來的預測無關準確度，那麼它又為了什麼？這一點，也許要從反面來想：正因為未來的預測準確度不高，所以我們只好僅作預測，而讓（鼓勵）大家試著用該預測去行事，最後所預測的不就「如期實現」了？例子如先前陸續出現的「網路大衰退」、「失控的世界」一類「危言聳聽」式的警告和批判〔曼德（M. J. Mandel），2001；紀登斯（A. Giddens），2001〕，這無非就是在替那些科技新權貴營造另一波更好主宰弱勢者的機會（大家只要相信資訊科技會衰退、遺傳工程會失控那些話，接著就會積極於尋求新權貴們的「拯救」或提供「解套」策略，而讓他們可以繼續主導時代的走向）（周慶華，2004a：33）。而情況也正如所「預言」，全世界都紛紛順著該預言在找尋替代和補救的方案。

　　由此可知，適度的預言還是有「可期待」的意義的。而這總說是媒因的混沌／複雜化，細說則是媒因的不刻意冀求效應和小世界化。前者（指媒因的混沌／複雜化），是因為混沌理論「開頭輸入小小差異，很快就會變成南轅北轍的結果」〔葛雷易克（J. Gleick），1991：12～13〕的不確定輸入項的時機，而複雜理論所說的「一切充滿著偶發或意外的不穩定狀態」〔沃德羅普（M. M. Waldrop），1995：11～62〕，則可以互補，二者以「專往一特定媒因形式的強化版用心，期待有朝一日能擴大效應而真有助於語言世界的推移變遷或改造修飾」來為媒因的可被接受度提供

最佳的理論諮詢（這是說原混沌理論是不定變項的，而加了複雜理論後就得把變項重新定位，選擇最有利的途徑來自我調適，然後寄望它「一舉成名」。這中間仍舊會有無法掌控的成分，但因為有萬全的準備和成效的預期，所以它還是可以自成一個王國而隨時能夠新人耳目）（周慶華，2004c：171〜172）。而後者（指媒因的不刻意冀求效應和小世界化），是因為媒因的傳播很難是一廂情願的，以至不刻意冀求迎合者也就成了媒因自我安頓的不二法門；而小世界化則是為了自我寬待而擇定的。依照當代的「小世界理論」〔布侃南（M. Buchanan），2004〕，任何影響力都有可能被高估，畢竟相關的連結通常都範圍狹小；因此媒因有施展不開來的情況，大家就得寬懷以對而給予高度的包容。

　　回到「小世界理論」上。這是經過一些人的試驗而證實的：「在1960 年代，美國心理學家米爾格蘭曾經想要描繪一個連結人和社區的人際聯繫網。他在內布斯加州及堪薩斯州隨機選出一些人，寄信給他們。在信中麻煩他們把信轉寄給他在波士頓的一位股票經紀人朋友，但並沒有給他們他那位朋友的地址。為了轉寄這封信，他請他們只能把信寄給他們認識的某個朋友，而這個收件人是他們認為在人脈上可能比較『接近』那位股票交易員的人。大多數的信最後都到了他朋友的手中，而且遠遠出人意外的是，這些信並沒有經過上百次的轉寄，而是只轉寄了約莫六次」（布侃南，2004：19）。我們所希望媒因能「廣為傳染」而實際不如所願的，都得回歸到小世界理論去「豁然的放行」。這是為了讓它針對當今時空的特殊性而姑且以小世界化相衡的。那一天它有幸能夠回過頭來改造這個世界，則又或許是我們所該期待的局面。此外，本脈絡主要是從哲學的角度來檢視媒因的興起、轉化和作用等歷程，而尚未涉及時代究竟需要什麼樣的媒因和媒因間如何區別優劣高下等價值問題，等將來有機會再接續這個議題予以討論。

第七章 電影文化學：
有關文學性電影審美的新話語

一、一個電影學次學科的建立

電影作為一門綜合藝術，在相關層面上集製片、編劇、導演、攝影、燈光／音效／服飾／道具／布景設計、剪輯、作曲和演員扮演等大成；而它跟商業利益相結合時，又涉及發行、映演和銷售等行銷問題，可說是一種道地的美學經濟或經濟美學。對於這種美學經濟或經濟美學，普論的著作日漸增多（范正美，2004；詹偉雄，2005；村上隆，2007；施百俊，2009）；而單對電影感興趣的研究者，也都可以據為發言，而試為構設直接或間接關連的所謂的電影學。因此，我們會看到坊間流通的論著裏，已經不乏為電影學建構起諸如具體標明或不標明的電影哲學、電影符號學、電影美學、電影敘事學、電影心理學、電影社會學和電影經濟學等分支學科〔傅拉瑟（V. Flusser），1995；布區（N. Burch），1997；吉奈提（L. D. Giannetti），2008；鮑德威爾（D. Bordwell）等，2008；簡政珍，2006；樊明德，2004；黃一峰，2004；程予誠，2006〕。只是這總還缺點什麼！

所謂「總還缺點什麼」，是指該分支學科大多無法再把它放在文化的架構裏去深入討論電影的「終極因緣」（詳後），導至所有幾乎僅及「現象面」的檢視探究都還「背景闕如」而不便聲稱對電影已經了解夠多了。好比最簡單的「為什麼會有電影」的問題，一般都只能從「照相」技術

談到資本主義的「電影工業」,而對於照相是西方創造觀型文化中的藝術「寫實／存真」上帝所造美好事物觀念的「精細」發展,就礙難感受道出(縱使是西方人,他們早已「習焉而不察」,沒有透過「異系統不能」的比較,也不一定察覺得出來);相對的,沒有或不時興上帝造物信仰的其他文化,就不可能沿著「寫實畫→照相→電影」這條道路狂飆前進(後來即使受感染而轉向習取,也只能片面「利用」而缺乏能耐全面參與「研發」)。此外,有關電影所形塑的形式和意義及其各種商業行為等,也都深著染上文化的色彩(仿效者,會有「表現歧出」;而它正可以覷見原就存在的文化差異。詳後),卻仍然未見有效的統觀的論說而不無遺憾!這就是文化的「重要性」所在,將它援為依據可以為電影學注入一股新活力而有助於大家思考電影時的「格局開闊」。

很顯然的,為電影學建立一個叫做「電影文化學」的次學科(分支學科),不論是在理論建樹的旨趣上還是在實踐深化的考量上,都頗有「勢在必行」的樣態;我們可以為它深所期待,也可以自我勉為從事,而讓那一股亟欲對電影多所了解的隱在渴望成真。但縱是如此,對於這一門次學科的定位,也得跟一般所會提到的「電影文化」觀念相區別。後者是就電影自身的邏輯而予以文化化,而不是從文化學的角度來看待或深透電影,彼此有「淺深」或「簡繁」上的差異。換句話說,電影文化學是「電影的文化學」而不是「電影文化的學」(雖然前者可以包含後者);它在自我學科性質的標立上,有關「電影」和「文化」的關係,姑且圖示如下:

當中電影既是包含在文化的大範圍內，又是體現文化的一個途徑；它的所有成分，都具有文化的意涵（也就是都備有文化因緣）。在這種情況下，先前大家所兼提及的電影文化，也就可以重新納進來探討它背後的「文化性」（而不是表面那些未經類化或系聯的「零碎現象」）。

二、電影與文化結合理解的模式

從文化學的角度來看待電影，而試為構設一門嶄新的電影文化學，這在自我裝備上得有兩個優勢可供人檢驗：第一，所結合的電影和文化的理論說明，必須是制高點式的，而這還可以對比鄰系顯異，總而有別於相關電影學次學科中可能會一併蕪雜觸及單系文化因緣；第二，所結合的電影和文化的理論說明，除了能夠顯示在統攝材料的有效性上，還能夠顯示在有助於後續電影的生產、傳播和接受等的深化或開展上。而這最迫切需要的是，如何先把這種理論模式建立起來。

首先，電影和文化的結合理解，所著重的文化是人類展現創發成果的總稱（有別於純自然的存在）。它固然可以被用來包裹一些有關信仰、觀念、制度、技藝和器物等類目〔簡克斯（C. Jenks），1998；貝克（C. Barker），2004；李威斯（J. Lewis），2005〕，但總以分層的方式要容易看出它的創發特徵及其所創發成果彼此間的關聯性。而這種層次架構，不妨以終極信仰（一個歷史性的生活團體的成員由於對人生和世界的究竟意義的終極關懷而將自己的生命所投向的最後根基）、觀念系統（一個歷史性的生活團體的成員認識自己和世界的方式，並由此而產生一套認知體系和一套延續並發展他們的認知體系的方法）、規範系統（一個歷史性的生活團體的成員依據他們的終極信仰和自己對自身及對世界的了解而制定的一套行為規範，並依這套行為規範而產生一些行為模式）、表現系統（一個歷史性的生活團體的成員用一種感性的方式來表現他們的終極信仰、觀念系統和規範系統等，

因而產生了各種文學和藝術作品）和行動系統（一個歷史性的生活團體的成員對於自然和人羣所採取的開發和管理的全套辦法）等分見合顯的著實創發來布列（沈清松，1986：24～29）；並且讓它們形成一個「有機」的連結，如下圖所示：

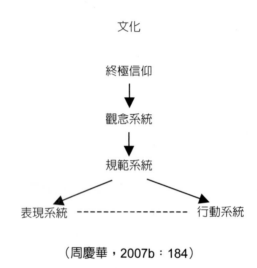

文化

終極信仰

觀念系統

規範系統

表現系統 —————————— 行動系統

（周慶華，2007b：184）

圖中終極信仰最優位，它塑造出了觀念系統，而觀念系統再衍化出了規範系統；至於表現系統和行動系統，則分別上承規範系統／觀念系統／終極信仰等（按：表現系統和行動系統之間並沒有「誰承誰」的情況，但彼此可以互通，所以用虛線來連接，如「政治可以藝術化」而「文學也會受政治／經濟影響」之類）（周慶華，2007b：185）。

其次，順著前項的話尾，還得再行區別人類創發成果的異質性，而有所謂跨文化系統的比較課題要連帶關注。這以從終極信仰下貫的觀念系統中的世界觀作為準據，可以有效的判分世界現存的三大文化系統，包括創造觀型文化、氣化觀型文化和緣起觀型文化等。它們各自的特色，分別是：創造觀型文化的相關知識的建構（及器物的發明），根源於建構者相信宇宙萬物受造於某一主宰（神／上帝），如一神教教

義的構設和古希臘時代的形上學的推演以及近代西方擅長的科學研究等等都是同一範疇；氣化觀型文化的相關知識的建構，根源於建構者相信宇宙萬物為自然氣化而成，如中國傳統儒道義理的構設和衍化（儒家／儒教注重在集體秩序的經營；道家／道教注重在個體生命的安頓，彼此略有「進路」上的差別）正是如此；緣起觀型文化的相關知識的建構，根源於建構者相信宇宙萬物為因緣和合而成（洞悉因緣和合道理而不為所縛就是佛），如古印度佛教教義的構設和增飾（如今已傳布至世界五大洲）就是這樣（周慶華，2001a：22）。而這可以依上述文化五個次系統，權為撮要定調且圖示如下：

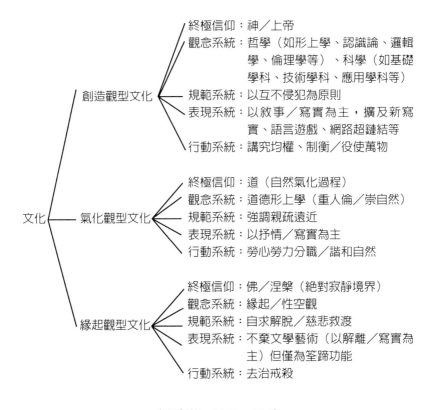

（周慶華，2005：226）

如果要各用一句話來彰顯三大文化系統的精髓,那麼依次「挑戰自然,媲美上帝」、「縮結人情,諧和自然」和「自證涅槃,解脫痛苦」等約略就可以派上用場(周慶華,2007b:196)。換句話說,創造觀型文化中人會仿效上帝造物的本事而積極於研發創造;而氣化觀型文化中人會體現如氣的團黎和柔度而致力於經營人際關係和維護生態秩序;而緣起觀型文化中人會證悟無明而正見改向逆緣起解脫(以不創發為創發)。

再次,整合前二項,相關電影的各種層面,就可以在架構中予以定位。如二十世紀中葉電影新美學剛興起,前衛影評人亞斯楚克(A. Astruc)所受矚目的一些評論:「亞斯楚克認為電影就像文學存在著多種文類和形式一樣,應該存在著多元的狀態。亞斯楚克舉了幾個例子,如老導演賈克費德曾經嘗試改編的不是一般的文學小說,而是孟德斯鳩的《論法的精神》;另外,艾森斯坦也試圖將馬克思的《資本論》搬上銀幕。亞斯楚克因此認為電影本來就具有思考的能力,『電影如同文學一樣,所以能成為一門特殊的藝術,在於它的確是一種能夠表達任何思想內涵的語言』,因此電影也應當逐漸走向一種『全新的表現方式』」(吳珮慈,2007:12~13)。這要電影向文學挑戰「爭勝」,基本上也是創造觀型文化所內蘊的競相創新的表露:

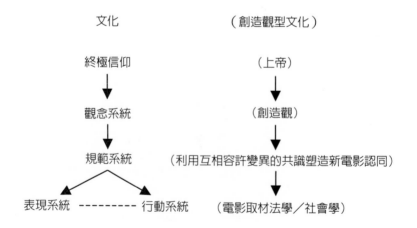

當中行動系統所相通於表現系統會有的「前衛手法」（包括電影拍攝技巧的更新和整體風格的歧變等），也可以從圖左側比照著上溯而得以一體了然。換句話說，這一切的演現（包括在行動系統對電影取材的操縱和在連向表現系統對電影新美學的塑造等），都是仰體造物的美意、正向媲美上帝（兼支配人心）而極力於創新電影典範的結果。

　　所謂電影文化學，大體上就是像這樣而繁衍成形的。它的結合電影和文化二者以為新理解模式的「制高點」，在於電影可直接觀察的部分僅在規範系統以下見著，必須間接推理上溯到觀念系統，才能看出「深層」的文化性（這是文化得以「標誌」見異的所在）；而就以這深層的文化性來給「泛稱」文化時定調，並且作為異系統區辨的依據（規範系統以下那些「淺層的文化性」，只能當作現象考察的起點和過場，還無法逕直認知電影／文化的究竟形貌）。

三、文學性電影審美的精緻化體現

　　電影文化學的理論模式可以在統攝材料上顯現它的有效性，而這對於文學性電影來說不啻特能藉以檢證且可寄予再尋優質發展。畢竟已顯「精緻化」的文學性電影，它比商業性電影或其他人文電影要更能「表現」那深層的文化性（商業性電影或其他人文電影的連結性可能沒那麼「緊密」或「深纏」）；而藉由跨系統的比較，還可以方便窺見文化審美的差異及其運作模式。而這不妨從相關文學性電影的狀況說起。

　　文學性電影，顧名思義是指電影成品本身帶有文學性質。而這約略有三種來源：第一是由文學作品改編成電影成品（如小說《飄》改編為電影《亂世佳人》）；第二是電影成品有改編為文學作品的潛能終而改編成文學作品（如電影《春去春又來》改編為小說《春去春又來》）後認定；第三是純劇本拍攝但具文學性的電影成品（如電影《黑色追緝令》）。它們的發生學差異，可以圖示如下：

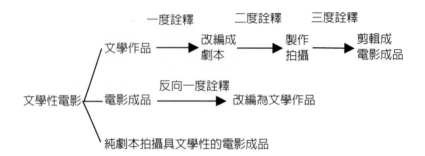

第一、二種情況，因為有「前」或「後」文學作品在限定（按：該文學作品或電影成品要有改編的價值，多半也得是頗受肯定的名作），所以原則上是不證自明的；只有第三種情況可能會有爭議。也就是說，究竟有那一種劇本是不具文學性的？如果以文學是「針對某些對象（人事物）進行敘事或抒情，而將所要表達的思想情感曲為表達或間接表達（以比喻、象徵等手法來造成有如藝術品那樣將素材予以額外加工美化的效果）這樣可以有效區別於非文學（逕直表達情意）的定義（周慶華，2004c：96）來說，那麼勢必找不出不具有這種文學性的電影（即使是現代前衛電影如《羅生門》或後現代後設電影如《法國中尉的女人》，也一樣在間接表達情意）。因此，只能姑且以多用比喻／象徵技巧或特殊的敘述方式的「高度」文學性來給文學性電影的文學性定調，從而將「不及此」的其他對象排除在外。但這終究還是有「分不清」的難題存在：

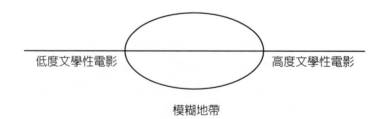

倘若我們在上述的光譜上劃分，一端是高度文學性電影，一端是低度文學性電影，那麼中間總會有一個模糊地帶；而就因著這個模糊地帶的干擾，導至相關文學性電影的區分猶未區分！像這種難題，基本上無從有效的解決；只能說遇到有難以判斷的對象，權且的予以「存而不論」，再來就依便「論所能論的部分」了。

　　我們知道，電影是用影像和聲音來說故事（默片只存影像），它的成形是由製片、編劇、導演、攝影、燈光／音效／服飾／道具／布景設計、剪輯、作曲和演員扮演等合作完構；而文學則是用語言（文字）來說故事，它的成形大多是由作者個別完構。彼此的交集，就在運用比喻或象徵技巧及其敘述手法上。因此，我們可以依須透過文學來看電影，也可以依須透過電影來看文學，還可以依須文學和電影一起觀照。而它所輾轉選定的文學性電影，也因為多了一個高度藝術性可以賞鑑，所以該文學性電影也就同時具有「知識」、「規範」和「審美」等價值（按：前二者是一般語言成品所共同具備；而後者則為文學作品所專屬）（周慶華，2007b：107～199）。好比前一陣子走紅的魏德聖導演的《海角七號》（小說版由藍弋丰隨後改編成），它就採創造共同記憶的方式來形塑鄉土意識以顯示它的知識價值（可以被習取）和以製造機會／領導趨勢／整合內部力量來凸出它的規範價值以及選用過程拼貼的手法製造張力（包括戲中社情／愛情的經營和角色性格的塑造等）以彰明它的審美價值。這當中因為文學性電影的審美機制啟動了，它所「帶動」的知識和規範面向也跟著活潑化（在意象和事件中「搬演」的緣故），所以在電影文化學的理論架構中它可以取得一種特權身分。

　　這種特權身分，是電影文化學所能極致體現「精緻性」授予的。它在文化五個次系統的關係圖（見前）中，直接透過它的審美技藝從表現系統皇耀文化的整體性（在行動系統所見的取材和製作等，已經被消融在表現系統的美感中一起昇華了），而跟純粹文學一樣同時保有該整體性的精緻面和躍動力。

四、電影文化學的範例舉隅

由於有文學性電影審美的精緻化體現，讓一種可以自我發光的特權的身分在沒有敵手的情況下（也就是沒有跟它競爭「耐人尋味」功能的其他電影）走上被人「留置」無盡品評的道路，所以電影文化學就可以多靠它來撐起「代表」的重量。換句話說，電影文化學有文學性電影審美的精緻化體現在顯能，大致上就足夠證成了。至於它的實質面貌，則有待舉例來見識。

首先是《海上鋼琴師》。這原是一齣舞臺劇〔劇本為巴瑞科（A. Baricco）所撰〕，改編為電影後，由多納托爾（G. Tornatore）所導演（片名為 The legend of 1900，中譯作《海上鋼琴師》）。它藉由 1900 在船上演奏鋼琴的傳奇生涯，敘說一個進趨永恆／絕對國度的志奮模式。這個模式，是以上帝所在的天國為想像藍圖的；它表徵了創造觀型文化對上帝無上創造力的嚮往（只因人是有限的存在者，一切僅能是「趨向，而無法真正的永恆／絕對化」。而這是以鋼琴師 VS.喇叭手和鋼琴師創作出抒情樂 VS.爵士樂（熱門音樂）以及喇叭手轉述鋼琴師的故事等接近不朽的情節撐起的：

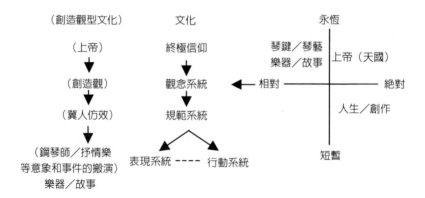

右圖第二、四象限是矛盾的，而追求永恆／絕對則是仿效上帝（第三象限，只見於氣化觀型文化和緣起觀型文化）。當中有矛盾，才有創發力（像電影中男主角 1900 那樣）（周慶華，2009：20～21）。在電影中，還安排了 1900 多次透過船艙玻璃窗看外面世界的意象以「隔絕」世俗的玷污和女主角紅潤豐厚的嘴唇這一「原生」意象（象徵性誘惑）以為激勵 1900 該永恆化抒情樂的創作等，則一併體現了創造觀型文化的聖潔欲求和本能創發衝動的一面。至於它採倒敘兼插敘的手法，讓喇叭手麥克斯來敘述鋼琴師 1900 的風光一生及其落幕，則又是創造觀型文化有感於人力的渺小（不能全知）而發展出的一種敘述方式（周慶華，2002b：213～214）；它除了「內應」文化性，還技巧的避開 1900 其他瑣碎乏味的際遇，可說精當至妙！此外，末了當喇叭手苦勸鋼琴師下船不成後，則隨他意願而不強求（在其他社會，可能會以「好死不如歹活」一類理由而死拖活拉的把他架離那即將炸毀的船艙），這又是創造觀型文化「互不侵犯」的倫理信條的體現，也自有它的可感處。

　　其次是《那山那人那狗》。這是彭見明〈那山那人那狗〉短篇小說改編的，由霍建起導演。影片在敘述一條郵路上的「父子親情的辯證啟蒙之旅」。這原是中國大陸承自西方創造觀型文化分支唯物論中的「唯物辯證法」的演出。它以漸進和上升的內在演化模式（趙雅博，1979：378）將該父子的矛盾衝突不斷地營造／消解，以至於最後的不可回轉的跳級境界；但整體上還是中國傳統氣化觀型文化的延續體現：

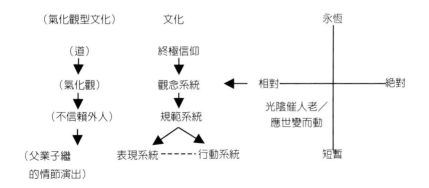

101

氣化觀型文化所信仰的化生觀，因為氣聚的虬結性，使得中國傳統社會要以血緣而分劃的家族為組成單位（相對的，西方社會由於受造意識的制約，特別重視個別性，所以就以個人為組成單位），對外人自然是不會予以信任的。因此，電影中的「父業子繼」就天經地義的合於情理了（相對的，西方社會有「制度」保障類似公務的正常運作，不必由個人去承擔成敗責任）。至於那裏面還有去階級（國家幹部為人民服務，無怨無悔且服務周到）卻又得維持尊嚴（不投機搭便車）和現實已經城鄉失衡了但又嚮往安土重遷傳統以及一胎化政策早就顯影卻又深寄第二個小孩（以「老二」呼狗，隱喻味濃）等相矛盾的演出，乃因沿襲西方創造觀型文化另一分支社會主義的結果。它在表現系統的連帶成形，也不無顯示中國大陸在調適傳統／現代上的「無以為典範」。但由於傳統的力量還在半根柢之間蘊蓄，所以它的主軸並未偏失（也就是該「父業子繼」的精神依舊耀眼），仍有「自成一格」的態勢。

　　再次是《春去春又來》。這是金基德導演的，由金汶映改寫為同名小說。影片以春夏秋冬再到春的循環帶出生命輪迴的一種可能的真相；而它所歷演的是老和尚一句「淫念會引發佔有欲；而佔有欲會帶來殺生」的本事。這純為佛教的觀念，也是緣起觀型文化所要逆緣起解脫的對象。換句話說，影片從原始佛教中十二因緣的「愛」因切入（無明隱在當中），而朗現順生輪迴的實然狀態，所隱藏的則是還滅終止輪迴的去執欲求。它的體現緣起觀型文化「規矩」的一面，顯然已經無以復加：

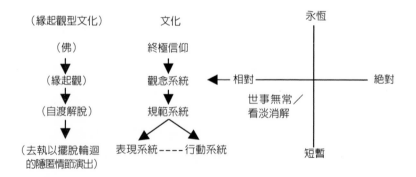

凡事緣起緣滅，全在一念之間決定；它所投影的不僅是一種逆向倫常的抉擇，而且還是一種美感的去捨或抑止昇華。類似這種以不創新／不造作為創新／造作的作法，自然已在前後情節的搬演中見著了；只是它還搭配甚多意象在「相得益彰」該緣起場景（如狗奔跑象徵幼年小和尚的活潑生氣；鯉魚爭著呼吸象徵女主角的渴欲；公雞啄米象徵少年小和尚的沉浸性愛；貓陰靜象徵青年小和尚的殺氣和被馴服；蛇從湖中竄出象徵老和尚對小和尚安危的執念等）。但不論如何，緣起觀型文化的解脫故事依舊隱隱然在當中穿梭著（如壯年小和尚和那條蟄伏的蛇，就曾合演過片段情節）；它的表面輪迴現象，還得從背面去理解，以便參透緣起觀型文化的精義。

　　以上三例，《海上鋼琴師》的美感近於崇高（追求永恆／絕對化的緣故）；《那山那人那狗》的美感近於優美（由縮結人情的和諧性蘊涵）；《春去春又來》的美感近於悲壯（從世俗的角度看它內蘊的捨離使然；其實就它無以興作的解脫本質來說，並無悲壯不悲壯的問題），彼此各有文化背景而難以共量。所謂電影文化學所見於文學性電影審美的精緻化體現，到這裏已經「理論齊備」；至於要更多的實證，則可以依此類推。

五、相關成果的演繹與運用

　　電影文化學中的「文化」，以世界現存的三大文化系統來看，它的跨域難通（即使有像國人導演李安常在國際影壇得獎，但那也僅能借重別人的技術，所拍的「質感」暗地裏還是氣化觀型文化這一套），明顯早已無路可「迴」。雖然不知道當初這三大文化系統是怎麼可能的，但它們各自繁衍且持續至今，卻很少被認真分別對待（大多都在奢言交流或會通）（周慶華，2008a：55～77）。因此，電影文化學的建構，反倒可以在這個環節上「急所當急」。也就是說，有關電影的編導、欣

賞和教學等，如果想要更有「成效」，那麼電影文化學所提供的資源，就可以派上用場而多所發揮針砭或引導的功能。

　　好比有人所提到的導演思維：「電影製作不只是商業片和菁英藝術電影這兩種形式，它更是一種團隊合作。對於完成一部電影來說，製作人、攝影、藝術指導、音效設計、剪輯、作曲、編劇以及演員都貢獻良多。許多人習慣將導演類比為管絃樂團指揮或是球隊教練，就某種層面來說，這種類比法還算不錯。導演必須特訓各懷才幹的一羣人，成為一個致勝團隊、還要統一發聲，而此一團體的總表現一定要優於各為其政的總成績。這是導演的挑戰，相對於稱職或不夠格的導演來說，這也是優秀導演和偉大導演能勝出的原因。不過要能完成此等任務，導演必須同時是政治家、技術人員、說故事的人以及藝術家。」〔丹席格爾（K. Dancyger），2007：15〕這全然不涉及文化在電影中的總綰力，那能細緻的摶造出更優質化的影片？換句話說，不同文化系統制約下的電影拍攝，在精於跨域差異的人，是可以從中甄辨出深層不可共量的殊異性而「盡其所能」牢靠的體現在影片內；這時因為它面目釐然可辨，有助於「別他顯能」，所以它相對的「純化」的質優性就透露出來了（凡是大雜燴或面貌模糊的，都無法取代這種純化的美感）。

　　此外，有關電影的欣賞和教學等，也是同一道理。只要碰觸不到深層的文化因緣，它就僅能在淺層的技巧／風格上纏繞，絲毫也解不開「為何如此」的祕密。這麼一來，電影文化學就真的要凌駕其他電影學的分支學科之上而成了電影理論的新範式。而這一相關成果所能演繹的方向和運用的場域，也就因為有「實質所需」而自動繁複化。

第八章　非線性思維的新焦點化：
後中國哲學方法論及其展望

一、「中國哲學」相關命題的辨析

　　「哲學」作為一般概念或學科術語，本就是人為的設定，但在遞相沿用後，「忘本」的人卻要追根究柢找它的客觀意義，導至一場擬神聖化的「真理之爭」不斷地要重演複現。而這所遺誤的，不僅是後人常拘泥於前出的設說而不知別為界定來另啟新義，還造成諸如「中國有沒有哲學」或「誰說的才是哲學」一類的無謂的爭端。

　　好比受日本學者西周以「哲學」翻譯古希臘文 philosophia 的影響後，本國學者就老是執著它的「愛智」義以及試為揭發專屬於中國的愛智成果（牟宗三，1987；宇同，1987；馮友蘭，1994；陳來，2001）。殊不知它從無到有全在人的論述的需求，沒有語源的語源，也沒有該語源的客觀認知（也就是我們所確定的該愛智的意義，也是我們基於策略運作而權為遐想設定）（周慶華，2007a）。此外，追究中國有沒有哲學，就跟西方人追究有沒有一定的哲學對象和範圍〔文德爾班（W. Windelband），1998；吳爾夫（R. P. Wolff），2002；德勒茲（G. Deleuze）等，2004；呂格爾（P. Ricoeur）主編，2004〕一樣，都因為不清楚自己的權力意志在促使該追究成真而無關一個客觀的哲學對照系的存在，以至窮於辨析也只不過是在「混淆視聽」。

　　這樣本脈絡所要談的有關中國哲學的命題（中國已有什麼樣的哲學或中國將要有什麼樣的哲學）所加的限定詞「中國」，就不該成為一個可以置疑的對象，它依然是緣於我們需要它存在而成形的。因此，國人所力辯的「作為思想傳統的中國哲學」和「作為現代學科的中國哲學」的區別（李明輝，2008），也就跟西方人所提出的「從（西方）歷史的比較中要想獲得哲學的普遍概念似乎是不現實的」（文德爾班，1998：5）或「並非所有西方哲學傳統中的宏偉心靈都蔑視包括在歐洲、非洲或美洲的有色人種，把他們看成缺乏理智能力的生物」（吳爾夫，2002：40）一類自居高明的意見同個理路，都察覺不出後設主體的能動性（才會貌似客觀的說中國哲學的實情如何、西方哲學的實情如何）。

　　從學科的必要劃分以便建構知識（終極促動力仍是權力意志）的立場來說，它最需要區別的是哲學和其他學科的不同。如果說其他學科都是在論述所要論述的課題而構成各別的「對象論述」，那麼哲學的設定就可以是針對這些對象論述而後發的「後設論述」。而這種後設論述還可以無限的後設論述下去，以至有所謂的「後後設論述」、「後後後設論述」……等層次哲學的區分。也因為這樣，西方早期的形上學、宇宙論、知識論、邏輯學、倫理學和美學等不足以廣涵後設論述的需求，後來才會再擴及數學哲學、分析哲學、自然哲學、法律哲學、政治哲學、語言哲學、行為哲學和宗教哲學等哲學次學科（呂格爾主編，2004），甚至為了反對先前哲學的霸道支配而試予「哲學的終結哲學化」〔卡弘（L. Cah），2001〕來顯示另一種解構式後設的動能。

　　在這種情況下，中國哲學的後設論述究竟能夠規模到什麼程度，也就可以援例來考量了。換句話說，我們想要中國哲學成為什麼樣子，只要根據這一「新」的準則，就足以有效的給予框限且有別異於非中國哲學。這在稍早學者的對比論述中，其實已經都用心過了；只是他們不能自我回返省思論述的「合法基礎」或「合理前提」（而一逕的跟人辯爭是非），蹉跎至今一切才不見章法。

二、向後設中國哲學過渡的必要性

　　重新以後設論述來限定哲學的意涵（而不再管它是如何的愛智以及歷史上有何觀念的變異），接著中國哲學就會因為它同樣有後設論述不匱乏性而可以被排上討論或評比的議程。而就論述旨趣來說，給中國哲學配備這一必要條件，就方便援引它來繼續設想有關「中國的」哲學的充分條件而合為權力意志服務。

　　先前學者多能隨機的說出（設定）中國哲學的中國性，如「中國哲學特重『主體性』和『內在道德性』……它沒有西方式的以知識為中心、以理智遊戲為一特徵的獨立哲學，也沒有西方式的以神為中心的啟示宗教。它是以『生命』為中心，由此展開他們的教訓、智慧、學問和修行」（牟宗三，1987：8～9）、「作者提出中國哲學的三種主要特徵（不重視文字語言而重視躬行和體驗、多武斷肯定的言說以及忽視分析），而追溯構成這些特徵的原因，在於重視直覺和運用直覺……此外，中國哲學上的其他特徵，如邏輯不發達，如缺乏懷疑精神，如偏向藝術等等，都可說是由於直覺的重視和運用」（胡適等，1988：163）、「我們將中國哲學分成四種特徵：內在的人文主義、具體的理性主義、生機性的自然主義以及自我休養的實效主義」（同上，69）等等都是。這自然是以西方哲學為對比項的，別人難以舉出「不同意見」來反駁；但它隱隱然欠缺的「何以如此」的答案還懸在半空，教人不能不納悶以對！

　　當然，還有更「細緻」的指實中西哲學的徹底分立，說中國哲學根本沒有西方哲學所見的宇宙論（對宇宙的本質、起源、意義和目的等究極問題的解說和評價）、形上學（探究超經驗的存有或實有，以形成可以作為一切實驗學問基礎的理論學問）、方法論（建構追求真知識和建立系統理論的形式條件和邏輯法則）、認識論（研究知識本身的性質、知識活動的範圍以及知識的構成，以便重估和補強形上學的地位

和學科性格)、文化哲學(說明文化活動的意義、價值和方向,指引人類前進的道路)和邏輯解析(探討語言結構和意義傳達的規律,試圖為哲學重新定位)等哲學類別;而唯一強甚的「心性論」(道德形上學),也跟西方的倫理學不類(勞思光,1977:44~75)。但這在引人「訝異」之餘,仍然會增添大家「莫名奇妙」的困惑;到頭來還是得另闢蹊徑把該說的道理妥作交代。

所謂「該說的道理」,是指可以使人信服的相關中國哲學所以落在「這一邊」的深層原因。而這最好是拉到現實情境來「見真章」,以免因為「無所作用」而減低論說的吸引力(妨礙到影響別人或支配別人目的的達成)。這麼一來,所談論的中國哲學就得向後中國哲學過渡,試著以有別於「前見」的「後出說法」來展開它的突刺或操縱議題的事業。換句話說,當我們發現前出的見解已經無法給中國哲學的「出路」提供什麼可以「摯愛」它的保證(先前學者既然知道還有更多姿采的西方哲學的存在,那麼他們的立論或建言基本上不會教國人「多愛一點」自己所屬傳統的哲學),就有必要新啟論述方向;否則,不過是在重複一齣陳套的戲碼,依舊「不痛不癢」!

雖然如此,這個「後」有別於「前」的語義限定,還是有方法論的意義和價值(而非純然的為著「較量」而已)。我們知道,一般以「後」相標榜的話語,約有兩種情況:一種是要藉為解構前出的觀念或學說,如反結構主義的後結構主義或反新殖民的後殖民主義之類;一種是為了顯出自我論述的「理論」高度,如後設倫理學或後設小說之類。後者由於適用度廣,所以常被著為「後」學的典範;而它的制高點式的發言位置也的確有助於所論述的自我建高化:

> 在語言學裏,語言學家賈克慎所指認的「後設語言」乃是有關符碼的陳述,這時我們試圖釐清一個詞語的意義或定義(例如「『詞彙』是什麼意思?」)。更一般的情形裏,後設語言是有關另一個論述的批判或分析性論述。因此,語言學是有關語言本

> 身的後設語言。結構主義的敘事理論家，熱奈特在下述評論裏
> 引用巴特和法國詩人凡樂希，指出由於文學批評「和它的對象
> 說相同的語言」（跟藝術或音樂評論不同），它是種「後設語言，
> 是『有關論述的論述』。因此，它可以是一種後設文學。也就是
> 說，『以文學本身作為對象的文學』」。在這種認識下，文化理論
> 不僅是有關文化形式和過程的經驗或文本分析，也是以它為對
> 象的後設語言。任何理論也可以透過自我批評或評論本身，而
> 生產出一種後設語言。〔布魯克（P. Brooker），2003：245〕

這種高一層級的後設語言的「專業」要求，就會像底下這段論述一樣：
「現今對於『後』層次上的話語和經驗所加深了的認識，部分來自於
一種增強了的社會和文人自我意識。不僅如此，這也反映出對於當代
語言功能文化的更廣泛的理解，懂得語言功能在構成和保持我們的日
常『現實』感方面的作用。關於語言只是被動地反映一個清晰的、有
意義的『客觀』世界的簡單觀點，再也站不住腳了。語言是一個獨立
的、自我包容的系統。這個系統產生出自身的『意義』。語言和現象世
界關係極為複雜、充滿疑問，但又是約定俗成的。『後』這樣的術語，
就被用於探索這具有隨意性的語言系統和跟它明顯相關的現實世界的
關係。在小說中，則用於探索屬於虛構的世界和虛構『之外』的世界
的關係」（渥厄，1995：3～4）。實際去做了，該一「統括」和「領航」
的功效就能顯現出來。

　　類似上述這些後學觀，都可以啟示人必要「選擇」的方法意識的
形成，加以沿用也無不顯示所要從事的「後出說法」的不為無謂性。
只是它們仍自我拘囿於學科的範疇，還有待「轉向」來廣開論域；以
至這裏所謂的後中國哲學，就得靠有效的選項供它著墨，才足夠看出
必要「方法論」的力道。

三、後中國哲學的非線性思維特徵的貞定

　　同為有關中國哲學的論述，後中國哲學的論述所要「別出心裁」
的地方將是結穴式對比的。也就是說，只在第一級序上彰顯中國哲學
和西方哲學的差異（至於還可跟其他系哲學的對比，限於目的無著則
暫不處理），其餘的可以「依此類推」或「不可言喻」。而有鑑於前出
的論述無力解釋「何以如此」或不能避免給人「莫名奇妙」的感覺（見
前），這裏就是要引以為戒而儘可能的將該差異的原因講清楚。

　　這首先要把所有的後設論述導回一個最普遍或最高層級的「思維」
形式上。思維這一「人所自覺且規律的心理活動（有特定的對象、目
的和方法）」，可以設定來總括人的精神狀態；而這種精神狀態是我們
所意識得到的（還包括我們知道自己要思維或終止思維），一些我們無
法掌握的零碎的「意緒」或「雜念」都不算在內（周慶華，1999b：45
～46）。其次要把設定好的思維形式置於中西哲學的表露中，看它們的
類型差別，從而使得中西哲學的互為對比項可以更明顯的浮現出來。
再次要把該對比項經由解釋和具體的舉證，更為鞏固所論以及引伸到
對相關事物的連結上。這是在跟人競爭「發言權」，也是在妥協語言的
「終極所限」（難有更好的詞彙可以用來指稱這種心理現象）。

　　如果思維的心理活動現象在指實的功用上沒有更好的詞彙可以替
代，那麼我們再進一步區分它的層次也就很容易看出中西哲學這兩種
後設論述的差異所在。換句話說，從對象思維到後設思維到後後設思
維……等等的層次序列中，西方哲學那一後設論述的後設思維性會無
止盡的後設下去而形成一種「線性思維」的形態。這種線性思維的形
態，可以顯現在不斷追問諸如「真理」、「正義」、「自由」、「善」和「美」
等概念的來源和意涵前提上〔柏拉圖（Plato），1989；羅爾斯（J. Rawls），

2003；鮑曼（Z. Bauman），1992；莫爾（G. E. Moore），1984；康德（I. Kant），1986〕；也可以顯現在已發生事物的推斷上，如：

> 福爾摩斯在他著名的冒險中，有一回撿到了一頂老舊的氈帽。他不知該帽子是誰的，可是卻告訴華生醫生有關帽子主人的一大堆事，其中包括那人有高度的聰明……華生醫生像往常一樣地，看不出福氏的述句有什麼根據，因此就追問起來，要求給予證明。「為了答覆起見，福氏將那頂帽子覆蓋在他頭上。那帽子蓋起了前額，直落到鼻緣上。他說：『這是立體容量的問題了。一個有這麼大的腦子的人，裏頭必定也不是空的。』」那麼這時陳述說那頂帽子的主人具有高度的聰明，也就不再是一種沒有根據的斷言了……我們可以把它重新結構如下：（一）這是一頂大帽子。（二）有人是這頂帽子的主人。（三）凡是大帽子的主人都有個大頭。（四）有個大頭的人就是有個大腦袋。（五）有個大腦袋的人是高度聰明的。（六）這頂帽子的主人是高度聰明的。這是一個論證，它含有六個述句。前五個述句是前提，第六個述句是結論。〔梭蒙（W. C. Salmos），1987：2～5〕

還可以顯現在未發生事物的預測上，如：「假使我看見路上有顆石頭，把它移到路邊的草叢，好讓它不會絆到車輪。然而也許一匹馬因此在黑暗中被弄傷了腳，而騎馬的人就被摔出去。這一摔那個人可能就無法遇到本來應該在晚上舞會認識的女人，那他就不會娶她，結果一位偉大的醫生或作家就無法出生了」〔瑞斯尼克（M. Resnick），2008：53〕，最後一項預測依理會再類推下去（如「偉大的醫生或作家不出生，歷史就不會被改變」；而「歷史不會被改變，人類的文化就不可能向前推進」……等等），而造成最典型的線性思維的形式。

　　反觀中國哲學，則不在上述那種線性思維上顯能，它約略在基本的一度後設或勉強到二度後設後就旁伸開去進行思維的「含容」活動。如孔子所創設的「仁道」，他以「推己及人」予以定調後，就開始分繫推己及人的事項（如「先難而後獲」、「克己復禮」、「己所不欲，勿施於人」、「其言也訒」、「愛人」和「恭寬信敏惠」等）（邢昺，1982a），而沒有再疊加層層的前提以及細設實踐的情境和管道，以至自然形成一種有別於線性思維的非線性思維。又如莊子所崇尚的「逍遙」，也僅止於透過「齊彼我」、「和是非」和「一生死」等途徑來為它模範（郭慶藩，1983），根本上就不感興趣逍遙要用什麼來保證它的合法性或正當性以及在推衍上的無礙性，當中的非線性思維一樣顯著。又如好辯如公孫龍所提出的「白馬說」、「指物論」和「堅白論」等學說（謝希聲，1978），固然跨到二度後設的範疇而有線性下去的傾向，但它的自我前提未顯和批駁俗見無力等含混性（周慶華，2008a：127～142），還是沒有改變同系統內非線性思維的格局多少。以上所見的後設論述的止限，都在平面的廣包性上得著了伸展「補償」的機會，並不乏自我專屬的特色。

　　至於中西哲學所見的思維所以會有這種幾近截然對立的形態差異，那又是根源於彼此終極信仰的不同。西方人相信宇宙萬物為上帝所創造（少數極端的唯物論者不信這一套，並無能改變該現實），馴至所有的思維都一逕比照上帝造物那樣「項項判別」以及凡事都要「追根究柢」以揣摩上帝造物的旨意和藉為榮耀上帝（周慶華，2005：95～101）；這樣「上下貫通」的結果，就是線性思維的形態底定和廣為發揚（當中「項項判別」，是為保障思維不被駢枝而礙而可以順利進行「追根究柢」的活動）。相對的，傳統中國人相信宇宙萬物為精氣所化生（該一自然氣化的過程叫「道」或「理」），導至所有的思維都直接擬仿大氣的流動漫布的和諧自適而無所旁求（同上，98～102）；這樣「左右橫併」的結果，就是非線性思維的形態樹立和普遍推行（偶爾有人想要「上下求索」，也會因為沒有他人理會和支持而自動沉寂下去）。

中西哲學所顯現的這種「氣化觀」和「創造觀」的世界觀，各自開啟了自為生姿的文化創發的旅程。後者（指創造觀），以挑戰自然／媲美上帝為特色（媲美上帝的另一面就是榮耀上帝）；影響所及，西方所有的對象思維（包括宗教、科學、文學、藝術、政治、經濟和社會等）和各類型的後設思維（包括形上學、宇宙論、知識論或認識論、邏輯學、倫理學和美學等）及其內含的無限後設特徵，都以強創新的姿態在面世、甚至透過殖民征服（西方人自覺超強而足以凌駕他人後的連帶行為）而希望它發生普世的效應（周慶華，2007b：163～174）。至於前者（指氣化觀），則以縮結人情／諧和自然為特色（「縮結人情」是為營造如氣般融洽秩序的人際關係；而「諧和自然」是為體證萬物一體氣化而不能相傷道理的自然流露）；影響所及，中國傳統所有的對象思維和有限類型的後設思維及其內含的旁衍思維的特徵等，就全以符應上述觀念為宗旨而不強事創造（同上，182～197）。這種不可共量的現象，長久以來都被奢言「轉接」或「會通」的國人所忽視（外人如有類似的意見，也是不諳此中祕辛所造成的；但那對他們來說並沒有什麼傷害，只有我們自己盲昧不察才會有問題發生），以至如今海峽兩岸盡是陷於傳統得不到延續而向西方取經也無從超前的兩頭落空的窘境！因此，如果這一現況不宜再拖延，那麼補救前虧的「因應之道」就是要找到必要幡然悔悟的途徑；而這抗衡點就在西方人所「遺誤」世界的禍端上（詳後）。

四、非線性思維特徵的「祕響旁通」

整體來看，非線性思維不像線性思維那樣講究「精準」和「效率」，它「含混」和「滯緩」自有不必計較而留予人彈性接受的空間。換句話說，擬仿大氣的流動漫布，勢必在探知和人際互動上採「寬容」策略而不致窮於析辯和細為規範；況且它沒有一個造物主可以榮耀，想

要窮於析辯和細為規範也無處「用武」！而這蕃衍開來，所有的對象思維都會跟有限類型的後設思維在同一個範域裏「參質共振」，恰似有人所形容文意的派生和交相引發般的「祕響旁通」（葉維廉，1988：89）的情狀。

所以要再這樣「合併」來說，主要是要解決在非線性思維系統底下所有相關的對象思維也呈現「非線性」特徵的問題（而不只後設思維才如此）。它在沒有被提出來細審前，是不容易自我顯現這種非線性樣態的（指未經稱名的）。因此，所謂的祕響旁通，就是指非線性思維系統內部的思維類型的性態一致性。相對的，在線性思維系統內部的思維類型也會有它們自屬的性態一致性；而這將會在後面的論說中隨機予以舉證對列。

前節說過，非線性思維的「左右橫併」的廣涵性（而不是線性思維專一式的「上下求索」），全仿自大氣的周流洽適而顯現亟欲「縮結人情」和「諧和自然」的態勢。而這在所有的對象思維也「無不如此」：如所運用的語言，是先由精氣特純而聰慧超卓的人造了書面語（文字），然後才賦予語音而有口說語的流行（周慶華，2000b：147～152）。而這書面語，就是擬仿氣的流布樣態，從而顯出非精確式的圖像性；同時它沒有明顯的主謂語分別、詞性定式和語尾變化等（胡適等，1988：49～68），也徵候著所要縮結人情和諧和自然等欲求對所有「凸出」或「強辨」行為的排斥。相對的，線性思維系統內的語言運用，相關能力稟自上帝，人僅以純符號的書面語來記錄音，從而展現出音音必須判分（包括分別主謂語、定式詞性和變化語尾等）才能準確表義的音律性語言（周慶華，2007b：332～333）。彼此一講究「精準」和「效率」的線性式標異而一帶「含混」和「滯緩」的非線性式顯能，沒有可以相通或互動的地方。

又如文學的表現，在亟欲「縮結人情」和「諧和自然」的整體氛圍中，就發展出了「內感外應」而不別為奢求的抒情傳統。這種抒情傳統，在非線性思維的制約下，它僅以有「情志」才鋪藻成篇，而使

相關的藝術形式約束在一個「為情造文」的高度自制的有限的美感範疇裏。這從詩經以下到楚辭、樂府詩、古體詩、近體詩、詞、曲等等，都緊相體現著（差別只在形式、格律等外觀上的前後稍事變化罷了）；而受佛教講唱文學影響且結合詞曲而搏成的雜劇／傳奇以及承繼古來說書藝術而更精銳發展的平話／小說等，也無不深為蘊涵。即使是較後出且紛紛為憤激或為勸懲或為諷刺而作的長篇章回小說，也仍然不脫「抒情」的範疇。而這一抒情，在「內煥」的過程中，不論是為「用世」的還是「捨世」的，它為了「情繫人心」都難免要有一個「精雕細琢」洗鍊相關思維脫俗的程序；以至所見品類日增細碎而情采更加粲備，直如氣脈流注，響應不絕（周慶華，2007c：22～23）。相對的，線性思維系統中的文學的表現，就因為要比照上帝造物而極盡馳騁想像力的造就了另一個敘事傳統。它在早期的表現，以直接用來處理人／神衝突而見於史詩和兼攝的戲劇為主調；文藝復興以後，「人文主義」抬頭（上帝暫時退場），開始改變片面模擬而勤力於「仿作」以媲美上帝造物的風采，於是有強調情節、布局、人物刻劃和背景渲染等寫實小說的興起以及轉移焦點到關注人和自我性格的衝突或人和社會體制的衝突的近代戲劇的進展。當中越見理性的邏輯結構（包含幾何觀念的運用、語理解析的強化和因果原理的發揮等等），已經充分顯現相連貫的線性思維的特徵；爾後現代派的前衛詩和超現實小說或魔幻小說以及荒誕劇等創新形象的成形以及以解構為能事的後現代派的遊戲性的詩／小說／戲劇等另類開新方式的創設（同上，21～22），更讓該線性思維的特徵「極大化」。彼此一顯「詩性」外揚而一顯「情志」內斂，也沒有可以相侔或互襯的地方。

　　依此類推，其他諸如藝術、宗教、政治、經濟和社會等等，也都可以判定或窺見它們內質上的不可通約性（周慶華，2001a；2004b；2005；2006b；2008a）。而所謂非線性思維特徵的「祕響旁通」的連帶察看，也因為有這一對比項而更能知道它的「不為無因」以及提防時人無謂牽合造成自我面目喪失的必要性（後面這一點是說嫁接別人的

東西，幾乎都要賠上自己的尊嚴，前景堪慮；不如儘早覺醒，想辦法
走自己的路）。

五、相關方法論的新作用場域的開闢

後中國哲學所以必要予以新焦點化，固然如前述般的有方法論的
窘迫性（也就是不經由方法論來重新反省中國哲學根本性的特徵，就
無從對它多所寄望），但倘若不再思及它究竟要對誰發聲，那麼一切的
討論也僅止於「有這麼一回事」而已，恐怕依然會像先前相關的論述
那樣「不了了之」！因此，在這最後得另加議題來讓它顯出可以有的
價值，以便形成一個方法論內蘊的所要「自我展望」的態勢。

這種所要「自我展望」的態勢，在目前環境來說，莫過於藉為解
決人類生存困境的問題。這是新作用場域的開闢（相較傳統上「自我
受用」來說），也是自我所屬傳統哲學所以能夠不斷召喚試煉的契機；
錯過了，就不知道這世界和一種珍貴的哲學資源是否還可以存留和被
有效的殷鑑。

現在我們看到了西方人的非線性思維急竄狂飆且透過殖民征服和
資本主義掠奪後所顯現的「成長的極限」：資源日漸枯竭、生態遭到嚴
重破壞和全球化過程中高度不穩定的社會等〔布魯吉斯，2004；克里
斯欽森（G. E. Christianson），2006；萊特（R. Wright），2007〕。這所
遺誤世界的，除了帶領人類一起走上能趨疲即將到達臨界點的末路，
而且還迫使其他文化系統中的人從此失去自主能力而一體西化。前者
如果還有挽救的可能性，那麼就得在還給其他文化系統中人自主的空
間後才會發生，而這顯然還看不到一點「回春」的跡象。因此，期待
原為大宗的中國傳統非線性思維的「掙脫牢籠」而重振來發揮救渡的
功用，也就相當的迫切！

　　正因為這緣故，所以相關方法論的新作用場域的開闢就有兩個向度可以考慮：一個是自我覺醒和相應信心的強化；一個是使它轉成積極的批判力以為延緩世道沉淪的憑藉。就以最見「殺傷力」的科技擴展來說，到今天都還看不到有那個國家極力在反彈拒絕科技的「殖民」宰制。這麼一來，舉世一體化而缺少緩和科技「暴發」的安全閥，不啻要加速不可再生能量趨於飽和的世界末日的來臨。原先存在的講究「綰結人情，諧和自然」的氣化觀型文化，本來可以跟西方這一講究「挑戰自然，媲美上帝」的創造觀型文化「共治」這個世界；但如今卻被壓縮加上自我退卻到幾近「不見效率」，毋乃也是人類的一大悲劇！因此，整個「濟危扶傾」的工作就最先落在對被壓抑加上自我放逐的文化的召喚，彼此互讓／對諍／妥協以謀世界的永續經營和人間社會的長治久安。而這時所需要的不再是像底下這類「天真」的想望：

　　　　在二十世紀末，還有一股力量掏空了「進步之塔」的基部，那就是全球環境的破壞。科學所催生的西方工業模式，仍在不斷耗竭、污染自然資源，而讓地球生命面臨可能倏然寂滅的威脅。儘管人類已經大幅修正運用自然的方式，讓地球得以免受萬劫不復的傷害；但在西方工業模式的「優越之處」要全人類所信服，似乎已是不可能的事。即使是最了不得的科學成就，對環境似乎也同樣會產生不得了的破壞。比如糧食產量的大幅提升，摧毀了自然棲息地，讓大片土地不再肥沃；比如電力和高速移動工具，雖然讓生活大為便利，但因為會排放廢氣進入大氣層，最終卻造成全球暖化的駭人結果。弔詭的是，從反抗現行的全球經濟模式，並為它尋找替代之道的角度來看，環境既讓人絕望卻又伴隨著希望。因為資本主義體制的裂縫，就在自然環境這裏裂了最大洞。自由市場或許有能力做到許許多多事，但保護環境絕對不在當中。以企業間的競逐利潤為基礎建立的體制，必然無法保護地球的自然資源。如果環境要受到保

> 護,不當利用資源的行為要予以遏止,並讓那些即使不是對未
> 來最樂觀的人都認為:整個二十一世紀,人類社會可享有今日
> 的經濟成長率,那就勢必得靠國家和超國家的機構來安排、規
> 範。〔布雷瑟(C. Brazer),2002:212〕

這以期待國家或超國家的機構來安排、規範世人的行為尺度,無異是
癡人說夢!如果國家或超國家的機構真有這個甘冒失去競爭力的「危
險」而來從事這種自我「削減」工作的膽識和能耐,那麼大家也不會
至今還在滔天大浪中掙扎!可見這已經不是「約束」行為的問題,而
是根本上「去執」以求延緩能趨疲達到臨界點的噩運的來臨問題。因
此,讓氣化觀型文化「重光於世」,自然就會有所貢獻於「人類的絕滅
問題」的解決。這時倘若還有所謂文化間的競爭(競爭解決「人類的
絕滅問題」),那麼它也會是「有益無害」的良性式的競爭(周慶華,
2007b:195~197)。而這麼一來,非線性思維可以作為「匡世的偉業」
才要開始(而不是像許多國人早已唾棄它且傾心相隨線性思維那樣「認
為它已大不合時宜了」),大家應該及早省悟而不再妄自菲薄!

第九章　字義論述與論述字義：
中國傳統哲學的表出與看待方式

一、字義論述了什麼

　　中國傳統哲學有字義論述一體，從宋陳淳《北溪字義》開始，爾後有清戴震《孟子字義疏證》繼承，前後展演出一種由「字」衍義的論述形態。這比起由先秦開啟的「語錄」或「據題論說」的論述方式，以及字辭書立下的「定義」規模和注疏新增的「解說」體例等，顯得獨樹一幟。雖然這在宋明理學家近於「繁說」的語錄（有別於先秦時代的「截取」或「鍛鑄」式的語錄）中已經有「夾帶」表現，但要數專門從事字義論述的，還是不得不歸給上述那兩本書。

　　據四庫全書題要的考證，說《北溪字義》是「其（陳淳）門人清源王雋所錄。以四書字義分二十有六門，每拈一字，詳論原委，旁引曲證，以暢其論……又考趙汸《東山集》有〈答汪德懋性理字義疑問書〉，稱陳先生《性理字義》取先儒周、程、張、朱精思妙契之旨，推而演之，蓋為初學者設云云。未知即此書之別名，抑或此書之外又有《性理字義》，今未見其本，莫之詳矣」（陳淳，1986：1～2）；又據戴震《孟子字義疏證》自序，說「孟子辯楊、墨，後人習聞楊、墨、老、莊、佛之言，且以其言汩亂孟子之言，是又後乎孟子者之不可已也。苟吾不能知之亦已矣，吾知之而不言是不忠也，是對古聖人賢人而自負其學，對天

下後世之仁人而自遠於仁也。吾用是懼,述《孟子字義疏證》三卷。韓退之氏曰:『道於楊、墨、老、莊、佛之學,而欲之聖人之道,猶航斷港絕潢以望至於海也。』故求觀聖人之道,必自孟子始。嗚呼!不可易矣」(戴震,1978:序 1~2)。可見這類著述乃是為初學者構設(當中有所闡發古聖先賢的言論,也是為考慮初學者不了它們的奧妙),而非給同行「覽勝」且冀能「一較長短」。

這樣字義論述就帶有接近啟導童蒙一類的旨意(而這從《孟子字義疏證》中在每一字義論述後又有問答陳列,更可見一斑),可以看作是「哲理啟蒙」書。只不過它的論述形式,已經是哲學後設的形態,所以它又自成一種哲學表出的形式。這種表出的形式,以「字」(詞)領銜,然後細論它所隱含的意義。而個別看,不免嫌「支離破碎」;但合著看,則又覺得有「整幅朗現」的韻味。而就讀者來說,面對這些字義論述,可以感受到作者有代為「提綱挈領」的用心,很能一併再將它「升級」而轉陳它的特殊性。

二、從字義論述到論述字義

要升級轉陳字義論述的特殊性,基本上是準備用一套語言來取代原語言而賦予原語言一種可窺看或可仿效的規範哲學。這麼一來,就會從事實義的字義論述轉向價值義的論述字義而啟動暢說比對的機制。換句話說,考察字義論述後,經過一個意義重組的程序,就可以發現它已經進入論述字義的新範疇,而有我們左說右論它的「便利性」。

一般所說的論述(discourse),也叫論說或話語,指的是任何書面的或口頭的在內容和結構上組合成為一個整體的文字材料或言說。換句話說,論述是大於句子且可以分解的言語單位(王福祥,1994:46~68)。稍早,它曾被藉來區分文類的依據;後來,則被引進思想和政治的分析中,特別是後結構主義學家傅柯(M. Foucault)所從事的一系列知識考

掘的工作。而大體上，論述的基本單位是陳述；而陳述方式的構成則會
影響論述的整體表現。用傅柯的話來說，論述是一個社會團體根據某些
成規，將它的意義傳播確立於社會中並為其他團體所認識交會的過程。
因此，我們所接觸的各種政教文化、醫農理工的制度和機構以及思維行
動的準則，都可以說是形形色色的論述運作的表徵（傅柯，1993：93
～131）。而它的實質性結構，就是權力。根據這個觀念，權力之外並不
存在本質的自我；同樣的，對權力任何特定形式的反抗（也就是對任何
散布的「真理」的反抗），也是依賴於權力，而不是某些有關自由或自
我的抽象範疇〔蘭特利奇（F. Lentricchia）等編，1994：77〕。這是舊認
識論（知識／權力）轉向新認識論（權力／知識）後的情況，可以據為
思考「論述所以可能」的前提以及作為發展論述本身的張本。

　　那麼論述字義就是基於權力法則而形成的一種形式，它所想展示的
規範哲學是針對字義論述而開展的：一方面它要將原字義論述作一番可
以理解把握的條理；一方面它又要將原字義論述未曾透顯的權力性予以
揭發，合而顯現一種可以自覺覺他的論述模式。而這首先就會遇到這種
基礎性的條理「如何可能」的問題。對於這一點，可以這麼說：條理這
種語言替代，在本體論的意涵上也是一個詮釋的過程；而如果再提升層
次成為可以高度自覺的策略運作，那麼它就進入了方法論的領域，這時
它就會受到先備經驗和方法意識的雙重制約。圖示如下：

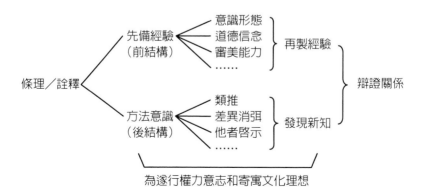

圖中的先備經驗和方法意識彼此所以會再有「內在的關係」，是因為得有先備經驗墊底，才能發展出方法意識；反過來，方法意識的發展成功，又會回過頭促進先備經驗的累積增厚，雙雙形成一種「辯證關係」（周慶華，2009：55）。爾後「為遂行權力意志和寄寓文化理想」的提點，是要把「所以要條理／詮釋」和「條理／詮釋所得具備的條件」兩個課題該相交集的部分（因為有相承的關係），不讓它輕易的逸離。當中權力意志的標誌，已經在前面權力／知識的框架中得著了定位；而文化理想則是權力昇華（趨向為創新文化而行使）的必要添加，以見整體論述思慮的周密性。至於其次所會遇到該權力性的揭發，因為有現實經驗可以類推，所以在基本上早已不證自明的保證了它的可能性。但為了更能鞏固這種說詞，還可以從原字義論述所遺留的一些蛛絲馬跡來推求證成。

這些蛛絲馬跡，最明顯的有兩個層面：一個是前面說過的《孟子字義疏證》在每一個字義論述後有問答陳列，這在《北溪字義》中已經「偶見」這種形式。如：

> 問：「天之所命，果有物在上面安排分付之否？」曰：「天者，理而已矣。古人凡言天處，大概皆是以理言之……故上而蒼蒼者，天之體也。上天之體，以氣言；上天之載，以理言。」（陳淳，1986：5）

顯然它是有現場情境而可見當中教學的「不對等發言關係」（周慶華，2007b：5）的權力支配狀況。另一個是這些字義論述都務求界說闡發的「明白曉暢」，不啻所預設的接受者為低一級次的非同行者，可見權力／知識架構搬演的實在性；此外在《北溪字義》中還有「自問自答」夾雜在字義論述中，如：

> 性即理也。何以不謂之理而謂之性？蓋理是泛言天地間人物公
> 共之理，性是在我之理。只這道理受於天而為我所有，故謂之
> 性。性字從生從心，是人生來具是理於心，方名之曰性。（陳
> 淳，1986：6）

這明顯是一種面對面或假設接受者在現場的言說方式，跟陳列問答
實錄幾乎是同一位階的東西（只不過它是先「自我闡述」再等待後
續他人的「比照追問」）。因此，既有的字義論述跟其他的論述一樣
無所謂「零度性」或「中立性」，一切都是為了支配別人而維護它本
身的權威性。

　　從字義論述到論述字義的線性邏輯，所保障的是自我論述的權利
而無關對象的客觀性。雖然如此，作為一個後起論述者的立場，還是
會希望所論述字義的情況可以取得相互主觀性，而獲致有相同背景或
相似經驗者的認同。這種認同的進一步要求，就是底下所要開展的條
理／詮釋式的論述可以一併被接受採納。

三、中國哲學的一種表出特徵

　　將字義論述條理／詮釋來「整體掌握」而體現一種規範哲學的樣
式，首先就得先指出所規範對象的哲學特性。我們知道，哲學的「愛
智」義轉成比較穩定的「後設思維」後〔羅素（B. Russell），1984；
文德爾班，1998；奧力弗（M. Oliver），2005〕，就能適合所有以「對
象思維」為討論的對象，而變成是後設思維的總稱（周慶華，2007a）。
因此，原沒有哲學一詞的中國傳統所見的一切後設性的論說，也就都
可以重新以哲學稱名。而這回到字義論述上，很明顯該論述已經是帶
後設性的論述；而我再以它為對象予以論述，就是後後設性的論述。
這一後後設性的論述所要針對的，以前節所展演的剩餘，無異是該字

義論述本身的「有待條理／詮釋」。而由於這類的條理／詮釋經過了語言的轉換且受制於權力／知識框架，所以會自成一種規範哲學。

依《北溪字義》和《孟子字義疏證》的表面形式來看，它們各含有三部分：第一是標字。《北溪字義》從《四書》取字，分二十六門（包括命、性、心、情、才、志、意、仁義禮智信、忠信、忠恕、一貫、誠、敬、恭敬、道、理、德、太極、皇極、中和、中庸、禮樂、經權、義利、鬼神和佛老等）；《孟子字義疏證》從《孟子》取字，分八門（包括理、天道、性、才、道、仁義禮智、誠和權等）。這種門類區分，彼此獨立，看不出是有機的組合（倒很像隨機拼貼的），很可能跟「偶有所聞」或「偶有所得」而一記有關。

第二是字義闡述。這一部分的通例，都先界定字義，然後再申論舉證或舉證申論，如「命，猶令也，如尊命、臺命之類。天無言做，如何命？只是大化流行，氣到這物便生這物，氣到那物又生那物，便是分付命令他一般……如『天命之謂性』、『五十知天命』、『窮理盡性至於命』，此等命字皆是專指理而言」（陳淳，1986：2）和「理者，察之幾微，必區以別之名也。是故謂之分理：在物之質曰肌理、曰腠理、曰文理；得其分，則有條而不紊，謂之條理。孟子稱孔子之謂集大成曰：『始條理者，智之事也；終條理者，聖之事也。』聖智至孔子而極其盛，不過舉條理以言之而已矣」（戴震，1978：1）等。當中界定字義看似對象論述，實則是後設論述，因為它是從《論語》、《孟子》、《大學》和《中庸》裏摘出來的（除了「太極」、「皇極」、「佛老」等別為連類取材）。界定字義是重新賦義，為一後設論述形態。至於申論舉證或舉證申論，則全為後設論述而無疑。

第三是設體問答。它是無主名問而作者答，如「問：『天之所命，固是大化流行賦予於物，如分付他一般，若就人事上論如何是賦予分付處？』曰：『天豈諄諄然命之乎？亦只是其理如此而已。孟子說『天與賢與子處』，謂天不言以行與事示之而已。使之主祭而百神享之，使之主事而事治，百姓安之，是天與之人與之……蓋到此時，所值之吉

凶禍福皆莫之致而至，故可以天命言而非人力之所取矣』」（陳淳，1986：4～5）和「問：『古人之言天理，何謂也？』曰：『理也者，情之不爽失也，未有情不得而理得者也。凡有所施於人，反躬而靜思之：人以此施於我，能受之乎？凡有所責於人，反躬而靜思之：人以此責於我，能盡之乎？以我絜之人，則理明。天理云者，言乎自然之分理也。自然之分理，以我之情，絜人之情，而無不得其平，是也……情得其平，是為好惡之節，是為依乎天理。古人所謂天理，未有如後儒之所謂天理者矣』」（戴震，1978：1～2）等。這顯然是要凸顯作者強答的一面（而不在意問者的身分背景及其施問的企圖等），用意似乎在供作者深入發揮或旁衍生論。此外，這些問都「分布著具體的講」，而所答的結果則跟前端的申論構成「一理繫多事」的關係（《孟子字義疏證》中還有夾注，可以視為內文引證的一部分）。

　　再依《北溪字義》和《孟子字義疏證》的內裏形式來看，它們則展現出形上理念和形下器物的一貫性以及不再提供後設論述的前提等特色。前者（指形上理念和形下器物的一貫性），是指每一個理情或理事或理物的論述，都上溯根源和下貫內在體現情狀，如「大抵性只是理。然人之生不成，只空得箇理。須有箇形骸，方載得此理。其實理不外乎氣：得天地之氣成這形；得天地之理成這性」（陳淳，1986：6～7）和「性者，分於陰陽五行以為血氣心知，品物區以別焉。舉凡既生以後所有之事、所具之能、所全之德，咸以是為其本。故《易》曰：『成之者，性也。』氣化生人生物以後，各以類孳生久矣。在氣化曰陰陽、曰五行，而陰陽五行之成化，雜糅萬變。是以及其流行，不特品物不同，雖一類之中又復不同。凡分形氣於父母，即為分於陰陽五行；人物以類孳生，皆氣化之自然……天道，陰陽五行而已矣。人物之性，咸分於道，成其各殊者而已矣」（戴震，1978：25）等。所論「得天地之理成這性」和「人物之性，咸分於道」等，都顯得形上理念（如「理」或「道」）和形下器物（如「性」）彼此一貫性的昭然若揭。後者（指不再提供後設論述的前提），是指只論及一度的形上理念而沒有

再推出二度的形上理念的形上理念，如「才是才質、才能。才質，猶
言才料質幹，是以體言。才能，是會做事底。同這件事，有人會發揮
得，有人全發揮不去，便是才不同。是以用言，孟子所謂『非才之罪』
及『天之降才非爾殊』等語，皆把才做善底物。他只是以其從性善大
本處發來，便見都一般。要說得全備，須如伊川『氣清則才清，氣濁
則才惡』之論方盡」（陳淳，1986：13）和「才者，人與百物各如其性
以為形質，而知能遂區以別焉。孟子所謂『天之降才』，是也。氣化生
人生物，據其限於所分而言謂之命；據其為人物之本始而言謂之性；
據其體質而言謂之才。由於性各殊，故才質亦殊。才質者，性之所呈
也。舍才質，安覩所謂性哉？以人物譬之器，才則其器之質也。分於
陰陽五行而成性各殊，則才質因之而殊」（戴震，1978：39）等。所謂
「天之降才」和「分於陰陽五行而成性各殊，則才質因之而殊」等，
所推及才的來處（天理或天道），如果再追問應該還會有該來處的根
據，依此類推下去可至於無窮，但字義論述都沒有這種「雅興」，只一
度後設就停止了。

中國哲學在這裏顯現了一種表出特徵，它由字義起論，詳細討論
原委且旁為徵引證成，在形式上涵容傳統語錄（如《論語》和《孟子》
等）、據題論說（如《老子》、《莊子》、《墨子》和《公孫龍子》等）、
字辭書（如《說文解字》、《古今字詁》、《爾雅》、《方言》和《釋名》
等）和注疏（如十三經注疏）等體裁；而在內容上則興致僅及一度後
設且習慣將形上理念和形下器物一體看待。雖然眾門類合成書略顯蕪
雜，但各自理解還是有一種「自成統系」的釐然感覺。

四、看待字義論述的方式

字義論述所透顯出來的彙編性質及其一度後設的論述方式，在中
國傳統的哲學論述中並非特別（所有的語錄和據題論說等，多可見這

種體例），以至在將它條理／詮釋如前節所論後，還要對比於異系統的相關論述，才能對這種字義論述有多一點的了解。換句話說，字義論述所表現的具統括且有代表性的中國傳統哲學論述，是要經由系統間的比較來顯能的。

　　所謂的顯能，在這裏是就區別義而說的；也就是它跟別的系統的哲學論述有所不同，只要在根本上無從被混含它就具有特殊性。而這最好的對比對象，就是西方傳統哲學的論述方式。論者多能看出中西哲學有極大的差異，但對於這種差異卻鮮少能作出合理的解釋。好比有人說中國哲學特重「主體性」和「內在道德性」而無知識構設的興趣，但也僅能解釋到那是以「生命」為中心所造成的（牟宗三，1987：8～9），卻未及何以中國哲學會落在以「生命」為中心上。又好比有人說中國哲學不重視文字語言而重視躬行和體驗、多武斷肯定的言說以及忽視分析（而其他特徵，如邏輯不發達、缺乏懷疑精神和偏向藝術等），但也只能以中國人重視直覺和運用直覺這一西式才會有的說詞來搪塞（胡適等，1988：163），完全不知道中國哲學的重視躬行和體驗等情況是別有原因的（而不是緣於直覺那一西方人所判定的理智前階的東西）。

　　從現象面來比較，中國哲學的確有論者所指出的缺乏西方哲學所見的宇宙論（對宇宙的本質、起源、意義和目的等究極問題的解說和評價）、形上學（探究超經驗的存有或實有，以形成可以作為一切實驗學問基礎的理論學問）、方法論（建構追求真知識和建立系統理論的形式條件和邏輯法則）、認識論（研究知識本身的性質、知識活動的範圍以及知識的構成，以便重估和補強形上學的地位和學科性格）、文化哲學（說明文化活動的意義、價值和方向，指引人類前進的道路）和邏輯解析（探討語言結構和意義傳達的規律，試圖為哲學重新定位）等哲學類別；而唯一強甚的「心性論」（道德形上學），也跟西方的倫理學不類（勞思光，1977：44～75）。但這如果沒有解釋因由，那麼中國哲學所欠缺的部分就很容易被視為是它的落後，永遠低西方哲學一級次。

　　中西方哲學由於各自受制於終極信仰所形塑的世界觀，所以才彼此繁衍出不同的面貌。當中西方哲學所內蘊的對上帝的信仰而搏成的創造觀這種世界觀，一切以比照上帝造物個個判然有別來追問每一樣東西的來龍去脈以及差異別他的地方，因此而有第一原理／因果原理等形上學的推衍、認識條件和邏輯規律等認識論和邏輯學的構設、倫理法則和審美感受等倫理學和美學的揭發以及旁衍其他學科的孳乳演繹等。這裏面因為預設（或相信）天國／塵世兩個世界，所以想像考究的空間異常的寬闊，馴至西方社會所累積的文化成果就特別的繁複可觀。

　　至於中國傳統所內蘊的對自然氣化過程的道或理的信仰而形塑的氣化觀這種世界觀，則緣於萬物有靈（都是精氣化生的）和羣聚性（精氣化生量大且易成虯結狀態）而崇尚自然和諧和著重現實生命的關懷，且因為只有一個世界觀念（精氣未化生前為神靈，化生後則有肉體；而肉體死亡後，又恢復為神靈，都在同一個空間），毋須探及另一個世界的存在而窮為發展相對應的知識系統。因此，西方哲學所見的那一套為挑戰自然／媲美上帝所塑造的文化規模，理所當然就不可能在中土發生（周慶華，2005；2006b；2007b；2008a）。比如說，西方人會一再地索求「真理」、「正義」、「自由」、「善」、「美」、甚至「愛」等概念的源起及其實踐方向〔柏拉圖，1989；羅爾斯，2003；鮑曼，1992；莫爾，1984；康德，1986；阿姆斯壯（J. Armstrong），2009〕，都無不是有上帝在背後牽引著（才要去問誰來保障「真理」、「正義」、「自由」、「善」、「美」、甚至「愛」的存在）；而中國傳統社會僅有現實可感而別無關注，所以只會問「仁」（推己及人）、「道」（化生物的化生情況）、「德」（化生物稟道而有的特性）、「性」（氣化的質性）、「情」（外發的行為）和「才」（氣質的高華）等一系列只關現實實存的課題。也因為這樣，所以中國傳統哲學僅一度後設論述就可以定調；不像西方哲學得不斷後設才能探觸到上帝那一超越界的實存。

　　由此可見，中西方哲學都依理智在演出戲碼（沒有一方只靠直覺反應），只是該理智發用的對象有所差別罷了。在這種情況下，我們所見的字義論述沒有強甚的邏輯組織以及後設論述還不足以鏖人（也就是必須再提供後設論述的前提）等，也就可以根據背後的世界觀予以充分的理解，而不能照著論者以西方哲學的標準看待那樣來「訾其不是」。換句話說，字義論述透顯了中國傳統社會啟智所需的一種論述形式，它的「自足性」且跟開蒙的「關連性」等特徵，都應獲得嚴肅公允的對待。

五、可能的新的論述字義的樣態

　　以一度後設論述的自足性及其啟智開蒙的關連性等來定位字義論述而展現一種看待字義論述的方式，這一規範哲學的可能的進一步欲求，就是如何再啟新一波論述字義的規模。這種規模，基本上不是轉換系統而顯異能（這樣它就不是字義論述），而是在原系統的基礎上論述更知所應時、對比和批判等本事。這是原字義論述所有的，如：

> 常人所惑死生罪福之說，一則是恐死去陰司所諸苦楚；一則是祈求為來生之地。故便能捨割做功德、做因果，或庶幾其陰府得力，免被許多刑憲；或覬望其來生做簡好人，出世子孫孫長享富貴，免為貧賤禽獸之徒。佛家唱此說以罔人，故愚夫愚婦皆為之惑。（陳淳，1986：55）

> 宋儒合仁義禮而統謂之理，視之如有物焉。得於天而具於心，因以此為形而上，為沖漠無朕；以人倫日用為形而下，為萬象紛羅。蓋由老莊釋氏之舍人倫而別有所貴道，遂轉之以言夫理：在天地則以陰陽不得謂之道；在人物則以氣稟不得謂之

> 性；以人倫日用之事不得謂之道，六經孔孟之言無與之合者
> 也。（戴震，1978：45）

這裏所見的質疑「死生罪福」說和「舍人倫而別有所貴道」說等，就是不滿所傳老莊學說和外來佛教理義，整體上已經有為應時「正人心」、對比「明殊途」和批判「警雜說」等味道。因此，所謂的「再啟新一波論述字義的規模」，不啻就是把它拉到現時社會來發揮「以見效用」。

例子如仁為氣化觀型文化最高級次的道德規範，它在過往由孔子所創設的「夫仁者，己欲立而立人，己欲達而達人」（邢昺，1982a：55）這一推己及人的範式行世，以便維繫且高格化行集體生活的中土社會的秩序。它雖然始終並未有人能完全的實踐，但仍無妨懸為可貴的行為準則。古今論者常不憭此義，不是加詞抽象難了，就是不知所要對治的情境何在（《北溪字義》和《孟子字義疏證》中所論的也不例外），導至一個最具氣化觀型文化特徵的「經世益治」法則常闇默不彰。而這引至當今恰好可以制衡已經廣為推銷的創造觀型文化的崇愛行為（比照上帝愛人去愛同類）所異常或脫軌演出的「暴力愛」（也就是強要世人接受他們的愛；如有不接受的，就武力相向，以索得悔過懺罪的承諾）；該暴力愛所釀至舉世紛紛擾擾，早已沒有寧日！因此，由具差等愛行的仁道來「節制」該博愛的泛濫致禍（周慶華，2005；2007a；2008a），也就「正當其時」。而寄望於字義論述再啟新猷的，無非就是順著這個理路來展演以新人耳目；而所謂可能的新的論述字義的樣態，就在這一規諫進取中顯型（其他門類或新增門類，則依此類推，可以再造風華）。

第十章　在後資訊社會裏讀經：
一個超超鏈結的嘗試

一、從經典話語的競爭談起

　　讀經，在普遍不時興舊學的當前環境來說，已經不僅是一種純智識啟蒙的途徑，它還肩負有傳承文化或開新文化的任務。但在對讀經的「定位」不夠明朗以前，相關的呼籲往往流於囫圇吞棗式的口號標榜，基本上並無能改變不曾讀經前的格局。因此，針對這一有待開啟的讀經風氣的「前路規畫」提供些許諍言，也就有知識經驗推展上的意義和價值。

　　雖然如此，所讀的「經典究竟是如何可能的」這一當代人經常追問的關鍵性問題，卻得先給予解答，接續的話題才有地方掛搭。我們知道，「經典究竟是如何可能的」問題所以會成為大家討論的焦點，大體上是後現代的新認識論衍生出來的。在「權力產生知識」的前提下（傅柯，1993），經典也被視為是競爭致勝的結果（而不是客觀存在物）：

> 當代文化暨藝術評論家佛格森曾經說過：「有經典，就有排除。」
> 於是當有人用「經典」來指稱他們的偏好時，另外的人對自己
> 的偏好遂有了被排除的巨大威脅感，「經典」和「非經典」之
> 間的差異性偏好，也就被拉高到本質性的層次上……同樣的道

> 理，當代法國思想家波底奧《文化生產的場域》裏，就說得更
> 清楚了。他指出「經典」或「正典」的決定，乃是一種「神聖
> 化的競爭」，對另外的人則可稱之為「要求被承認的鬥爭」。有
> 些人或團體企圖保持和延續；有些人或團體則追求斷裂、差異
> 或改變。大家都想要把自己的偏好神聖化，競爭起來難免會出
> 現擬神聖的自鳴正義。（南方朔，2001：306～307）

換句話說，經典是在排除或削弱敵對經典觀的正當性後而勝出的，它
的主體性不在經典本身而在該經典話語的塑造。所謂「『話語』是現代
和後現代社會將人作為『主體』來進行組構和規定的一條最具特權的
途徑。用當今流行的話來說，『權力』透過它分散的制度化中介使我們
『主體化』：這就是說它使我們成為『主體』，並使我們服從於控制性
法則的統治。這法則為我們社會所授權，並給人類自由劃定了可能的、
允許的範疇（這就是說它『擺布』著我們）。實際上，我們甚至可以假
定，權力影響著我們反抗它所採取的形式」〔蘭特利奇（F. Lentricchia）
等，1994：77〕，根據這個觀念，權力以外並不存在本質的自我（即使
有對權力任何特定形式的反抗，也是依賴於權力，而不關某些涉及自
由或自我的抽象範疇）。同樣的，經典話語在無抵抗性話語的抗衡下，
它的可以被強認同的「新正當性」就跟著發生了。因此，在最切近的
經驗裏，經典就是「權力」使它成為可能的。

我們看，經典自先秦以來幾乎是諸子百家「各有所表」（如《墨經》、
《黃帝四經》、《山海經》、《水經》、《星經》、《花經》、《禽經》、《茶經》、
《酒經》、《太平經》、《元始樂經》、《神農本草經》、《六博經》、《道德經》、
《南華真經》、《沖虛至德真經》等，就都以經行而不限於某家某派），
但從漢武帝「罷黜百家，獨尊儒術」（班固，1979：155～156）後，社
會各階層轉而附和認同，所標榜的經學就專以儒家所崇奉的經典（如
《詩》、《書》、《禮》、《樂》、《易》、《春秋》等）為對象，其他家數的經
典就只能流於少數「自家人」內部傳播的憑藉；以至迄今大多數人都還

在「不成文」的規定該主流價值觀所框限的為讀經的範圍。當然，這背後自有一套「聳動」或「冠冕堂皇」的話語在支持該經典的選定和推廣。如《漢書‧匡衡傳》所透露的：

> 六經者，聖人所以統天地之心，著善惡之歸，明吉凶之分，通人道之正，使不悖於其本性者也。故審六藝之指，則天人之理可得而和，草木昆蟲可得而育，此永永不易之道也。（班固，1979：3343）

但如果沒有優勢的政教力量在當中起「強為支配」的作用，那麼該話語的「教化」渴望也無從實現。雖然我們明知道讀經於理上還會有「心理療效」、「社會安定」和「文化理想」一類的本體功能，但比起「權力」意志（不論是集體性的還是個別性的）這一終極主體介入運作的影響力，那些「附麗」式的本體功能就顯得不那麼急切需要去認知了。

二、相關經典現代化／現世化的糾葛與釐清

　　既然經典是在一番神聖化的競爭中出線的，那麼它的存在價值就只能由相關的話語及其接受者所保證（而沒有所謂的客觀性或絕對性）。此外，倘若還有過多的冀望，那就難保它不會跟躁進和普同幻想沾上邊而引發無謂的糾紛。好比上個世紀在美國發生的一個例子：

> 賓州州大經典教育的主要推動者派迪就是個主要的美國主義者，它要「建設一個教育上的門羅主義，讓美國人讀美國文學」，「以防杜隨著一次世界大戰而造成社會的目無法紀」。而哥倫比亞大學經典課程的開創者霍克士，他在當時任教務長，就認為課程的設計「在於讓我們社會裏的毀滅元素得以消

音」，並「使學生能夠面對挑釁高尚及良好政府的聲浪」，「讓他們成為民主社會裏安全的公民」。（南方朔，2001：309～310）

像這種躁進式的狂想，就很受詬病！也就是說，它固然片面保證了所信守經典的價值，但對於還在競爭求勝的情境所可能的反彈力量卻過度低估，終究無助於所要形塑的經典觀的推行（因為接受者仍在期待中而它卻先嚇跑了一些自由派的人士）。

又好比卜倫（H. Bloom）在他的《西方正典》裏所例示的：他明知道「正典」（經典）並沒有統一性或穩定性的結構，而只是「在眾多相互搏鬥以求存留下去的文本當中作選擇」的一個結果，但他卻不自禁要尊奉莎士比亞（Shakespeare）的作品為西方正典的核心，並以它為判準而衡量它和其他作家作品的關係；同時對於多元文化論和女性主義、馬克思主義、拉岡學派、新歷史主義、解構主義、符號學派等嘗試瓦解傳統正典地位的學說，就謔稱它們為「憎恨學派」或「啦啦隊員」（卜倫，1998）。這完全無視於其他人也正在樹立他們的正典的事實，就一逕讓潛在的普同幻想浮現，終而遭到反對者的杯葛而無法普遍的遂行。因此，類似底下這一為卜倫圓說的舉動，就頗屬白費心力：

> 正典者，歷代「公認」的經典著作是也。這原本似乎天經地義的觀念，近年受到學術界嚴格的質疑和批判。因為經典的形成，有太多政治、種族、性別、權力等因素介入。反對者認為所謂西方的經典只能代表歷史上歐洲白種男人的偏見；所謂美學，不過是特定階層人士的喜好。然而，對傳統的挑戰，其實正說明了傳統的根深蒂固以及它在文化演進發展中的關鍵地位。想要真正了解一種文化，認識它的重要思想或人文特色，閱讀它的經典著作、分辨它們的背景脈絡，仍舊是不二法門。
> （卜倫，1998：彭鏡禧序 10）

所謂「不二法門」云云，只是一種想望，離真正實現的境地還有很長一段距離。畢竟經典的經典性，定義權還在不同立場者的手裏；我們無法想像在當代多元化的社會，只會通行一種特定的經典觀。而如果再回到前面有關神聖化競爭的論述，我們甚至可以說它想要取得支配的正當性，恐怕還得「不斷地努力」。

反觀我們自己所屬傳統的經典演變到如今已經是「強弩之末」，幾乎全然不敵西學的凌駕；以至要透過讀經的推廣來復振它，就顯得「乏力至極」且「無望得很」！而這是否也暗示著，最終我們還是得重蹈別人有的躁進和普同幻想的覆轍，才能填補一點心理有所不滿的虧欠？當今倡導經典現代化或現世化的人（葉國良等，2005；林慶彰主編，2003；黃俊傑編，2001），似乎都還意識不到「情況有這麼嚴重」，只在那裏發發想望就以為可以「畢其功於一役」了。

如果說歷史傳統是指從過去延續到現在的事物或指一條世代相傳的事物變體鏈〔前者可以算是傳統一詞最基本的意涵，它包括一個社會在特定時刻所繼承的建築、紀念碑、景觀、雕塑、繪畫、音樂、書籍、工具以及保存在人們記憶和語言中的所有象徵建構；而後者則可以算是傳統一詞較特殊的意涵，它圍繞一個或幾個被接受和延續的主題（如宗教信仰、哲學思想、藝術風格和社會制度等）而形成的一系列變體〕（希爾斯，1992），那麼經典的形塑或貞定就是保證這種歷史傳統可以被一再「彰顯」的最大資源；而它也無疑可以構成一個社會創造再創造的文化密碼和給人類生存帶來了秩序和意義等功能（周慶華，1996：213～214）。但問題是，在國內早就被邊緣化、甚至闇默不彰的經典教育，何以見得能這麼簡單的透過現代化或現世化的規畫就可以冀其「起死回生」？我們看西方早期的經典要在當代社會復振已經困難重重，更何況是早已一片近代西學浸染的我們這裏要向誰去尋奧援來保障這點「孤伶伶的意圖」？

三、傳統經典在現代化／現世化中所遭遇的挑戰

　　現在已經沒有了古代大一統環境可以透過政教手段強力推行經典教育（智識啟蒙），以至爭奪時下的經典教育的主導權（兼及傳承文化或開新文化），也就要「備嘗辛苦」！而這種辛苦在面對西學的壓迫所象徵的力求「自主性」的乏效，毋寧還要讓人多致以噓唏才能有所「宣情」！

　　早期國內大學某些科系（如中文系、外文系、哲學系、歷史系等）還有「必讀經典」的倡議，但實踐的成效究竟如何，也沒有人作過全面性的評估。因此，它就不可能像下面這段論述那麼樂觀：

> 必讀經典乃經制度化的知識；透過歷史的程序，人們去蕪存菁，將斷代和文類觀念交叉使用，建立一套代表各個時期、各個文類的必讀經典。其他不說，有了必讀經典，我們才能牽繫各學科（如中國文學、英美文學或比較文學）於不墜；而各學系所的必讀書目和必修科目也不妨視之為維護必讀經典的具體措施。就廣義說，循阿諾德的文化觀，社會菁英早年受過必讀經典的薰陶，因此能同心一德，領導羣倫，創造美好融洽的社會。（陳東榮等主編，1995：1）

換句話說，必讀經典的正當性還會是它的一大考驗；試想當今人人好奇務新，誰有耐心沉湎於稽徵古籍和含英咀華的情境？既然大家都感覺到「氣氛不對」或「時不我予」，那麼淺嘗一下必讀經典終究只是在虛應故事，於私於公都不會有太大的改變。

　　以上是傳統經典在現代化或現世化中立即可見所會遭到的挑戰。通常倡導傳統經典再生的人，都以能夠入時吸收西學的長處兼在現實

生活學以致用為高。這種傳統經典現代化的作法，如果嫌「稱名」容易跟西方以工業化為導向所進行的一系列變革的「現代化」相混淆，不妨代以「現世化」（周慶華，2000b：296），專指傳統經典的跨代出路方式。但不論如何，傳統經典的再生企求，不會僅止於上述的正當性匱乏（迎合踐履的人不多）那一「立即可見」的挑戰而已，它還潛藏著現代學術罅裂或解構所導至的同樣返身自處的「無以為名」窘境。倘若無力先因應這一可能危及經典本身的正當性（有別於前面所提及的經典可被接受的正當性），那麼一切的再生計畫都會流於無謂且徒然留予人譏諷的餘地。

我們知道，經典如果不能讓人感覺有可以活化的地方，那麼強調它反而可能遭到無情的撻伐。好比十七世紀西方以「笛卡兒理性主義為哲學基礎，片面發展文藝復興時期關於美學的理性見解，崇尚古典藝術和美學」的古典主義，只「重視形式而輕視內容。認為只有新鮮的語言而無新鮮的思想。崇尚古典模式和法規，輕視感情，排斥一切新鮮的內容和情趣，貶低不合古典法則的傳奇敘事詩和新興的抒情詩……它還提倡『風雅』、『高尚』等，要求表現王公貴族；排斥『粗獷』、『野蠻』等，反對表現平民」（王世德主編，1987：437～438）。所塑造的經典話語，就不僅是會有「政治上或社會上的偏見」（南方朔，2001：310），更可能造成「妨礙社會進步或傷害社會中其他團體的利益」（陳東榮等主編，1995：28），而給人類文化的發展帶來負面的變數（周慶華等，2004：8）。現在重新抬出我們的傳統經典，一樣要在這類環節跟「趨新的人」進行拉鋸戰。而這最有可能來邀約上「擂臺」較量的對手，就是自認為特能領導風尚的後結構主義者和解構主義者。

後結構主義者可以用他們那一套「互文性」觀念〔克莉絲蒂娃（J. Kristera），2005：142～149〕，重挫傳統經典話語有特定自足的意義一類的主張（也就是說，依「互文性」觀念，所有的文本都處在跟其他文本相互指涉的情境中，無從指出「主從」或「先後」或「唯一與否」）；而解構主義者也可以用他們那一套「延異」觀念〔德希達（J. Derrida），

2004：545～568〕，從根本上解除傳統經典話語的自指性（也就是說，
依「延異」觀念，所有的語詞和文本的意義都得不斷地延後；意符永遠
追不到意指，文本互涉也要再互涉下去以至於無窮盡）。在這種情況下，
古人所先發而為後人沿用不輟的一些斷言如「經者，常行之典」（邢昺，
1982b：4）、「經，徑也。如徑路無所不通，可常用也」（劉熙，1988：
875）、「經也者，恆久之至道，不刊之鴻教也」（劉勰，1988：3086）等
等，也就得從互文或延異中「遁去」而杳無蹤影。試問傳統經典的現代
化或現世化到這裏還能「逞說」什麼？顯然所有相關的話語都在毫無防
備的狀態下，要一起被逼來面臨這一「生死關卡」的考驗；通得過的往
前行，通不過的退回去（退回到未曾發話的階段）。

四、後資訊社會超鏈結的新啟示

其實，後結構主義和解構主義也沒有想像中那麼「所向披靡」，它
們的無定解和無可解本身也「正如所說」（也就是它們自己的論述也無
定解或無可解），基本上無從反過來強行支解人家（楊大春，1994：29
～35；周慶華，2004c：163～165）。更何況這裏面還有一個伊格頓（T.
Eagleton）所指出的「權宜性」的語用規律有待重視：

> 如果我們對語言仔細審視一番，看作紙上一連串的能指詞（意
> 符），意義（意指）最終很可能是不確定的；當我們把語言看
> 成我們做的某件事，跟我們的實際生活形式不可分離地交織在
> 一起時，意義就成為「確定的」，像「真理」、「現實」、「知識」、
> 「肯定性」等詞語就恢復了原來的力量。這當然不是說，語言
> 因此就成為確定的和明白易懂的了。恰恰相反，它比最徹底地
> 「分解了的」文學文本更加晦澀和矛盾。只有這時，我們才能
> 夠以一種實際的而不是學究的方式看到，那些東西算是明確無

誤的、可信的、肯定的、真實的、虛假的等等，並且看到在語言之外還有那些東西捲入這些界定之中。（伊格頓，1987：142）

這形同在說大家實際上都是靠權力介入操縱語詞（擴及文本）而使得語詞的意義不會無限延異；而它只要「約定俗成」或「有人贊同」了，就有可能風行而給予社會秩序化相當程度的保障。原先後結構主義者和解構主義者看不到或不願正視這一點，難怪他們的學說在二十世紀後半葉大約三十年的「震撼」期過後，就銳氣不再了。這樣倡導傳統經典的現代化或現世化，似乎也可以「有驚無險」的權當經過試煉了。但接下來又如何？

從後結構主義和解構主義撐起後現代社會半邊天（原在西方世界發生，後經全球化普及於非西方世界）而橫掃現代社會的大敘述格局後，自己不免又充當起新的大敘述，對於人類文化的「推移變遷」總有不盡「推移變遷」的遺憾！而這本來有一個准許舊勢力反撲的空間（也就是所有被「解構」的對象都可以復出而重登舞臺）（周慶華，2008a：212～214），但因為電腦科技網際網路的成形，傾刻間又把一切推向後資訊社會，讓原本還在觀念或平面互涉／延異的局面進入網路世界徹底的落實廣被，導致我們傳統經典的現代化或現世化要「重新」面對一個可能更虛無化情境的挑戰。所幸後資訊社會所「開啟」的面向甚多，只要找到有利的途徑「突圍」，我們傳統經典的現代化或現世化還是有一點指望。

大體上，後資訊社會最明顯的形式特徵是異質性的超鏈結。這種超鏈結可以表現在多重媒介的鏈結上（包括結合文字、圖畫、影像、聲音、動畫為一超文本或多重文本體）；但它的刻意製造「延異」的成效，卻又讓人覺得了無新意！如「超文本指利用技術以生產『更多文本』」，這比起傳統上閱讀印刷文本、標準教學的作法，或是利用傳統圖書館，都更為近便可及，並且採取互動方式進行。在超文本裏研讀小說（或任何書寫、視聽文本）時，我們所掌握的不僅是螢幕上的初始

文本,還有其他相關文本(相關的小說、信函、傳記、評論、社經文化背景材料),可以參閱、注解和重新編排。隨著學生或研究者在超文本裏追溯特定軌跡,任何『次級』材料都有可能變成『初始』文本,或者指向其他文本」(布魯克,2003:195),這種「把戲」不過是解構主義未竟的志業的再興而已,並無法真正改變「我們未必要過那種生活」的觀念。當然,這所能給傳統經典的再生的啟示也「深刻不到那裏去」(這裏所要的再生,當不只是今人試著把傳統經典電子化或讓傳統經典在網路上彼此可以鏈結所想像的那麼簡單)。

此外,超鏈結真實的體現了一種社會和科技等多種力量同步發生且交叉互動的效果。所謂「今日,隨著生物科技、物理和化學邁向奈米科技,科學的界限變得模糊不清:由於全球化結合新的資訊科技,你會發現客戶服務人員操著奇怪的外國腔調;隨著嬰兒潮人口的逐漸老化,你會發現最大的市場客羣竟然是退休族羣;印度中產階級的人口已經逼近歐洲總人口數;傳統對手式微,全新對手崛起,自己原本的客戶可能和頭號對手一樣成為威脅;鄉間名不見經傳的公司,產量卻遠超過自己的大型工廠。市場一片混沌不明」(葛蘭德,2008:28),這是許多求新求變的勢力相靡相盪的結果,著實的改變了全體人類的生活。傳統經典如果要在當代起作用,那麼這就是契機。換句話說,這類超鏈結提供了傳統經典一個「勉為」再生而同樣可望成功的機會;錯過了,倡議者就會枉生在當代而空有執著。

不過,還有一個「小世界」理論也趕搭上了超鏈結的列車;它要「在無秩序的複雜中找出有意義的簡單性」,並且以一個鏈結經驗來開啟新聲:「在 1960 年代,美國心理學家米爾格蘭曾經想要描繪一個鏈結人和社區的人際聯繫網。他在內布斯加州及堪薩斯州隨機選出一些人,寄信給他們。在信中麻煩他們把信轉寄給他在波士頓的一位股票經紀人朋友,但並沒有給他們那位朋友的地址。為了轉寄這封信,他請他們只能把信寄給他們認識的某個朋友,而這個收件人是他們認為人脈上可能比較『接近』那位股票交易員的人。大多數的信最後都到

了他朋友的手中，而且遠遠出人意外的是，這些信並沒有經過上百次的轉寄，而是只轉寄的約莫六次」（布侃南，2004：19）。這所給傳統經典現代化或現世化的啟示可能更「非同小可」！也就是說，傳統經典現代化或現世化所能影響的對象，可能只侷限在少數願意受影響的人，大家都得有心理準備，別過度樂觀「有朝一日會普遍化」。這樣結合前者的「勉為」，傳統經典的「新式」再生就有了一個可以展望的出口。

五、讀經的超超鏈結化的未來

　　過去國人在談論超鏈結觀念給予初學者的啟示時，大多集中於「創作」超文本上，而忽略了還有其他形態的超鏈結可以援用來開拓論域。現在知道傳統經典再生一事即將參與新時代的運作，不啻要歸功後資訊社會相關超鏈結作為的新啟示所促成的。而這順勢要處理的是，「即將參與」說的保單究竟得如何的開出以及在實踐上有何可展衍的面向等問題。

　　在「即將參與」說的保單的開出方面，如果我們承認歷史是個連續體而無從切斷簡擇的話，那麼任何阻絕過往事物繼續參與現時生活運作的舉動就都是不明智的。因為過往的事物即使是已經成為歷史的，也還沒有過去，我們都活在歷史中。換句話說，人類的過去、現在和未來是一個無法分割的整體；而要展望未來的道路，就必須透徹了解過去所走過的每一腳步（周慶華，2000b：50～51）。這樣要將傳統經典帶進新時代且冀其發揮「應時」或「濟世」的作用，也就沒有理由「訾其不是」或「負嵎頑抗」。

　　至於在實踐上所可以展衍的面向方面，則可以分兩部分來說：第一，不論是透過學校教育還是透過家庭教育或是透過社會教育的制度化約定，讀經都得「勉為」全面性的進行。畢竟很難想像「蜻蜓點水」

式的讀經或「應需」才採取行動的讀經，跟完全不讀經會有多大的差別。從一般的情況來看，讀書既然都以讀整本或讀整套或讀整流派為可貴，為何讀經就要「挑」著讀或「簡易化」來讀？而這是否也可以反過來說，正因為今人讀經大多「淺嘗即止」，所以才培養不起對經典的深厚情感？前人有所謂「讀經宜冬，其神專也；讀史宜夏，其時久也；讀諸子宜秋，其致別也；讀諸集宜春，其機暢也」（張潮，1990：34）、「先讀經，後讀史，則論事不謬於聖賢；既讀史，復讀經，則觀書不徒為章句」（同上，127）一類的說法，看來只兢兢業業以讀書為念；而今人卻常「挑三揀四」或「斤斤計較」要讀或不讀那些書，相去不可以道里計，自然學問也難以同日而語。

第二，讀經在跟現實處境的超鏈結上，不論是對內還是對外，也都無妨在必要時極力發揮諫諍或批判的功效。這不是說要把經書抬高到至尊的地位（如果像古來一直有人想將經書神聖化那樣，那麼站在不同立場者的反彈勢必會無謂的消耗一部分的文化力），而是說當大家讀經讀到有感覺時就順著開啟對世道的鞭策式關懷，以盡一個讀書人可以有的言責。好比老早就存在的溝通兩界的卜筮風氣，不但《周禮》（《禮》之一）裏著有官職，而且《周易》（《易》）、《儀禮》（《禮》之二）和《左傳》（《春秋》傳之一）等也多有探祕遺跡和卜筮方法可案，但當代的讀書人卻凜於西方唯物論的「偏見」，幾乎不敢公然談論，更別說好好去探討一下現實界和靈界的「互動」到底進展到什麼地步了（只任由「江湖術士」在民間摸索誇說）。這毋乃少見了西方幾個世紀以來就實存的靈學研究傳統〔貝林格（W. Behringer），2005；丹尼爾（Daniel），2005；佚名，2001a〕，以及自我遺留了生命中的深層缺口而沒得填補（周慶華，2002a；2006a）。因此，如何的把這部分的感應轉作用在相關事務的「助其順遂」上，也就成了讀經的一項志業所在。

又好比我們發現古今人所處情境近似卻有應世態度和應世策略短長的現象，那經書所記載的情事也就方便藉來諷喻或勸化。如《尚書‧湯誥》說「其爾萬方有罪，在予一人；予一人有罪，無以爾萬方」（孔

穎達，1982a：113），像商湯這樣有「擔當」的君主，比起當今一些政府首長動輒罪責部屬或預先恐嚇（如在用人前後向媒體放話「做不好就換人」之類），就相距甚遠。試問當今行政效率不彰，大家辦事不力，是不是正因為「離心離德」（人人駭怕得咎丟官）的關係？那麼商湯的作為豈不是合適引為今人的榜樣？又如《論語・子張》說「孟氏使陽膚為士師，問於曾子。曾子曰：『上失其道，民散久矣！如得其情，則哀矜而勿喜。』」（邢昺，1982a：173）曠觀古今，這一「哀矜而勿喜」的胸懷，似乎很少在領導階層駐留，有的只是相互標榜擒兇多少、緝毒多少和懲亂多少等。殊不知這大多源於領導階層的教養無方和自亂陣腳，以及對「民不畏死，奈何以死懼之」的乏效評估。眼見法網越發嚴密，而作奸犯科卻日漸增多，我們的領導階層豈能再為高破案率沾沾自喜而不重拾「哀矜而勿喜」的心情去做點有效的教養的工作？可見這裏面還有我們盡情發揮的空間（周慶華，2000b：296～297）。

　　以上都是「對內」，大約準以「超鏈結」為名。倘若要「對外」，那麼就需要多一點轉折而寄望於「超超鏈結」。所謂「超超鏈結」，是相對「超鏈結」來說的，它不再滿足於現實中有的一切連結，而獨排眾議向減少現實中有的一切的連結。我們知道，西方創造觀型文化一系在近代獨大後，它所內蘊的創新事物／耗用資源的兩面性，經由全球化浪潮（軍事／政治／經濟／文化殖民）推廣為普世的價值後，就舉世一起走上能趨疲即將到達臨界點的末路。而這無法靠西方人「以水濟水」或「以火救火」的方式（如發展新科技以為「汰舊除弊」之類）來挽救，只有原就以縮結人情／諧和自然為特長的中國傳統氣化觀型文化可以派上用場（另一系由印度佛教所開展出來的緣起觀型文化，以少量輕取的態度面世，一樣有助於已經千瘡百孔的地球的復元；但因不是論題所涵括，所以暫不討論）（周慶華，2005；2007a）。舉凡傳統的經書，都將「如氣」流動周適化育的觀念予以盡情的揮灑，而總以「仁」、「義」、「禮」、「智」、「信」等德目許人；這用來形塑一股新的鏈結人生、社會和全世界的批判力量，以對治當今的殖民征服／

掠奪爭戰的紛亂和資源短缺／環境惡化的危機等，則「恰逢其時」，也不啻可以「鴻圖大展」。

所謂「讀經的超超鏈結化的未來」，就以上述這一更轉高格的濟世情懷為所終極蘄嚮。它比還在憂慮傳統經典（儒學）的現代轉化是否可能的見解（林徐典編，1992：361～367；劉述先主編，2002：1～33）要具有「前瞻性」；也比吸取西學所長而豐富傳統經典內涵的倡議（見前）更「知所伸展」。換句話說，為傳統經典找尋類比於其他學問的現代出路，終究還是不了「自主性」毋須外求的道理；而想援引外學的說法本身已經自我降格了，又如何能夠反過來展現為挽狂瀾的批判的力道？因此，改由本論述所推薦的法門，務實的在每一個可以發揮的空間致力，或許才能看見傳統經典再生的實際模樣。

第十一章　仁學學：
《論語》文本的描述與詮解

一、從仁學到仁學學

　　仁學，是「仁的學問」的簡稱。而「仁的學問」在史源上可以歸給孔子，是他率先以「仁」作為人的最高道德原則並衍生出一套相關的學說。這套學說體現在《論語》這個直接語錄式的文本裏的，固然沒有文本發生學〔德比亞齊（P. M. de Biasi），2005〕所指出的某些結構性的資料可以佐證，以及該文本也不見明顯的現代學科式的含統括、組織和合理等成分特徵（周慶華，2005；2007a）可以標榜，但對於它的內在形式理該「有此一格」卻也毋須旁求或輕率予以蔑視。而不論如何，這都是作為論述者的我們使它成為仁學的，無法給予歷史還原，也無從避開巴特（R. Barthes）所說「家系考證神話」的指控（朱耀偉編譯，1992：19）而還可以侃侃而談上述所謂的「相關的學說」。

　　經過這一「纏繞式」或「矛盾式」的分辨，可能使得仁學的成形更要蒙上一層霧；不如直截了當的說，仁學是由論述的脈絡邏輯所保障的，它要權歸給誰所摶造都無關對方接受的「能耐」或「迎拒」問題。這樣仁學和孔子的創設這一心理相連結後，它就不當奢望會有「客觀的證據」來支持或希冀別人「自由心證」以為倖得同情。換句話說，它在論述中存在，也透過論述邀得經驗相似或背景相同的人的認同而使它具

有相互主觀性；否則就得回到原點「各行其是」。在這種情況下，加一層後設而使仁學變成仁學學，也無不順理成章而可以共享同一個理路。

顯然在次序上（而暫不關實質）仁學學是仁學的後設學問，它是針對仁學而發的第二層次的思考。這種「後設」思考和前者的「對象」思考（在實質上它已經是一種後設思考）的分判，基本上是要自我區別論說的層次，使得一種可取則的有效的知識也能夠廁入公領域去競爭可能的「發言權」或「支配權」。因此，自我深察式的規模仁學（並權歸給孔子為發起人）以及再為仁學議論而形成仁學學，也就顯示了一種權力意志介入運作的模式，當中孔子被引來充當仁學的原所有人，就只是一個「徵調」利用的過程；它仍得在傅柯的「作者觀」的範圍內「掙扎」。

> 作者不是填塞作品的無止盡涵義的泉源。作者並不存在於作品之前，他是一種我們用來在我們的文化中作限制、排除及選擇的某種運作原則。簡單的說，那是人們用來阻礙虛構體的自由流傳、自由利用、自由組成、解組及重組的。（朱耀偉編譯，1992：69）

也就是說，孔子要不要讓他進來守護相關仁學的言說，全憑論述是否需要以及我們能否「跳過他說話」（因為有「是否」／「能否」問題在，所以說「徵調」孔子帶有掙扎性）。而這進到仁學學階段後，就可以「略為放鬆」。因為它已經是在「純」議論仁學，不必再牽就所有權人／作者一類「虛擬」的對象。

二、《論語》作為仁學底本的材料耙梳

由於仁學學是在後設議論仁學，而這種議論從方法論的立場來說又不出描述、詮釋和評價等範疇（周慶華，2004b），所以仁學學統說

就是在描述仁學、詮釋仁學和評價仁學。這三者雖然在內裏互有交涉（也就是對仁學的描述，已經預設有對仁學的詮釋和評價；而要詮釋仁學也無從不先對仁學有一番或顯或隱的描述，以及要評價仁學也得建立在對仁學的描述和詮釋的基礎上），但基於論述的方便，還是得權宜的把它們分開來處理。而這再「依便」要先處理的，就是對仁學作一番「以利掌握」的概括式的描述。

　　這種描述，是本脈絡仁學學的後設性的開端，它所得呈現的是有關仁學的「由來」或「掛搭處」；而這則可以通行本《論語》作為仁學的底本。在這裏，《論語》是仁學的底本，也是仁學的文本，它的材料都由「同一個限定本」所擔保（換了限定本，該底本或文本也得跟著變更）；而我作為一個論述者（仁學學的建構者），就要「冒充」或「貌似」客觀的來針對它展開相關的耙梳工作。

　　大體上，孔子的學問可以用他所創發的「仁學」來總括（經由我的轉述後仁學就不必加引號予以限義），而它正充分的體現於《論語》一書中。也因為這樣，所以我們可以判定仁學是《論語》首要標舉的或最大的特徵所在。而從該書的記載來看，孔子本人在講學時創發性高，自成一格；但無形中也造成聽者不易了解，以至才會有弟子及旁人屢次問孝／問君子／問政／問仁等等。而這無妨藉一段話來印證：

> 子曰：「予欲無言！」子貢曰：「子如不言，則小子何述焉？」
> 子曰：「天何言哉？四時行焉，百物生焉，天何言哉？」（邢昺，
> 1982a：157）

孔子所以當著弟子們的面感嘆的說他不想多講話，除了有點可能是「說太多，膩了」的玩笑式寓意，此外恐怕都是「受教的人多不省，不想再浪費唇舌」而引起的。但他自己卻也疏於察覺這全是他一人「曲高和寡」所致，不能怪罪別人「無動於衷」。因此，緊接著就來看孔子是如何的開啟仁學這「罕見」的學問以及他的弟子們又是如何的困惑於「師說」。

　　孔子把「仁」設定為一個人成就自我的途徑（擴充成「聖」，則是為政的最高準繩。詳後），並且據以自期期人：「子曰：『若聖與仁，則吾豈敢？抑為之不厭，誨人不倦，則可謂云爾已矣！』公西華曰：『正唯弟子不能學也。』」（邢昺，1982a：65）因為它是可踐履或必要踐履的，所以又可以稱它為「道」：「子曰：『富與貴是人之所欲也，不以其道得之不處也；貧與賤是人之所惡也，不以其道得之不去也。君子去仁，惡乎成名？君子無終食之間違仁，造次必於是，顛沛必於是。』」（同上，39）、「子曰：『君子謀道不謀食。耕也，餒在其中矣；學也，祿在其中矣。君子憂道不憂貧。』」（同上，140～141）由於這是專事於仁所要走的道路，所以就不妨逕以「仁道」來稱呼。而繼續推衍，能夠以仁道自許的人則稱為「仁者」；而仁者的「仁心」具備和「仁行」實踐的綜合或整體表現，則在「推己及人」：

> 子貢曰：「如有博施於民而能濟眾，何如？可謂仁乎？」子曰：「何事於仁，必也聖乎！堯舜其猶病諸！夫仁者，己欲立而立人，己欲達而達人。能近取譬，可謂仁之方也已。」（邢昺，1982a：55）

博施濟眾的聖事，個別人沒有能耐也沒有機會從事，只能冀望「為政者」善用天下資源來成就。而縱是如此，那仁道還是格高到孔子的眾弟子都未憭而紛紛在乘機詢問。對於這一點，孔子的回答仍從推己及人一理依便「具體」提點：

> （樊遲）問仁。（子）曰：「仁者先難而後獲，可謂仁矣。」（邢昺，1982a：54）

> 顏淵問仁。子曰：「克己復禮為仁。一日克己復禮，天下歸仁焉。為仁由己，而由人乎哉？」顏淵曰：「請問其目？」子曰：

「非禮勿視，非禮勿聽，非禮勿言，非禮勿動。」顏淵曰：「回
雖不敏，請事斯語矣！」（同上，106）

仲弓問仁。子曰：「出門如見大賓，使民如承大祭。己所不欲，
勿施於人。在邦無怨，在家無怨。」仲弓曰：「雍雖不敏，請
事斯語矣！」（同上，106）

司馬牛問仁。子曰：「仁者，其言也訒。」曰：「其言也訒，斯
謂之仁已乎？」子曰：「為之難，言之得無訒乎？」（同上，106）

樊遲問仁。子曰：「愛人。」（同上，110）

子張問仁於孔子。孔子曰：「能行五者於天下，為仁矣。」「請
問之？」曰：「恭、寬、信、敏、惠。恭則不侮，寬則得眾，
信則人任焉，敏則有功，惠則足以使人。」（同上，155）

所謂「先難而後獲」、「克己復禮」、「己所不欲，勿施於人」、「其言也
訒」、「愛人」和「恭寬信敏惠」等等，都不出推己及人的範圍（或說
是推己及人的不同面向表現）。而從這裏我們也可以看出推己及人的仁
道「何其不易」呵（試問有幾人能做到上述那些條目呢），難怪弟子們
個個都要引頸企盼孔子給他們啟導解惑！

三、仁學的形式結構與發生結構

以上是以《論語》作為仁學底本的材料耙梳，也是體現在《論語》
文本裏的孔子仁學的描述。它已經隱含有相當程度的詮釋（如仁心仁
行的具備實踐之類）和評價（如孔子師徒傳道解惑的質距之類），但仍
嫌未能盡意而有再出以「明示」式的詮釋的必要（「明示」式的評價部

分,則詳後兩節)。這是副標題「《論語》文本的描述與詮解」後項所
涵括的,於理不能不在本節接續前節所描述的現象而加以「進一步」
的說明。

這首先要指出的是仁學表顯的形式結構問題。依照前面的梳理,可
以了解到仁學是以「仁道」為核心,而透過「仁心」的內蘊發用到「仁
行」的踐履成就,合而形成一個由「仁道─仁心─仁行」構作的形式結
構;這個形式結構,內在邏輯井然而可以自成一套可認知的規範體系。
換句話說,從仁道的設定到仁心仁行的籲請實踐,一體成行,在邏輯上
沒有斷裂或不相干的疑慮,自然也無不可成為有效的認知對象。

倘若要說這裏面「還少了什麼」,那麼「仁性」一個環節尚未被安
置大概就是了。也就是說,孔子只設定仁道以及呼籲別人得起仁心和
帶仁行去因應,而無暇想及「人憑什麼可以行仁道」的仁(人)性問
題。這要到孟子才一併予以設想了。孟子認為仁道所以可能,根源就
在於「人本有此理」:

> 孟子曰:「仁也者,人也。合而言之,道也。」(孫奭,1982:
> 252)

此外,孟子還把它深著為「人性的實然」:「孟子曰:『人皆有不忍人之
心……由是觀之,無惻隱之心,非人也;無羞惡之心,非人也;無辭讓
之心,非人也;無是非之心,非人也。惻隱之心,仁之端也;羞惡之心,
義之端也;辭讓之心,禮之端也;是非之心,智之端也。人之有是四端
也,猶其有四體也。』」(孫奭,1982:65~66)這一實然說不論能否提
住原先孔子希望大家行仁道的初衷(也就是為它找到一個「必要如此」
的依據),都先自我暴露了理論上的罅隙。換句話說,以人有仁性來保
障行仁道的必然性,總會遇到「人會為惡而違反仁道」事件的挑戰。這
點孟子僅以「牛山譬喻」(同上,200)受物欲蒙蔽為飾詞,益添自我扞
格的成分(也就是人既然有仁性,為什麼還會為惡?這善惡兩端總不好

並存吧），遠不及孔子純為「發想」來得簡省且無矛盾可以究詰。由此可見，孔子仁學的形式結構雖然少了仁性這個環節，但整體上它看似要補卻實不必強補，對於原仁學作為可認知的規範體系的位格性可說絲毫不減效力，大家也無須多所致疑。

除了上述表顯的形式結構，仁學還有一個不易察覺的內隱的發生結構。這個發生結構，是由五個層次所分疏／統合後而定調的：第一，仁道的根源在「天命」（天命仁於人，人才知所行仁道），而這於孔子所說的「五十而知天命」（邢昺，1982a：16）、「畏天命」（同上，149）和「不知命，無以為君子」（同上，180）等話語中，都可以覷見「此一道理」。第二，天命作為仁道的形上依據，不論它裏面是否含有「位格天」的參與還是僅為純然的「自然氣化」的制約，從現有的文獻來研判，都可以說是孔子的發掘體證和率先賦予（設定）的。第三，孔子的發掘體證和率先賦予仁道的形上依據，又可以姑且斷定是孔子的稟性（智能）和權力意志的淺深作用（後者是說孔子如果沒有想要影響或支配別人，那麼他就不可能會去規模仁道並冀以教化眾人）。第四，稟性和權力意志的淺深作用為仁學的類發生結構或準發生結構，背後隱隱然還有一個系統內具普遍性的「氣化觀」這種世界觀在「居中」制約著（詳後）。第五，仁學的發生結構，就在該氣化觀的一起環衛制約中成形，而這得到孟子才有進一層的發揮和理論的完善化（這是說孔子只處理到這個「虛級次」，所留下的「填實」工作就有勞別人了；而這正好由善述孔學的孟子予以賡續「完成」，可以讓我們一窺仁學的發生結構的全貌）。

這裏為了方便另啟後面的議題（評價施加的對象），不防就順便帶一下孟子相關的說法。首先，孔子所創發「推己及人」的仁道為個別人最高的道德規範並不敷使用（因為還有國君這一類掌權者未計及），而孔子所期許「博施濟眾」的聖道為國君最高的施政原則（這本可視為仁行的極致表現，但孔子並未予以連結）也難以落實，於是孟子改

以將個別人的仁行推衍到國君的仁政，冀以彌補先前的落差或更貼近
現實的所需。此外，孔子的聖道，轉到孟子則收攝它為仁道加智：

> （孟子）曰：「……昔者子貢問於孔子曰：『夫子聖矣乎？』孔
> 子曰：『聖，則吾不能；我學不厭，而教不倦也。』子貢曰：『學
> 不厭，智也；教不倦，仁也。仁且智，夫子既聖矣！』」（孫奭，
> 1982：55）

「智」可以為踐行聖道多一重保障，這是孟子新添的，《論語》原書並
沒有記載這類說法。其次，孟子以為仁政的落實途徑，積極作為在「推
恩」或「與百姓同之」：

> （孟子曰）老吾老以及人之老，幼吾幼以及人之幼，天下可運
> 於掌……故推恩足以保四海；不推恩無以保妻子。（孫奭，
> 1982：22～23）

> 王（齊宣王）曰：「寡人有疾，寡人好貨。」對曰：「……王如
> 好貨，與百姓同之，於王何有？」王曰：「寡人有疾，寡人好
> 色。」對曰：「……王如好色，與百姓同之，於王何有？」（同
> 上，35～36）

消極作為在「省刑罰，薄稅斂」等（孫奭，1982：14），且附帶條件
為「取於民有則」（同上，90～91）；否則將會付出「失天下」等代
價（同上，126）。此外，仁政（及仁行）得所施有差等（同上，243
～244）。再次，孟子另加設定「人本有此理」來解決仁政／仁行所
以可能的問題（仍屬規範論述），只是孟子本人不察把它矯說成「人
性的實然」（見前）。解決辦法在於將仁政／仁行歸諸「人性的應然」
（這在孔子拈出天命的形上依據時已經有所混淆，到了孟子仍然「不
辨所以然」）。

　　歸結孟子所紹述新衍的仁學，乃因所信仰「氣化」萬物的不確定性，以至必須有此一雙重疊加理論的設定來「自我圓說」。它在仁政／仁行的要求方面，是為因應氣化有「質差」的問題（也就是精氣化生成人有「純度」的不同）；而它在人性的應然設定方面，則是為因應人在氣化後有後設自覺能力的問題（也就是人會想到經營社會秩序的方法）。因此，所內蘊的整個體驗到論述欲求的轉換機制，就自成一種氣化觀／權力意志的發生結構學式的仁學形態：

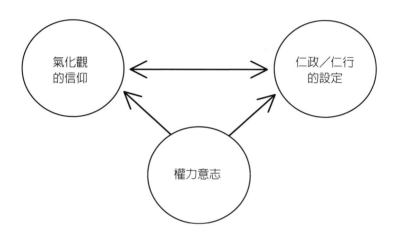

此地的發生結構觀，雖然是比照發生論結構主義（何金蘭，1989）而擬定的，但有關最深層次的權力意志的揭發，卻是從權力／知識的新認識論（傅柯，1993；1998）轉來而跟發生論結構主義不相涉（僅取次深層次的世界觀而已）。它在「氣化觀的信仰」和「仁政／仁行的設定」兩端可以相互影響（只是前者的影響比重終究要大一點，以顯示它的「居中」性），所以用雙箭頭表示；而「氣化觀的信仰」和「仁政／仁行的設定」既然都是「權力意志」的發用結果，那麼二者只能各自單向接受制約，以至箭頭也就不反過來標劃。

四、一種跨系統的仁學結構學

　　體現於《論語》文本的仁學的描述和詮釋，大致上可以告一個段落了，剩下來的就是「理應有此一格」的如何評價的問題。由於副標題的訂定有著重點，僅讓評價合併於「詮解」一詞中；而「詮解」原本只合等同於詮釋，這裏為了夾帶評價成分，才換詞以「略為顯義」（因為解有解會和評解兩義可以併用）。

　　這原則上是要給仁學作個帶對比性的「定位」以及擬議繼起的「開展」方向。當中擬議繼起的「開展」部分，得等給仁學作個帶對比性的「定位」部分有「著落」了才能接著預期，所以要移到後節去處理。現在就只針對給仁學作個帶對比性的「定位」部分試為展演可能的評價；而它不妨從前節所列仁學的發生結構圖談起。

　　很明顯的，該圖所透露的僅能是系統內的結構觀；而所解會雖然可以為新認識論作一印證，但也得知道當中因「氣」的柔性的反制約（這種反制約是在權力意志發用時就自我意識到且一併體現了，不必等「成形」後才來加反向箭頭表徵），又自我弱化而無意於跨系統的凌駕。基於此一「位差」緣故，所以可以再探異系統的殊別，以為仁學的跨系統結構定格。

　　為了方便對比，此仁學原先的「仁的學問」暫且以同樣帶有愛義的「仁愛之學」替換，而專取「仁愛」為論說項。我們知道，相較於仁愛這種最高級序的道德規範，還有慈悲和博愛等；而以仁愛／慈悲／博愛三者的對列來說，它們就分別隸屬於不同的世界觀〔按：世界觀屬於觀念系統，上承終極信仰，下啟規範系統、表現系統和行動系統等（沈清松，1986：24～29）。它雖然在運作過程中可以跟規範系統「相互影響」（見前），但畢竟在「次序」上還是有點優位性〕。當中仁愛隸屬於氣化觀；而慈悲和博愛則各自隸屬於緣起觀和創造觀，如圖所示（周慶華，2008c：117～119）：

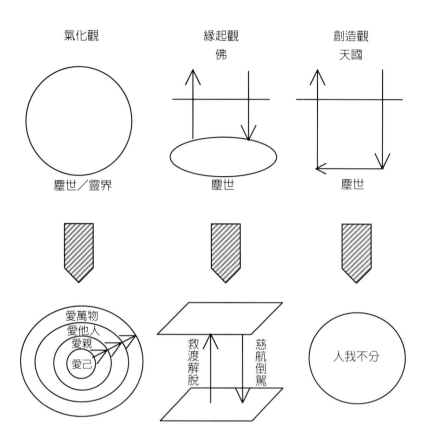

氣化觀　　　　　緣起觀　　　　創造觀
　　　　　　　　　　佛　　　　　　天國

塵世／靈界　　　　塵世　　　　　塵世

愛萬物
愛他人
愛親
愛己

救渡解脫　　慈航倒駕

人我不分

《論語・雍也》：
「夫仁者，己欲立而立人，己欲達而達人。」（邢昺，1982a：55）

《孟子・盡心》：
「親親而仁民，仁民而愛物。」（孫奭，1982：244）

《大涅槃經》卷9：
「如來之性，實無生滅；為化眾生，故示生滅。」（曇無讖譯，1974：416上）

《大悲心陀羅尼經》：
「觀世音菩薩，不可思議威神之力。已於過去無量劫中，已作佛竟，號正法名如來。大悲願力，為欲發起一切菩薩，安樂成熟諸眾生故，現作菩薩。」（伽梵達摩譯，1974：110上）

《新約・馬可福音》十二／29～31：「第一要緊的就是說：『……你要盡心、盡性、盡意、盡力愛主──你的神。』其次就是說：『要愛人如己。』再也沒有比這兩條誡命更大的了。」（香港聖經公會，1996：53～54）

以上述各自的代表性的文獻來看,仁愛是由一己向外推擴而成就的;
慈悲是證得佛果後自我降格去普渡眾生而示現的;博愛是比照造物主
對所造物的愛而勉力的,彼此立場不同無從互換。此外,還有一種「兼
愛」觀似乎可以擇便比類,卻又不能這麼樂觀。理由是兼愛僅為墨家
的主張,屬氣化觀的旁衍,只在先秦時代曇花一現:

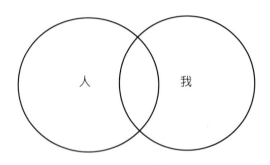

《墨子・兼愛》:
「視人之國,若視其國;視人之家,若視其家;
視人之身,若視其身。」(孫詒讓,1983:65)

又:
「是以老而無妻者,有所侍養,以終其壽;幼弱
孤童之無父母者,有所放依,以長其身。」(同
上,72)

從上面徵引的文獻來推,兼愛的作為勢必要到「視人父如己父,視人
子如己子」的地步而淪落孟子所批判的「無父/禽獸行為」(孫奭,
1982:117)的下場。它不但為氣化觀型文化的常態社會所不容(不符
分親疏遠近的倫理所需),也不易向近似的創造觀型文化的博愛規範過
渡(因為還在堅持「兼」的狀態),而跟緣起觀型文化的慈悲規範更是
不類,形同被孤立,可以不論。

　　由此可見，仁愛／慈悲／博愛分別為氣化觀／緣起觀／創造觀所衍發，源頭和施行環境都不一樣（後者為信仰者的抉擇共構的），彼此沒有可以共量的地方。既然仁愛／慈悲／博愛不可通約，也無高下先後可分，那麼三者在跨系統中就得為並列結構。而如果從仁學的角度切入，相關的知解可以說是一種跨系統的仁學結構學。但話說回來，雖然仁愛／慈悲／博愛三種規範都可以為新認識論所統轄（僅此發生結構略能通約）：

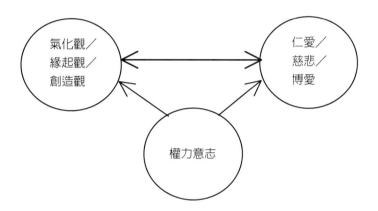

但彼此支配欲望的強弱，則依次是比照造物主對萬物的絕對支配的博愛／創造觀最強；有點強迫人向佛的衝動的慈悲／緣起觀其次；只能引人體道合道的仁愛／氣化觀最弱（周慶華，2005：227～236）。這就印證了前面有關仁愛觀「自我弱化而無意於跨系統的凌駕」的說法，從此應該對它「另眼相看」。

五、後仁學的開展方向

　　所以說應該對仁學觀另眼相看，主要是從舉世已經不能不再強為吸取這種經驗而判斷的（雖然它原無意於展現跨系統的影響力）。而這

給予一併關注，就等於在為長期以來遭漠視的仁學找尋出路。這總提是對孔子仁學的評價，實則是要把它置於眼前環境而試探一個相關「後仁學的開展方向」的可能性。

節標「後仁學」在這裏是個非承接前面論述的描述用語；否則就會多出一層後設性。換句話說，它是直把前四節所成就的「仁學」當作要加以超越的對象，而不是「順」著講下來準備自我斷裂（不然它就得改稱；但這樣它可能又會跟主標題「仁學學」在實質上重疊）；重點在有別於上述的仁學學方式而提供一個新的論述方向。縱是如此，它仍是本仁學學所容許的最後一道對「後衍」性仁學的評價。

這個評價的主軸要擺在仁學的「應時性」的現實展衍。我們看到仁學從孔子創設開始，就沒能好好發揮它的功效（連孔子在內都覺得它是「理想高懸」，還有待不斷地「努力從事」）；其間雖然經過孟子試著予以理論的整補而趨於完善化，但實際上仍然不見廣為踐行（只要看看《孟子》書所記載那些被孟子遊說的國君個個「託詞逃避」，就可見一斑）；甚至到了《禮記‧禮運》大同章已經出現「大同社會」的規畫（孔穎達等，1982：413）而可以為仁學的「大為落實」指引方向，也沒有在歷來任何一個時代得到見證。這是否表示仁學本身有問題？不然！在系統內再也沒有更好的規範對策可以取代仁學的高度合理地位。它的踐履所以「效率不彰」，只因為面對一個最根本的人的「質差」問題（見前）而無法全然解決罷了（也就是人的品質有落差，難以齊一見識而一起身體力行），並不是本身有如兼愛主張那樣「礙難實現」的盲點。這樣一來，我們想為仁學尋覓再行開展的空間，只要「對味」了是沒有不可能的。

所謂的「對味」，自然是要就當前的情境來評估，以便可以看出一種具有恆久性價值的仁道思想究竟得如何的穿透時代不利的氛圍「繼續向前行」。而這不妨回到前節的系統對比上。依理信守氣化觀和緣起觀的人，都不可能給這個世界帶來「傷害」式的負擔（它們一個要「縮結人情／諧和自然」；一個要「自證涅槃／解脫痛苦」，都不會有給世

界增添麻煩的欲望）；只有信守創造觀的人執著於創造的支配力，才會想到「挑戰自然／媲美上帝」終而把地球搞得千瘡百孔，直到今天大家都還因為他們的殖民征服和全球化經營而一起面對能趨疲即將到達臨界點的噩運！這不論創造觀型文化中的人如何的在開診治藥方〔戴蒙（J. Diamond），2006；奈思比，2006；康斯勒，2007；萊特，2007；麥唐諾等，2008〕，都只能是揚湯止沸而無濟於事（周慶華，2005；2006a；2008a）。而這有絕大成分是跟博愛那一道德規範的「遺害」相關連！也就是說，博愛觀會轉化成對普世的支配及其暴力壓迫；而實際上也無不應驗這種支配的災難處處（如西方人對非西方世界的軍事／政治／經濟／文化殖民以及極力發展科學而對大自然的無止盡的榨取等所造成的血腥衝突和資源枯竭／環境惡化的一系列變故，就是顯著的例子）。因此，為了人類的長治久安和地球的永續經營，再也不能仰賴博愛這種「歧出」或「太過逾量」的道德規範，而得重返原對世界有相當穩定作用的另外兩大道德規範。當中仁愛的「切合」現實所需，又遠非慈悲所能相比（也就是「推己及人」觀念要比「放下執著」觀念在人際互動中實現容易），以至多依賴它來「救亡圖存」，就想不出有什麼不的當的地方。

　　近百年來，國人因為凜於創造觀型文化一支獨大且橫掃全世界的威力，紛紛在思考推動自己所屬文化轉接西方而開啟如創造觀型文化那樣的色彩（林徐典編，1992；沈清松主編，2001；黃俊傑編，2002；李明輝編，2003），殊不知這樣「退卻」屈就的結果，不但助長了別人的氣燄而釀至舉世一道沉溺的不可收拾的後果，而且還讓始終有待演現的自我傳統文化更加的闇默不彰！這長此以往，不可能會是人類的幸福所繫。因此，重拾仁愛的信心而衍為一股「持續」性的批判力，直到它見效為止，也就成了後仁學在當今所可以一再提點去致力的對象；錯過了時機，恐怕都會變成「徒托空言」！

第十二章　靈療的社會意義及其後設轉向：靈療新觀點

一、另類療法的新紀元

　　時序在電腦科技和生物科技雙雙飛躍前進的二十一世紀初，相關企業的趨勢預言又再度出現，而有所謂「精神的力量」（有百分之七十八的人尋求更多精神層面上的慰藉，靜坐和瑜伽興起，神聖的活動成為企業間的一股熱潮）、「自覺資本主義興起」（頂尖的企業和總裁正在重建自由企業以回饋利益關係人和股東）、「中層管理階層晉升領導」（有個人魅力且薪資豐厚的執行長正在急速消失）、「企業的精神如雨後春筍般興起」（有半數的人會在工作中談及信仰）、「價值觀導向的消費者」（無論是購買油電混合車或是有機食物，消費者都會以價值觀來判斷，以至展現價值觀的品牌就能勝出）、「意識解決的浪潮」（想像力探索、靜坐訓練、寬恕練習和心能開發等商業形式的精神組織正在乘勢獲利中）和「社會責任型投資的興盛」（將資金直接投入為了「維護生態和公平的世界」而努力的人們、計畫和小型公司會越來越多）等推測〔奧伯汀（P. Aburdene），2005〕。

　　相對於上個世紀末曾有過的「具有遠見的企業人士目前已經了解，環境挑戰的長久性質，將使全球企業的方向重新定位，而使我們捨棄會造成嚴重污染或消耗有限資源的工業。取代它們的將是以『生態智慧』

為基礎的『四個 R』：『再整修』（repair）、『再調整』（recondition）、『再使用』（reuse）以及『再製造』（recycle）。可以預見的是，以『四個 R』為基礎的工業將會大為興盛。舉例來說，我們將可看到未來二十一世紀，企業界將致力於污染控制、再製造和資源替代、能源效率以及適合生態的能量供應。這些工業（包括資訊技術和生物技術），已經被稱為『日升七大新興工業』。所有這些工業都具有明顯的『創造財富』潛力：它們具有長期的『生存力』；它們符合生態學的自然定律；而且它們更適合耐久的經濟制度，而這些將使我們邁入『第四波』世界」（梅納德等，1994：148）一類的預言，上述的推測則多出「精神的力量」、「企業的精神如雨後春筍般興起」和「意識解決的浪潮」等事項，當中的轉變無異暗示了裏面已經有人類「精神」上的大問題。

其實，這種問題從科技發達以來就一直存在著，只是偶爾會被忽略過去而已。好比有些人觀察到西方社會從現代起放逐神而追求自主性，所藉來代替失落的終極關懷的是哲學和科學；而哲學和科學到了為追求更大自由的後現代也一併被放逐了，人們從此生活在一個沒有深度且支離破碎的平面的世界中。為了避免繼續「迷失」，就得「超越後現代心靈」而重返對神的信仰，才能挽回嚴重扭曲的人性和化解塵世快速沉淪的危機〔布洛克（A. Bullock），2000；史密士（H. Smith），2000；威爾伯（K. Wilber），2000；阿姆斯壯（K. Armstrong），1999；希克（J. Hick），2004〕。非西方社會原沒有靈性復歸不復歸的問題（緣於終極信仰及其實踐的不同），但也因為迫於西方文化霸權而一併感染了內具張力的「文明病」（周慶華，2001a；2004a；2005；2006a）；以至像「並存宗教信仰」這類的籲請〔杭亭頓（S. P. Huntington），1998；布雷瑟，2002；寇威（N. Cowen），2005；劉述先，2001〕，也就成了一種「逆反潮流」的特大的徵象。

既然人類的精神已經出了問題，那麼就得有別於一般醫生理疾病的治療方式。而這在當代經常被冠以「非常醫療」或「另類療法」或「民俗醫療」的名稱；它包括食物祕方療法（如食養、食療、帝王飲

食、藥膳、濟世驗方、果菜祕方、治病祕方、水晶寶石療法、芳香療法、尿療法、色彩療法、花精療法和斷食療法等）、保健外功療法（如五禽戲、八段錦、十二段錦、外丹功、拋手功、回春功、太極拳、中國武術、元極舞、長生學、生物能療法、按摩療法、蜂針療法、整脊療法、刮治療法、棒擊療法、拔火罐療法、針灸療法、水療、熱熨療法、指壓療法、貼敷療法和腳底療法等）、生理內功療法（如道教內丹、佛教禪修、瑜伽、氣功、神功、道功、靜坐心法、昊功心法、法輪功、智慧法門、觀音法門和印心法門等）、巫術祝由療法（如祈禱、齋醮、祝由、咒禁、占卜、祭祀、降神、收驚、問事、補運、消災、祈福、牽亡和關落陰等）和神算命理療法（如風水療法、擇日療法、星命療法、相術療法、卜卦療法、占夢和測字等）等多樣項目（鄭志明，1999；陳玉梅，1999；劉還月，1996；丹尼爾，2005）。這些養生保健和祛邪去魔的食療／氣療／靈療風氣，就因著「時代的需求」而瀰漫開來，形成跟正統醫療「互別苗頭」的盛大景觀。

二、靈療重光的背景

在所有的另類療法裏，涉及改善靈體病兆的巫術祝由療法最為神祕難理，也是社會普遍可見「求助」和「救助」的另一種互動關係。它在時尚中已經有所謂「靈療」的專門稱呼（黎國雄，1994；林少雯，2004；周慶華，2006a）。這種靈體對靈體的治療，通常是緣於屈居在肉體內的靈體自我養護不善或遭受外靈侵犯而致遺傷害，需要藉助其他能夠診斷治療的靈體來排除禍根。如果我們從靈體本身也是個活物而得跟周遭環境進行「質能互換」才能確保存在優勢（普里戈金，1990）的角度來看，那麼應當不難意會所謂的「養護不善」的可能性。而這得從靈體需要「食氣」談起：

我得「靈眼」之後，有一次曾在佛堂誦經，見一物非常怪異，頭大如斗，身著光彩的神衣，口歪眼斜，雙腳如鴨腳有蹼；現身之後，把供桌上的食物之氣，一一吸光。食物仍在，但氣已不存矣！我見此物進佛堂，卻奇怪諸佛何以不聞不問？「何方怪物？」我問。「水龍公是也，我喜聽經。」「你還喜歡什麼？」「看戲。」「看什麼？」「歌仔戲或布袋戲。我的廟經常演戲；對了，你也布施我一臺戲如何？我保佑你。」「算了，算了。」我笑笑說：「我那有那麼多錢。」這是我和水龍公初次的見面。據說祂很靈，祂的廟經常演戲。（盧勝彥，2004a：154～155）

在一座金碧輝煌的恩主廟，我見到一位神祇。此神頭戴方巾，身著文士服裝，身上衣裳鮮明，在廟中到處走動遊蕩……有好幾次，祂躲在供桌底下，當一些信徒點香祈禱，用「神杯」求神指示的時候，祂從供桌下爬了出來，伸手去翻那神杯。有許多人抽籤，祂又用手把籤抽了出來，讓神示的籤跳得高一點。有時用手圈住耳朵，仔細的聽信徒向神明傾訴，祂咧著大嘴巴笑了，笑得很憨直，彷彿祂真的聽得懂似的……我有幾次向祂點頭，祂沒有發覺，直到我同祂笑了笑，祂吃驚了……最後曉得我一點惡意也沒有，終於我們成了知己的朋友……祂吃食供桌上的果品，有人殺雞殺鴨的以三牲來供拜，真神都沒有下降來享祭，那文士先生卻一巴掌把雞腿撕下來大啃大嚼，一看到我看祂，卻又咧著嘴笑了。祂吃東西的饞相，實在是不太敢恭維，雖然物品不動，但那些物氣全給祂吸食光了；祂連油膩膩的豬肉也吃，吃得滿嘴全是油，廟中常有神聖下降，但神聖從不管祂。恩主廟經常有扶鸞的乩日，大約每逢三、六、九日就有神聖主持，我經常偷偷跑去看……有時神聖不到，文士先生卻登臺說法。文士先生頭戴方巾，坐鸞筆之上，寫得一手好詩文，寫完還簽個大名：「本堂司禮尊神文先生登臺詩」……相

處久了，我才了解祂的神通力量很低微，比一般有正位的神還低得多。祂的職責是負責廟堂的清淨，管理廟堂的雜事，替祈禱者翻動「聖杯」。祂無法知道自己的前世，也無法了解自己的未來……而祂的快樂就是吃，血食。一直到有一天，祂的身上感覺沉重了，舉步有些艱難。祂也生了病，沉重得喘氣連連。祂問我：「蓮生，我為何會如此？我不是神嗎？」……可惜的是，這一切都遲了，血食神文先生的靈氣早已凝重，無法自己支持自己的身軀；一股神靈之氣因血食之故而渙散，平時無修功造德，業障深重，祂一失神身，就轉世投胎去了，由神變人一剎那之間而已！（盧勝彥，2004b：106～109）

靈體藉由食氣來補充能量以成就所謂的「耗能結構」（雷夫金，1988）。它在人身上，肉體吃食物時，靈體則跟著吃食物的氣；而在獨立的靈體身上，就像上述那兩個例子一樣只吃食物的氣（大概只有少數避穀絕食「修練」有成的靈體，可以不必倚賴食物而活）。由於氣的純駁不一，在靈體內所進行的「維生」效果自然也不盡一致；只要有「條理不順」的情況，就會發生滯傷癱症。此外，凡是涉及倫常虧欠的，靈體和靈體的「冤冤相報」或「強梁侵擾」情況（佚名，2000；伶姬，2003；張開基，2005；林少雯，2005；秦霖，2006），也會造成「禍延綿渺」！這都得透過靈療才能找出「病」因而期待治癒（周慶華，2006a；190～192）。

　　靈療所以成為時代的風尚，固然是由於前述「文明病」整體籠罩而待啟生機的刺激，但它本身所綿延不絕承續至今的事實卻也不能忽視。換句話說，靈病自古就有（而不是當今才發生），而相關的靈療也一直以或隱或顯的方式存在著〔佚名，2001b；貝林格，2005；菲柏（B. Phillpotts），2005；丹尼爾，2005；趙仲明，1993；楊年強，1998；馬昌儀，1999；宋兆麟，2001；林富士，2004；蒲慕州編，2005〕；只是當盛行的正統醫療（科學醫療）無能為力時它才開始有迫切的需求，

而這到了當代隨著其他另類療法的竄起而日漸被重視。此外,舉世因應「科學的不能」而倏興的靈學研究的風氣〔孟羅(R. A. Monroe),1993;希爾曼(J. Hillman),1998;艾翠斯(L. Artress),1999;魏斯(B. L. Weiss),2003;紐通(M. Newton),2003;舍明那拉(原名未詳),2003;望茲(J. Wands)等,2005;索斯金(J. Soskin),2005;立花隆,1998;董芳苑等,1985;周逸衡等,1996;蔡文華,1995;匠英一,2001;潘添盛,2005〕,也不無催促靈療事業的透明化而使它不再受到政治力或其他妄自稱霸的勢力的打壓。

三、從靈異學的角度看靈療

雖然如此,靈療所受來自堅持唯物論者和懷疑論者的「唾棄」和「鄙薄」(周慶華,2006a:28~33),多少還是會危及它的存在性。這要順著前面的論點「進一步」討論前,理當得先有一番回應,才能確保所論不被膠著而施展不開來。換句話說,靈療必須肯定靈體的獨立性,而這就得越過現實的學問而向靈異學索取憑藉。

靈異學不論稱名如何(異稱如神學、玄學、神祕學、妖怪學、靈學、靈魂學、魔鬼學、魔幻學、靈感學和超心理學等等)(周慶華,2006a:23),都把能顯現異象的靈體單獨看待,並且給予科學所不能解釋的實質優位性。也就是說,科學在最精微奧妙處一定會跟靈異有所通貫(同上,43~74),而作為形上存在或流轉主體的靈體就是唯一能介入主導或深刻感知的對象;這些經由靈異學的揭發後,自然就超越一般科學「但務現實」的盲視而自成一格。好比底下這些言論所不經意點出的:

> 「啊!上帝,我們是在思考你的思考!」牛頓的這個驚嘆,完
> 全反映出人們在發現宇宙的神奇時那種驚震之情。(史密士,
> 2000:10)

任何新發現是科學和想像力並存互輔的成果。自然科學史中有
許多關於發現的例子（從地球圍繞太陽環轉而非地球為中心的
發現到每件物質都由細微的原子所構成的發現），每一新發現
都出自大膽且具有想像力的人採用從實況中得來的資料證
據，以大無畏的決心向傳統的信念挑戰。然而指出被世所公認
為天經地義的人類行為典型或社會象徵為錯誤且從資料中證
實說明跟它不同的行為典型或象徵，也需要想像力和同樣大膽
無畏的精神。（李明燦，1986：7～8）

自然界的深奧，不能為人類的科學解釋淨盡，更不能為純物質
型的理論包括無遺，因為當中含有無限量的智慧。人類的知
識、科學和技術雖然已經夠龐大雄厚；可是面對似乎無限大的
宇宙以及無窮小的細胞和原子世界，人類所知道的幾乎有等於
無。宇宙間任何一個小物體，對人來說都含有發掘不完的奧
理。因此，有些科學家簡直把自己所研究的科目當作對神的論
證。不只全部大自然是一個神造的奇蹟，甚至每一個小物體都
是，尤其是具有美妙生命的小動物。（武長德，1984：413）

所謂「上帝，我們是在思考你的思考」的神祕呼喊、「任何新發現是科
學和想像力並存互輔的成果」的神祕定格和「不只全部大自然是一個
神造的奇蹟」的神祕論證等等，無異都徵候著科學沒有理由不放手給
靈異學去「填補」屬靈的世界的可能狀況。而靈體透過神的啟示或人
的經驗或類比推理，也一樣可以得著檢證而許以能夠變化遷貿的特
徵。這種現象的「異常」演出，就是靈體和靈體的相互干擾的場面迭
見；而這已經到了必要靈療的階段：

下面的真實案例發生在馬來西亞……1990 年農曆七月初一的中
午時分，是陰年、陰月、陰日、陰時，又碰上雷雨交加，陰氣

至為凝重。馬來西亞的伐木工人戴進興尿急難忍，他冒雨衝到一棵大樹下小解。恰逢有孤魂野鬼附在樹上，不願返回冥府，而下凡捉鬼的雷神也正好放電劈鬼。戴進興湊巧替野鬼擋了一劈，使得野鬼得以逃之夭夭；而戴進興卻被打散了三魂七魄，從此成了活死人，沒有知覺、理智。後來按神靈的吩咐進行招魂，他才恢復正常。（黎國雄，1995：56）

多年前一位退休的英國地方行政官說了這麼個故事。在倫敦律師協會周邊的某處酒吧，幾杯老酒下肚後，這位地方官回憶起他年輕時，在當時名叫「黃金海岸」現改名「迦納」的非洲國家擔任殖民地行政官的一段經歷。他說，有一回，他派了一羣人去修路。有天他親自去巡視進度，卻發現工人全都坐在一旁無所事事，停工的地方插著一個奇怪的標誌。手下告訴他，那個標誌是巫醫插上去的，這表示那個地方有災星惡煞擋路。手下跟他說，解決這個問題唯一的法子，就是請巫醫作法安撫邪靈。他跟屬下說，這簡直是一派胡言，壓根兒就是迷信。他一把拔掉標誌，順手扔了，然後命令工人繼續工作。隔天他就發高燒，直燒到華氏 103 度，什麼方法都治不好。為了安撫當地人，他送禮給巫醫，跟他握手言和。之後，燒就退了。行政官說：「打那時候起，我只要看到標誌，立刻停步，讓他們先跟鬼神談條件。倒不是因為我信了他們那套鬼話。」他一飲而盡，作勢再來一杯，接著說：「只不過不想再發他媽的高燒罷了。」〔弗羅姆金（D. Fromkin），2000：317～318〕

上述都是靈療的「成功」的案例。而不論當事人是否還會遭遇另一波的干擾，都無妨於靈體和靈體的位格對峙張力的續存性；這種續存性所保障的是個別靈體修持的必要性以及流轉互動過程的無礙性；而整體現實界和靈界的交涉也因為有它的「中介」而得一再的受到額外的關注。

四、靈療的社會意義

　　從靈異學的角度看靈療，除了可以肯定靈體的獨立存在性（相對肉體來說），還可以給靈體本身的質性略作定位以及為靈療所以成立的因緣勉為交代。這是靈療要進入一個更大的範疇去接受檢驗的「前置作業」，照理無從輕易予以略過。換句話說，靈療所以必要，不只是靈體有養護不善或遭受外靈侵犯而致遺傷害（見前），它在更深層次還有靈隊的權益考量「從中作梗」；而這就得從靈體本身的質性定位以及靈療所以成立的因緣談起，才能一窺裏面深藏的「真相」。

　　大體上，靈體在一般科學方面也常要「越俎代庖」而有一番說詞；但都僅及靈體的「物質」性（如有的說靈體是「神經位元的作用」；有的說靈體是「真空能量的虛擬震盪作用」；有的說靈體是「不起延續作用的可能的原質」，這些都沒有一個例外）而不易安插它的「精神」性（一般科學只會承認人的意識這一總括精神性的表現為「物質的作用」）〔克里克（F. Crick），2000；沃爾夫（F. A. Wolf），1999；柯爾（K. C. Cole），2000〕。這樣一來，所有外靈的警示以及內靈離開肉體後的種種自主現象都會被抹煞掉（而事實上不能如此武斷和霸道）。因此，宗教所提供的一些資訊，也就必須認真的把它納進來「妥為安置」（周慶華，2006a：161～162）。

　　依創造觀型文化傳統中的宗教（如基督教）所示，靈體是上帝造人時吹進他鼻孔中的「生氣」；而依緣起觀型文化傳統中的宗教（如佛教）所示，靈體是因緣和合而成的，並且以神／識的形態存在；而依氣化觀型文化傳統中的宗教（如儒教／道教）所示，靈體是流布於天地間的精氣，偶然精氣和精氣交感就會化生萬物（周慶華，2002a：173～179）。以上這些靈體說，用來指涉實際對象都有一定的效度；但彼此所用詞的差異卻會妨礙旁人重為對靈體的描述。如果要作點選擇，

那麼「精氣」說是可以考慮的。也就是說,「生氣」一系不是嫌準度不夠就是嫌抽象難解;而「神/識」一系也嫌過度萃取(只就靈體的能耐來說);只有「精氣」一系把靈體的形質一併有效的道出了(精氣一詞將靈體的「實體」及其「能力」都說脫含蘊了)。也由於靈體的形質是精氣,所以它也有重量:

> 美國的麥克‧唐加爾博士,在一家醫院裏做了一項特殊的實驗:他將一名即將咽氣的肺病患者移放到一架很大但非常靈敏的光束天秤上,經過了三小時四十分,病患的面部表情遽然消失,一剎那間光束發生了偏移,有 21.26 克的重量失去了。這一發現令他興奮不已,在以後的兩年半裏,他又對五名臨危病患進行了驗證,這些病患在死去的一瞬間失去 10.6 至 42.5 克的重量。這似乎說明,除了靈魂離開了人身,沒有其他的解釋。
> (方迪遜(O. Foundation),2005:77)

這種輕微的重量(各靈體彼此之間還會有體形量度上的差異),再配上靈體的氣動性質,使得靈體可以有飛升、快速運動和縮脹(脹的部分是指收縮後可以再恢復原形)等肉體所不及的本事(周慶華,2006a:164~165)。

上述這些觀念透過靈異學的調整確立後,就方便來指稱那具有獨立存在性的靈體。換句話說,靈體可以有神格的靈體(純精氣體)、人格的靈體(寄存在人的肉體內)、鬼格的靈體(人死後回復為精氣狀態)和物格的靈體(寄存在他物的肉體或泛軀體內)等多元化,而這些靈體的自我不善養護以及彼此相互干擾就會造成「靈體受傷」的事實。這在人來說,由於意識超物和肉體拘限而特別有靈療的感知需求。這種需求是以靈媒為中介祈願能耐強甚的神靈傳授法門或直接引渡而將傷癘干犯排除;而所謂的靈媒一般則有道術型的(如道士、法師、僧侶等)、巫術型的(如乩童、尪姨、巫師等)和方術型的(如地理師、

風水師、占卜師、算命師等）等幾種對象（劉還月，1996；鄭志明，1998）。但基於果效靈驗要求，還得專門集中在領有神靈授予執照的通靈者身上（不論他是那一類型的）；正是這些「執業」的通靈者在從事靈療的工作以及有意無意的拓展了所屬靈隊的勢力範圍。

　　如果說現實中人有生理疾病就會去求醫而構成一種「病人和醫師」的權力關係，那麼寄存在肉體內的靈體有了傷害去求助自然也構成一種「人和神」的權力關係。當中被選中專為效勞的靈媒以及可能從中搗蛋的靈體（可能是鬼靈或物靈、甚至是其他的神靈）等，就成了綰結這一權力關係的「助手」或「觸媒」；而在更複雜的層次，所謂的靈擾其實都是為形成或鞏固該權力關係的戲碼（張開基，2000；林少雯，2004；連銀三，2004），一旦儀式化後就可以從此結成大大小小的靈隊。這種靈隊摶塑儀式的顯明化（也就是透過靈媒來紐結人神的關係網絡），不啻是現實中因利益而成羣結黨的翻版，彼此會在異時空裏「循環互進」。因此，靈媒所以必要，就是因為有兩界的權力糾葛作為「終極的保障」（至於當中所可能存在的「怨隙尋仇」一類較個別化的事件，那就太微不足道而可以「存而不論」了），它的護教／護法式的色彩永遠透露著大家深處在必須不斷協商折衝才有得安居的情境裏，從而讓靈療一事成為「跨界顯義」的樣板。而這應該比定位靈療的社會性在「是社會文化意識的傳播和實踐」、「是社會信仰本性下的生命形態」和「是社會心理秩序的具體維護者」等層面（鄭志明，2004：172～174）要更加可觀；它的「權力意志騷動」畢竟還會是相關行動最深微的促發者。

五、止於靈療的後設轉向

　　時代的危機和人心的浮動轉為逼出靈療的公開化，同時也引導我們看見了靈療背後的「集體」性的權力欲求，這是靈療的深層的社會

意義所在。倘若還有可致疑的，那麼大概就是因養護不善而反致傷害的後續性靈療究竟要如何歸結的問題。這就得跟前者在表面上倫常有虧欠（實際上可能是神靈一手在導演）而出現的怨懟仇報「同等看待」；它的傷癱受阻依然可以視為是靈隊收編成員過程的刺探考驗，在終極點上還是要接到人神的關係網絡裏去試著「生效」或別思「悖逆」。換句話說，如果不是外靈介入阻卻或滯礙，那麼己身的靈體自我殘疾失調的情況就很難想像（它照常是那個在「流轉」中的主體呀）；而這點仍舊要進入靈隊護權觀念的範疇去得著定位。

　　經過這樣的耙梳鋪陳，我們將會看到或發現權力欲求的跨界重現的不可避免性以及靈療盛行的跟原為對治文明病的歧出扞格。前者（指權力欲求的跨界重現的不可避免性），是指權力這種「儼然是生活最真實的形式」的對他人的影響力或支配力〔開普樓（T. Caplow），1986；朗恩（D. H. Wrong），1994；卡卡貝茲（A. Kakabadse）等，1990；布睿格（J. Briggs）等，2000；劉軍寧，1992；周慶華，2005〕，它一旦在心中醞釀而形成一種意志（欲望），很快地就會外發為生活場域的強勁的競爭力；而這種競爭力在靈體的無止盡的流轉互動過程中也一定是要不斷地跨界重現（甚至更「變本加厲」的循環互進）。至於後者（指靈療盛行的跟原為對治文明病的歧出扞格），則是起因於靈療隨著為對治文明病的另類療法興起而公開化後，並沒有回返「轉求自足」，反而在跨界重現權力欲求的當下加劇了文明病的蔓延；而這只要看看社會中靈療盛行而絲毫不減大家「昏茫奔競」的心理就可以會意一二。這麼一來，靈療的應時性就不自覺的走到歧路上去了。

　　靈療既然不能如所預期的施展它的功效，那麼從後設思維的角度來重新規畫前景也就有相當程度的迫切性。這在總說上是「中止靈療」為最高要求；而在細說上則是緣起觀型文化傳統所見的「不思善不思惡」觀念和氣化觀型文化傳統並存的「逍遙自適」作為的踐行強化。也就是說，只有不予不求以及落拓善攝，才能夠身處當世而免卻「隨波逐流之心」；而舉世受到創造觀型文化傳統感染競相短見謀得物質幸福的「自

毀」災難（周慶華，2001a；2004a；2005），也才有和緩的一天。因此，靈療的目的是要中（終）止靈療的這一後設轉向，想必就是我們面對靈療課題最後所不得不如此逆反且得深著為並世的典範吧！

第十三章 跨域升沉後的抉擇：
詩辨與新詩寫作的方向

一、詩與非詩

　　經過後現代超前衛觀念洗禮的人，習慣把「去中心」、「泯除界域」和「消解大敘述」等口號掛在嘴邊，動輒顯現一副新虛無主義的樣子。這樣牽連過來所有學科／文類的劃分區別，也就成了徒然、甚或是一項不識趣的舉動！而原來極為可貴的「一種特殊的審美對象」的詩（周慶華，2008b：146〜148），遇到這種解構威脅，想要標榜它來跟非詩對列，恐怕也處境顛危而要惶惑瘖啞以對了。

　　但情況又不能這般「任其發展」！因為凡是要解構別人的言論都得先保障自己不被解構的權利，以至「去中心」、「泯除界域」和「消解大敘述」等喧嚷也就形同假相；權力意志的介入和約定俗成的律則等總會在當中確保話語的存在（周慶華，2009：36〜42），而使得任何一種反抗論述的穿透動能失去效力。

　　所謂「詩」和「非詩」對列的邊界尋跡，自然就通過上述的「險巇」考驗而可能了。因此，有人要再盡情的說「詩是在理性之前所作的夢」〔艾克曼（D. Ackerman），2004：287引切瓦語〕或「詩就是一個靈魂為一種形式舉行的落成禮」〔巴舍拉（G. Bachelard），2003：41引尤夫語〕或「詩就像是一座愛的發電廠」〔派佛（M. Pipher），2008：246引

亞何語〕，就全憑自由而可以轉由我們予以附和或試為證成。而從現有
的經驗來看，詩的「習造」獨特性已經有人在掀揭規模了：

> 跟《愛麗絲夢遊奇境記》中的白皇后一樣，詩人在早餐之前可
> 以相信六件不可能的事為可能的。下面是我所開列的詩使其成
> 為可能的各種學理上的不可能：（一）字面不可能；（二）非我
> 存在的不可能；（三）做前所未有事的不可能；（四）改變不可
> 改變事物的不可能；（五）等同對立雙方的不可能；（六）完全
> 翻譯的不可能。詩運用包括譬喻和想像的聯想跳躍在內的許多
> 手段，使這些不可能成為可能。〔戴維斯（原名未詳）等編，
> 1992：284〕

具體的例證，分別如「歐文動人的一戰時的詩歌〈奇異的會見〉為字
面不可能提供了一個具體例子。詩人在『深而昏暗的地道下』見到了
他所殺死的敵人並相互交談。從字面上來看這是完全不可能的，但在
夢境或幻覺中卻會成為千真萬確的事」、「人們在詩以及其他文學創作
形式中常把自我同化於某些非我（如狄金蓀常用某位死者的聲音講
話：『我死了，一隻蒼蠅嗡嗡叫』）」、「夢想、幻覺和想像乃是詩人創作
的一些最有力的動機。詩人常常不加思索地把習以為常和熟諳的世界
拋在一邊。丁尼生勛爵 1842 年的青年之作〈羅克司烈大廳〉就是這樣
的一個例子」、「如果你覺得自己身處絕境，那麼努力想像會使你絕處
逢生。在歐威爾的小說《1984》中，犯人被關在可怕的『101 號房』，
禁受各種各樣的恐怖和威脅，試圖給他們洗腦，使他們熱愛『老大哥』。
在我的詩〈不！老大哥 1984：練習〉中，對於蟲子的一種瘋狂恐懼被
克服了，『老大哥』實施控制的環境失去了效用」、「對於詩人們來說，
悖論和自相矛盾乃是生命的正當情形。在羅特克的歌謠〈清醒〉中，
詩人把一系列看起來對立的東西等同起來了：醒和睡、思想和感覺、
消失和持久、動搖和穩定」、「在上述諸種學理上的不可能和詩歌中存

在的少數幾個真正的不可能之間，完全翻譯的問題可以成為一座過渡的橋樑（也就是由『再創作』來克服完全翻譯的不可能難題）」（同上，284、286、288、289、290）。詩這種可以使不可能的事物成為可能的殊異色彩，就跟「無法如此」的非詩截然的區分開來。

其實，詩所要區別的還不止泛泛的「非詩」，它更要區別在非詩裏頭可能「近於詩」的作品。近於詩的作品，可以有非詩的成分，也可以有詩的成分，但終究因為它的「居間」性而不便讓它混淆於詩。這以光譜儀來表示，一端明顯是詩而另一端明顯是非詩，中間模糊地帶就是該一可以「相近於兩端而終不似」的作品：

非詩	介於詩／非詩之間	詩

這介於詩／非詩之間的作品，範圍最廣，幾乎可以包括散文、小說、戲劇和夾議夾敘式的說理文等。而同樣採光譜儀標示而落實在具體的作品上，詩和非詩以及介於詩／非詩之間等三者的關係，就有「同質異式」的例子可以印證：

非詩	介於詩／非詩之間	詩
懦弱的人在面對別人的欺壓時，不是沒有能耐反彈而甘願受辱，就是別為尋求補償以便得到心理的平衡。（周慶華，2004c：96）	（魯迅《阿Q正傳》裏的主角阿Q）在形式上打敗了，被人揪住黃辮子，在壁上碰了四五個響頭，閒人這才心滿意足的走了。阿Q站了一刻，心裏想：「我總算被兒子打了，現在的世界真不像樣……」於是也心滿意足的得勝的走了。（楊澤編，1996：80）	（夏宇〈甜蜜的復仇〉）把你的影子加點鹽／醃起來／風乾／／老的時候／下酒（張默等編，1995：1112）

同樣關係一個「精神勝利法」的課題，左邊項為直說，右邊項以意象
比喻和象徵，而中間項則以事件象徵，彼此「各稱其職」而互不相伴。
只是中間項可以彈性容受，或跨向詩，或跨向非詩，而以「近於」的
特徵在兩端之間游移。如：

> 李龍第重回到傾瀉著豪雨的街道來，天空彷彿決裂的堤奔騰出
> 萬鈞的水量落在這個城市……李龍第看見此時的人們爭先恐
> 後地攀上架設的梯子爬到屋頂上，以無比自私和粗野的動作排
> 擠和踐踏著別人……他暗自感傷著：在這個自然界，死亡一事
> 是最不足道的；人類的痛楚於這冷酷的自然界何所傷害？面對
> 這不能抗力的自然的破壞，人類自己堅信與依恃的價值如何恆
> 在？他慶幸自己在往日所建立的曖昧的信念現在卻能夠具體
> 地幫助他面對可怕的侵掠而不畏懼……人的存在便是在現在
> 中自己與環境的關係。（七等生，2003：176～178）

> 女孩咬著枕頭，彷彿要證明，她能扯碎纖維或肉類的嘴，一樣
> 能撕裂誘惑，然後她憤然大吼：「這太荒謬了！有人說我展顏
> 微笑宛如蝴蝶振翅，然後我就得到聖地牙哥去！」「別傻啦！」
> 她母親爆炸了。「現在你的微笑像蝴蝶，可是到了明天，你的
> 乳房就會像兩隻唧唧咕咕的鴿子，乳頭是兩顆鮮嫩多汁的野
> 莓，舌頭是眾神溫暖的地毯，臀部是迎風的船帆，而燃燒在你
> 兩腿之間的，是烈焰炙熱的熔爐，倨傲勃起的傳種金屬，在其
> 中得以鍛鑄焠鍊。現在，晚安！」〔斯卡迷達（A. Skármeta），
> 2001：77〕

前則在敘事中所嵌進的「在這個自然界，死亡一事是最不足道的」、「人
的存在便是在現在中自己與環境的關係」等存在主義式的議論，就有要
向非詩端靠近的傾向；而後則在敘事中所取譬的「蝴蝶」、「鴿子」、「野
莓」、「地毯」、「船帆」、「熔爐」、「傳種金屬」等意象，則又緊相對詩端

招手，使得一個「模糊地帶」真的就這樣不定性的模糊起來（如果詩和非詩中也摻雜對方的成分或模擬中間項的情況，那麼它們就會逸離自己的位置而向此一模糊地帶靠攏）。

　　我們通常所認可的詩，就得像這樣排除敘事、說理等成分而僅以意象來比喻或象徵，將所要表達的情意高度的凝鍊濃縮。這樣敘事性作品裏縱使也會有意象，但它所重在事件的安排鋪陳，意象只是旁襯而不如在詩中為主調；至於說理性作品既以說理行文，偶爾可能藉點意象但也同樣無緣晉身為詩（更何況它根本不藉意象時，連「嘗試過渡」的影子都沒有）。這是緣所有文類／學科必要分類以為認知的前提而來的設定，權力意志（可以兼及文化理想）為它終極的制約力；此外，就無從再夗上所謂的客觀性或絕對性一類的形上意涵（周慶華，2004c；2006b；2009）。

　　雖然如此，以意象間接表達情意而撐起詩的「一片天」本身，還是有心理審美和生命解脫等特殊考慮，而使得有關詩質的設定不同於「泛泛之流」。這是文人殫精竭思所摶成的，它最基本的形式是以「外在之象（事物）」來表達「內在之意（情意）」；而為了整體的審美效果，文人還會將它作一有效的組織而使它同時具備音樂性；倘若還有需求（如為著繪畫效果或基進創新），那麼就會再額外附加或變形伸展詞語和組構的新表方式，以至一個專屬於詩的思維模式就這樣「排它自得」了：

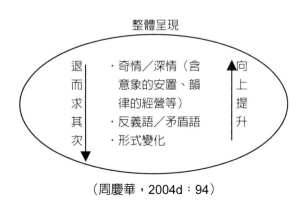

整體呈現

退而求其次　·奇情／深情（含意象的安置、韻律的經營等）　·反義語／矛盾語　·形式變化　向上提升

（周慶華，2004d：94）

這全為心理審美而設（供人玩味而從中獲得樂趣），也是詩作為一種文類（或領銜代表「文學」這個學科）所能區別於其他文類的特徵所在。但再深一層來看，詩的意象化特性卻不止為產生心理審美一項功能而已；它的藉以克服「言不盡意」的困擾和可逃離惱人問題的糾纏等生命解脫的效應，則又看似隱藏而實則隨時都會浮現出來。

所謂藉以克服「言不盡意」的困擾，這是起於語言多有「不盡達意」而又必須表出時的一種策略運作：

> 語言屬於抽象的符號，難以表達具體的情意，這就是它的侷限所在。《易繫辭傳》說：「書不盡言，言不盡意。」陸機〈文賦〉說：「恆患意不稱物，文不逮意。」劉勰《文心雕龍・神思》說：「夫神思方運，萬塗競萌，規矩虛位，刻鏤無形。登山則情滿於山，觀海則意溢於海，我才之多少，將與風雲而並驅矣。方其搦翰，氣倍辭前；暨乎篇成，半折心始。何則？意翻空而易奇，言徵實而難巧也。」面對這種困境，作者不是像劉勰（該書接著）所說「至於思表纖旨，文外曲致，言所不追，筆固知止」那樣自動擱筆，就是像《易繫辭傳》所說「聖人立象以盡（概略的意思）意，設卦以盡情偽，繫辭焉以盡其言」那樣勉為設言。而比興的運用（比是比喻，興是象徵，二者為意象的主要呈現方式），就是基於後者而藉以「解決」言不盡意的難題。因此，當直敘繁說仍不能盡意時，使用比興就能「掩飾」困窘，並且可以繼續保有想要盡意的「企圖」。（周慶華，2000b：174）

這在詩中因為全部意象化而更容易「混合」或「強為寄存」。而所謂可逃離惱人問題的糾纏，則是另有不逮或有所規避時，藉助意象來「應付了事」以為脫困而著成典範的。好比宗教中人也偶爾要藉意象來「自我逃避」一樣：「宗教人採用意象，因為無法『直接』說出他想要說的，

而意象容許他逃避『既成的』實在界。但他討厭把某種明確的實在界劃歸意象本身。事實上，宗教心靈創造了意象，同時又對這些意象保持一種『打破偶像的』態度。它今日斥為偶像者，正是它昨日奉為聖像者。黑格爾雖然把一切宗教符號貶抑到表象的層次，但卻清楚覺察當中有一種否定的驅力，使宗教反對它自己的意象」〔杜普瑞（L. Duprée），1996：160〕。宗教的意象性語言弔詭的自我「宣示」所謂實在界或終極真理的不在場；同樣的，詩的意象性語言也等於不敢保證相關旨意的表達可以成功。因此，「自我逃避」也就成了一種戲玩意象的修飾詞，它終究要跟生命解脫的課題連結在一起（周慶華，2007c：125）。此外，明知可以達意卻刻意避開（丟下意象走人）以為逃脫他人的追問或逼仄，這就更深戲玩意象而可以併陳為生命解脫的形式。

　　顯然詩的意象化在審美經驗中必要獨標一類，這背後是有「辛苦經營」過程的。換句話說，即使詩的存在也跟其他文類／學科的存在一樣沒有什麼先驗性（盡由權力意志所終極促動左右），但它的「位階」明顯已經授權文人階層所賦予而進駐文化的精緻面領域；而這跟泛泛的語言成品或其他非詩的作品自然就要在有無「刻意摶造」或「別為鍾情」上拉開距離。

二、從抒情到創新世界

　　詩的這種獨樹一幟的心理審美和生命解脫風格，在「跨域升沉」中還會有一些系統內的變數。也就是說，同樣是詩，表現看似沒有什麼不同了，其實它們仍會緣於文化背景的差異而各有偏向；而這一偏向所徵候的是相異文化背景中人的心理審美和生命解脫不能不有內在的質差，以至總詩觀為一而內質取向則有偏強／偏弱或偏外／偏內的分別。試看下列兩首詩：

黃鶴樓　　崔顥

昔人已乘黃鶴去

此地空餘黃鶴樓

黃鶴一去不復返

白雲千載空悠悠

晴川歷歷漢陽樹

芳草萋萋鸚鵡洲

日暮鄉關何處是

煙波江上使人愁

（清聖祖敕編，1974：1329）

十四行詩（二）　　莎士比亞（Shakespeare）

四十個冬天將圍攻你的額角，

將在你美的田地裏挖淺溝深渠，

你青春的錦袍，如今教多少人傾倒，

將變成一堆破爛，值一片空虛。

那時候有人會問：「你的美質──

你少壯時代的寶貝，如今在何方？」

回答是：在你那雙深陷的眼睛裏，

只有貪欲的恥辱，浪費的讚賞。

要是你回答說：「我這美麗的小孩

將會完成我，我老了可以交賬──」

從而讓後代把美繼承下來，

那你就活用了美，該大受頌揚！

你老了，你的美應當恢復青春，

你的血一度冷了，該再度沸騰。

（方平等譯，2000：216）

前一首被譽為唐代七言律詩的壓卷之作（嚴羽，1983：452）且連詩仙李白都嘆服不已（楊慎，1983：1003），但也僅止於「斂形」式的描景寫情寓事寄意罷了（重點在情意；景事則為寫寄象徵所選用的意象）。後一首則顯得聯想翩翩（光前四句就遍採隱喻、換喻、借喻和諷喻等比喻技巧），儼然一副奔放自如且「主導權在我」的樣子。這種「抒式」有別而不便混同看待，就是所謂主要的系統內的變數。

　　系統內的變數，嚴格的說無法只從表出形式去理解它的「所以然」，而得另外尋索或許才有可能深契。而這依東西方詩學傳統所顯現的差別來勘察，則約略可以知道：西方人所信守的創造觀這種世界觀，預設著天國和塵世兩個世界，不啻提供了他們可以「遙想」或「揣測」的廣大空間，以至發展出了極盡馳騁想像力式的文學傳統；而東方的中國人所信守的氣化觀這種世界觀和印度佛教徒所信守的緣起觀這種世界觀，則分別預設著精氣化生流轉的單一世界和另有超脫趨入的絕對寂靜的佛境界（僅為生沒有生的感覺／死沒有死的感覺的解脫狀態；截然不同於創造觀型文化中的天國），而少了可以遙想或揣測的廣大的空間，以至盡往內感外應和逆緣起解脫的途徑去形塑各自的文學傳統（周慶華，2008a：157～161）。當中緣起觀型文化這一系但以文學為筌蹄，不事雕飾華蔚，比較「乏善可陳」；剩下氣化觀型文化一系自鑄異貌，而足可跟前者在思維上對比逞能。

　　依照西方人的說法，詩的思維是一種非邏輯的思維；它以近於野蠻人的「創思」，大量運用隱喻、換喻、借喻和諷喻等技巧來傳達情意〔列維－布留爾（L. Lévy-Brühl），2001；李維－史特勞斯（C. Lévi-Strauss），1998〕。這就跟我們所見的馳騁想像力的現象相一致，而可以解釋西方古來流派創新不斷的根本原因（也就是競相馳騁想像力就會有「進路」不一而迭出異采）。反觀中國傳統因為「視域拘限」而一逕往吐屬盡關現境（靈界和現實界所共在）的途徑伸展，導至「藉物喻志」專擅於象徵的方式始終如一，並不像前者那樣形式一波翻新又一波而充分顯現出「取譬成性」的特色。

　　彼此都在規模詩的樣態，一長於比喻；一長於象徵，使得詩的國度不再是「一副面貌」可以形容盡。前者（指長於比喻），西方人習慣「獨佔」式的說那是緣於詩性思維的需求〔維柯（G. Vico），1997；懷特（H. White），2003〕，它以各種比喻手段來創新事物，從而找到寄寓化解人／神衝突的方式（也就是試圖藉由詩創作來昇華人性終而解決人不能成為神的困窘的「化解」跟神性衝突的一種作法）。如「無色的綠思想喧鬧地睡覺」、「她拳頭般的臉緊握在圓形的痛苦上死去」和「時間的熾熱一直持續到睡眠為止」等等，這些讓語言學家和哲學家無法捉摸語義的「非正常」的句子〔查普曼（R. Chapman），1989：1～2；安傑利斯（P. A. Angeles），2001：59〕，卻成功的隱喻創新了一個有關「茂長的思緒」、「死亡的絢美」和「無止盡的煩躁」等感性的世界。像這種情況，所締造的勢必是一波又一波的創新風潮。它從前現代寫實性的詩奠定了「模象」的基礎，再經過現代新寫實性的詩轉而開啟了「造象」的道路，然後又躍進到後現代解構性的詩和網路時代的多向詩展衍出「語言遊戲」和「超鏈結」的新天地，這中間都看不出會有「停滯發展」的可能性；而西方人在這裏得到的已經不僅是審美創造上的快悅，它還有涉及脫困的倫理抉擇方面的滿足，直接或間接體現作為一個受造者所能極盡「回應」造物主美意的本事（周慶華，2007c：15～16）。

　　至於後者（指長於象徵），則可以歸結為情志思維為「隱微見意」所造成的。而所謂情志思維，是指純為抒發情志（情性或性靈）的思維，它的目的不在馳騁想像力而在盡可能的「感物應事」。因此，相對於詩性思維，情志思維很明顯就少了那麼一點野蠻／強創造的氣勢；它幾乎都從人有內感外應的需求去找著「詩的出路」。而這無疑是氣化觀底下以為回應所專屬的「縮結人情和諧和自然」的文化特色使然（因為氣化成人，大家如「氣」聚般的糾結在一起，必須分親疏遠近才能過有秩序的生活，以至專門致力於經營良好的人際關係或無意世路以為逆向保有人我實存的自在，也就「勢所必趨」，並且也因此而有別於西方社會那種神／人能否契合的恆久性關懷；

而同樣都是氣化，萬物一體，當然就不會像有受造意識的西方人那樣為達媲美神的目的而窮於戡天役物）（周慶華，2007c：16～17）。它本是自足的，但因為近百年來敵不過西詩外來的衝擊，所以就逐漸「退藏於密」而不再發揮影響力。這麼一來，世人也快淡忘了曾經還有一種異質詩的存在（詳後）。

　　由於情志思維不像詩性思維那樣衍化出多波新變的詩潮，所以相關的藝術形式就會約束在一個「為情造詩」的高度自制的有限的美感範疇裏。換句話說，它僅以有「情志」才鋪藻成篇（雖然有時也不免要「為詩造情」一番），在取向上就不是詩性思維式的可以「窮為想像」。有人觀察到中西方（寫實性）的抒情詩所具體呈現的思維各有主流／支流的不同：

> 合唱歌詞在希臘悲劇中並沒有居於主要地位，並沒有像中國抒情詩在元明戲劇中那麼獨佔鰲頭；中國每一部元明戲劇幾乎是幾千幾百首名詩組織起來的。荷馬式的頌詞或警句並沒有布滿了整篇史詩；反觀中國抒情詩，在傳統小說中它幾乎到處都是。有一點很有趣，那就是希臘哲學和批評精神把全副精力都貫注在史詩和悲劇上，以至亞里斯多德在他的《詩學》第一章第六、七節裏說用抑揚格、輓歌體或其相等音步寫成的抒情詩「直到目前還沒有名字」……所以當希臘人一討論文學創作，他們的重點就銳不可當的壓在故事的布局、結構、劇情和角色的塑造上。兩相對照，中國的作法很不同。中國古代對文學創作的批評和對美學的關注完全拿抒情詩為主要對象。他們注意的是詩的本質、情感的流露以及私下或公眾場合的自我傾吐。
> （陳世驤，1975：35）

但西方抒情詩在該文學傳統中的「別調」現象，卻不是我們所能想像的已經可以等同於情志思維的「異地並現」；它的「激情」演出以及「衝

突／矛盾」的情節安排等僅「差一級次」的奔迸暴露的表現，還是詩性思維式的。所謂「（抒情詩）可以有相互對照的主題，也允許詩人的態度發生變化、甚至達到自我矛盾的程度。儘管如此，它還是以激情而不是以理智為主要特點」，而「在抒情詩人的眼中，生活不是由彼此關連而且已有定評的經驗構成，而是由一系列強烈感覺的瞬間所組成。因此，抒情詩人在創作時傾向於使用第一人稱和鮮明生動的意象，並熱中於描述具有地方色彩的生活；而對傳授系統的知識、講述奇聞軼事以及表現抽象的思想等等卻不大感興趣」〔福勒（R. Fowler），1987：154～155〕，正道出了當中跟史詩「分工合作」的狀況（按：史詩在西方被歸於敘事性作品範圍；它以詩體敘事，相當逼近光譜上詩端），實在很難拿它來比配中國傳統抒情詩的「始終一貫」的內斂含蓄的審美特徵（周慶華，2008a：201～202）。

在這種情況下，詩的抒情功能，就有一支再跨向兼有凌空能動作用的創新世界上，使得詩從非詩的對立面躍出後又「自我流露」不能小覷的特殊標誌。這個標誌，以「從抒情到創新世界」在詩端再自成一道前進式的光譜：

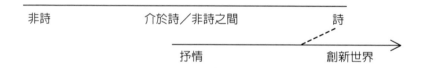

這一道前進式的光譜，不再有兩端相對立的現象（因為在這上面的都是詩）；它只有越向右越夾帶創新世界的成分。而這能夾帶創新世界成分的詩作表現，就是創造觀型文化所蘊蓄或支持的；氣化觀型文化終究要在左端繼續守著感物應事的抒情風格（而讓創造觀型文化去無止盡的開啟別樣另須的昇華人性的抒情風格且向創新世界端邁進）。彼此的這種質距，不妨透過下列兩首詩來說明：

迴旋曲　　余光中

琴聲疎疎，注不盈清冷的下午
雨中，我向你游泳
我是垂死的泳者，曳著長髮
向你游泳
音樂斷時，悲鬱不斷如藕絲
立你在雨中，立你在波上
倒影翩翩，成一朵白蓮
在水中央
在水中央，在水中央，我是負傷
的泳者，只為採一朵蓮
一朵蓮影，泅一整個夏天
仍在池上
……

我已溺斃，我已溺斃，我已忘記
自己是水鬼，忘記你
是一朵水神，這只是秋
蓮已凋盡
（余光中，2007：160～162）

女人的身體　　聶魯達（P. Neruda）

女人的身體，白色的山丘，白色的大腿
你像一個世界，棄降般的躺著。
我粗獷的農夫的肉身掘入你，
並製造出從地底深處躍出的孩子。
……

為了拯救我自己，我鍛鑄你成武器，
如我弓上之箭，彈弓上的石頭。
但復仇的時刻降臨，而我愛你。

> 皮膚的身體，苔蘚的身體，渴望與豐厚乳汁的身體。
>
> 喔，胸部的高腳杯！喔，失神的雙眼！
>
> 喔，恥骨邊的玫瑰！喔，你的聲音，緩慢而哀傷！
>
> 我的女人的身體，我將執迷於你的優雅。
>
> 我的渴求，我無止盡的欲望，我不定的去向！
>
> 黑色的河床上流動著永恆的渴求，
>
> 隨後是疲倦，與無限的痛。
>
> （聶魯達，1999：16〜17）

前一首白話新詩為此地詩人仿西方自由詩寫成的，僅以白蓮／泳者和水神／水鬼兩組意象的對列來象徵一場情愛不成的遺憾；這除了形式和西方自由詩類似，整體上還是傳統那一觸景生情／睹物思人的遺緒（並沒有創新什麼）。後一首為西方道地的自由詩，意象彩麗紛繁，將詩人所鍾愛的女子妝飾到難以復加；當中所借為隱喻該女子身體的「白色的山丘」、「苔蘚的身體」、「胸部的高腳杯」、「恥骨邊的玫瑰」等構詞，則不啻有意要創新一個引人迷戀的女子的形象。可見詩固然都在抒情，但所表出方式卻有跨域上的位差，直把詩的可能樣貌實在的拉出一道（前進式的）光譜來。

三、新詩的光譜

　　從獨樹一幟的心理審美和生命解脫到跨域升沉中所顯現的純抒情和兼創新世界的差異，詩的國度已經「大可量度」了。只不過那一道前進式的光譜繼續在延伸，而跨域上的位差也在凌駕／妥協的機制啟動後開始模糊化，導至前面相關的知解設定還不足以盛稱「了無餘韻」。換句話說，詩越往後發展就越見新裁競出和不同文化中人的影響焦慮所造成的美感傾斜等，都得再闢蹊徑來「光照引行」，以為繼起者知所殷鑑取則。

　　前節說過，中國傳統的氣化觀型文化和西方的創造觀型文化中的詩表現有質差，彼此很難在未經刻意學習下而相互過渡。但這一平衡局面從近代以來西方的創造觀型文化一支獨大且橫掃全世界，就很快的被打破了。原先那一內斂含蓄的情志思維逐漸退場，而時興向奔迸暴露的詩性思維取經，這個詩的體製從格律化轉成白話新詩。而這白話新詩，相對於傳統格律詩來說，最明顯不同的是形式的自由化。它仿自西方的自由詩體（西方的一些格律詩如史詩體、亞歷山大體、十四行詩等，也被國人仿效過，但成績有限）（葛寧賢等，1976）而由二十世紀初一些文人所主意實踐提倡的（如胡適、周作人、康白情、沈尹默、傅斯年、周無、俞平伯、劉半農、陳獨秀、郁達夫、左舜生等，都有過白話新詩的創作，也極力參與「鼓吹」的行列）（朱自清編選，1990；鄭振鐸編選，1990）。雖然有部分人後來否定自己所作的白話新詩而再度寫起傳統文言格律詩（如周作人、沈尹默、俞平伯、劉半農、陳獨秀、郁達夫、左舜生等）（徐訏，1991：45），但都無妨於它已經形成一股風潮，逐漸地「取代」了傳統詩的地位。至今仍然是白話新詩的天下，傳統詩幾乎是走到臨界點了（周慶華，1999c：200～201；2008b：211～215）。

　　當初提倡白話新詩的人，有他們特定的見解，如「新詩所以別於舊詩而言。舊詩大體遵格律，拘音韻，講雕琢，尚高雅。新詩反之，自由成章而沒有一定的格律，切自然的音節而不必拘音韻，貴質樸而不講雕琢，以白話入行而不尚典雅。新詩破除一切桎梏人性的陳套，只求其無悖詩的精神罷了」（胡適編選，1990：324）、「形式上的束縛，使精神不能自由發展，使良好的內容不能充分表現。倘若想有一種新內容和新精神，不能不先打破那些束縛精神的枷鎖鐐銬。因此，中國近年的新詩運動可算得是一種『詩體的大解放』。因為有了這一層詩體的解放，所以豐富的材料、精密的觀察、高深的理想、複雜的情感等才能跑到詩裏去。五七言八句的律詩絕不能

容豐富的材料，二十八字的絕句絕不能寫精密的觀察，長短一定的七言五言絕不能委婉達出高深的理想和複雜的感情」（同上，295）等，這都認為白話新詩形式自由、明白曉暢，比傳統詩更能表達人的思想情感。大體上，早期「實驗性」的作品泰半都符合這種觀念，但越向後就越不盡然了（周慶華，1999c：201）。不僅現代派中有超現實主義一體專寫人的內心世界而使得詩作極為晦澀難解，還有後現代派中眾多後設體、諧擬體、博議體、符號遊戲體、新圖像體等試圖挑戰從前現代派到現代派的詩作而造成人和詩的疏離（孟樊，1995；2003）。這些「別有取則」從西方傳入後一渲染開來，風靡人心的程度並不下於早期那些寫實詩，而它已經不是過去的文人們所能追躡想像。雖然這整體表現仍是「形似」而「神異」（見前），但約略上詩的抒情表式早已趨向單一化了。這自然是要把它當作一個警訊看待而亟思有所回歸「多元詩路」的世界，只是基於學術論辯的理由，還是得先將這一變故後所接軌的西方自由詩的狀況作一些條理，以便後續的議題討論有地方掛搭。

　　這如果用前節所述詩端的光譜儀來發論，那麼就可以說那一「前進端」的都是創造觀型文化中的詩表現所一路蕃衍成的；它從前現代寫實性的模象詩演變到現代新寫實性的造象詩，再到後現代解構性的語言遊戲詩和網路時代多向性的超鏈結詩：

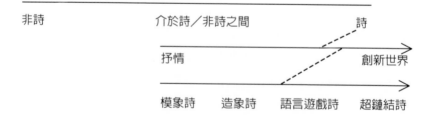

自從國人轉向西方取經後，這一道學派創新競奇的光譜也就成了白話新詩的光譜（儘管它的想像力還是難以大為開啟而使得相關的試驗性詩作看來無不「小人一號」），從此在形式上沒有了自家面目。

就為著這一遠離傳統的表出方式，我們還要研究它和引為創作新典範，考慮的顯然不是它可以給我們增加榮光（對西方人來說不會肯定仿效他們的創作而給予什麼崇隆的獎賞；而對國人來說也無從藉由這種喪失自家面目的表現來沾沾自喜），而是究竟我們還有多少耐性來禁受尾隨別人而不確定未來的考驗，以及能否因此從中領悟希境而重新殺出重圍的信心和識見問題。換句話說，探討新詩的光譜既然不為它本身可以「超越西方」，那麼所圖的就僅僅是在一番廣為認知後的「冀有對策」以便新生罷了。

詩在西方，早就將它連到「神賜靈氣」而展開非比尋常之旅：「值得注意的是希臘人自己賦予了『附身』更為寬廣的延伸解釋。藉著它，他們了解了靈感的所有現象，特別是有關寫詩的靈感。就文學的觀點，詩人最初在他作品的開端以詩來喚醒繆思時，必然已經了解，必須吟唱的是繆思女神，而不是詩人自己……詩人深信他無所創造而是另一者，繆思，藉由詩人的手來創造……這般的觀念……只能被解釋為承認了有創造力的藝術家的自發活動，跟他的作品之間並無任何關連，而他最完美的產出則是藉著神助才能獲致」〔羅森堡（H. Rosenberg），1997：97～98〕，這所關連的是爾後（基督教興起後收編古希臘的眾神信仰為單一神信仰）天國／塵世兩個世界對立所帶給詩人的無止盡遙想（在根本上西方人仍可以宣稱那也是緣於造物主的啟示）。相對的，轉到此地的仿效後，因不明究裏或內質難變而欲契無由就不再有類似的經歷，以至處處顯得拘謹小巧（內感外應慣了的必然表露）。且看底下這一由前現代寫實性的模象詩到現代新寫實性的造象詩和後現代解構性的語言遊戲詩（按：網路時代多向性的超鏈結詩但於網路上見奇，不便在紙面上舉實）的寫作光譜：

月光曲　紀弦

升起於鍵盤上的

月亮，做了暗室裏的

燈。

（白靈主編，2003：25）

鼓聲　碧果

它
咬著什麼
走了。

（碧果，1988：163）

沉默　林羣盛
1φ　CLS
2φ　GOTO　1φ
3φ　END
RUN

（張漢良編，1988：88）

這就表面現象來說，固然可以理解為「在紀弦的〈月光曲〉裏，所隱喻月亮的『燈』這個意象是語言，寫實性十足；到了碧果的〈鼓聲〉，意象變成了圖像〔由圓黑點來象徵人無妨對鼓聲的幾何新美感（鼓聲原為『爆裂』狀，現在改以幾何中最美的『圓形』列序，則無異在誘引讀者

重蘊審美感興）〕，則新寫實性味濃；再到林群盛的〈沉默〉，意象則全部符號化了，儼然是語言遊戲的極端表現。可以說越往後越漸轉異系統（指文學內部的異系統）為己系統以為『開新』的憑藉，終而也有了傳統所『不及』的佶多成就」（周慶華，2008b：157），但實際上它們都精鍊雅致有餘，而噴溥曠放不足。

別的不說，就以前現代寫實性的模象詩中愛情類的表現為例，西方人可以這般張揚迷狂的「極盡逞藝」：

> 我植物般的愛情會不斷生長，
> 比帝國還要遼闊，還要緩慢；
> 我會用一百年的時間讚美
> 你的眼睛，凝視你的額眉；
> 花兩百年愛慕你的每個乳房，
> 三萬年才讚賞完其他的地方；
> 每個部位至少花上一個世代，
> 在最後一世代才把你的心秀出來。
> 因為，小姐，你值得這樣的禮遇，
> 我也不願用更低的格調愛你。
> （陳黎等譯著，2005：93 引馬維爾〈致羞怯的情人〉）

> 我將愛你，親親，我將愛你
> 直到中國和非洲相連
> 河流跳躍過山
> 鮭魚在街上唱歌。
> 我將愛你直到大洋
> 摺疊起來掛著晾乾
> 七星咯咯大叫
> 如飛在空中的雁鴨。

〔史蒂芬斯（A. Stevens），2006：193〜194 引奧登〈我走出的一夕〉〕

我最親愛的小露我愛你
我親愛的心悸的小星我愛你
美妙地彈性胴體我愛你
外陰緊似榛子夾我愛你
左乳如此粉紅如此咄咄逼人我愛你
右乳如此溫情的粉紅我愛你
……
小陰唇因你頻繁接觸而肥厚我愛你
臀部正好往後閃出完美的靈活我愛你
肚臍像陰暗的空心月我愛你
體毛像冬日森林我愛你
多毛的腋窩如新生天鵝我愛你
肩膀斜坡清純可愛我愛你
大腿線條美如古神殿的圓柱我愛你
秀髮浸過愛的血我愛你
腳靈巧的腳硬挺我愛你
騎士般的腰有勁的腰我愛你
身材不需緊身胸衣柔軟身材我愛你
完美的背部順從我我愛你
嚐我的可口啊我的仙蜜我愛你
獨一的秋波星星的秋波我愛你
雙手我愛慕其動作我愛你
鼻子非凡的高雅我愛你
扭擺的舞蹈的步伐我愛你

　　喔小露我愛你我愛你我愛你

　　（莫渝，2007：165～166引阿波里奈爾〈我最親愛的小露〉）

像這類近於崇高或近於悲壯而讓人「兩相著魔」的情愛表現（被愛戀的人有如此繁複的麗美內蘊或外煥；而寫詩的人也有如此善於想像興感的造美手段），只有西方人擅長。反觀我們傳統中的人，就僅及「強忍思長」的階段：「蒹葭蒼蒼，白露為霜。所謂伊人，在水一方。溯洄從之，道阻且長。溯游從之，宛在水中央。蒹葭悽悽，白露未晞。所謂依人，在水之湄。溯洄從之，道阻且躋。溯游從之，宛在水中坻。蒹葭采采，白露未已。所謂伊人，在水之涘。溯洄從之，道阻且右。溯游從之，宛在水中沚」（孔穎達，1982b：241～242）、「長相思，長相思。欲把相思說與誰？淺情人不知」（唐圭璋編，1973：255）。這是稟自氣化觀這種世界觀而體現為「含蓄宛轉」的獨特優美風格的結果，彼此幾乎沒有可以共量的地方。而即使演變到現在詩體已經全自由化了，別人那一馳騁想像力的本事還是「契入無門」（因為難以體驗該一文化所蘊涵的信仰精神和實踐動力）（周慶華，2008a：163～164）。換句話說，到了頗受西方文化浸染的當今社會，在愛情詩的創作上相關的「熱情」和「逞異」尺度也沒放寬多少（其他類型詩的創作相仿）。如黃惠真〈願〉「我願意／端坐於一件青瓷面前／與他隔著玻璃／守候／／守到自己化為一種土／可以讓巧匠製成另一件／青瓷／放在他旁邊」（向明主編，2006：113～114）、林煥彰〈想妳，等妳〉「我在一個地方，想妳／有水聲、鳥聲、風雨聲、有／鋼琴伴奏的聲音……／／等妳，我把一顆跳躍的心／收藏在針尖之上，日日夜夜／孤孤單單，的等妳」（統一夢公園編輯小組企畫，2003：113）、鴻鴻〈上邪〉「我的耳垂在你口中，我的唇舌在你乳房，我的手掌在你腋窩，我的性器沉落在你體內一個不可測的深處。而我自己從未見過的背影，在你眼睛的風景畫片之中……」（陳義芝主編・賞讀，2006：114～115）等，像這些都仍是「欲語還休」，並

未能夠自我跨越過去（周慶華，2008b：214～215）；同時可以有的「高速聯想」的能事，似乎也缺乏方向啟動奔馳。

可見新詩的光譜雖然在「棄古趨新」後有要跟西方自由詩同步進展的趨勢，但因為「神異」已久而馴至「形似」終究成就有限（彼此都已成慣習，即使知道「道理」是這樣的人，也不見得在實踐上有辦法相跨越而真的「神似」起來）。這也使得談論這個課題的目的難免要遭受質疑。也就是說，既然一切仿效都「不見前景」了，那為什麼還要提它？這就碰觸到了「重點」！我們可以這樣想：正由於新詩創作這條路還頗多「晦暗」障蔽，所以才需要藉機把它掃除來看個究竟，並且進一步思索規模新徑的問題。

四、新詩寫作的方向

有關新詩的「來龍去脈」追究到這個地步，所要參與創作的接續的「價值抉擇」約略就有譜可按了。而倘若嫌「創作」一詞原為有神論所專用（意指比照上帝從空無中造成事物而來「使某些事物中產生一種原來沒有的新東西的行動」）〔布魯格（W. M. Burgger），1989：135～136〕而可能被收編「偏向一極」，那麼改稱較中性的「寫作」也無妨。

新詩的寫作，想在涉外發聲還欠「有效管道」的情況下出發，似乎也只有邊走邊計議了。因此，僅從「就事論事」的角度來談相關寫作的問題，那麼一種「低一級次」的交互的基進表現還是可以勉為藉機自我策勵一番。這裏姑且以夏宇一首題為〈閱讀〉的短詩為例：

閱讀
舌尖上

一隻蟹

（張默編，2007：5～6）

這乍看不難察覺它是用「蟹」的意象來隱喻人在閱讀時輕微「嘴動搔思」的情況；但再細微一點的看，這所讀的恐怕是外文書才有這種感覺（蟹的橫行又隱喻著外文的「蟹形兼橫寫」狀）。因此，類似這種想像力倘若要運用來創新閱讀中文書的意象，那麼它就可以變成這樣：

閱讀
舌尖上
一顆彈珠

由於中文備有獨特的聲調可以發揮抑揚頓挫「挈情」的效果（周慶華，2008a：154～155），所以在閱讀的感覺上有一顆彈珠在舌尖上彈跳。而這如果換作佛教禪宗式的閱讀，那麼它的「整體」形態可能是這樣的：

閱讀
舌尖上
一粒柚子

這是從禪宗的「言語道斷，心行處滅」的觀念（周慶華，1999c：23～24）推出的。換句話說，禪宗的成佛前提在「不動一念」，而閱讀在那種情況下勢必是「以不閱讀為閱讀」，以至可以用柚子的「沉重」穩住而權為喻示一切都靜默了（況且柚子的外形還酷似僧人打坐時的樣子呢）。而不論如何，這種「聯想翩翩」的寫作向度已經不是自我傳統那一內感外應的審美感興所能比擬的（至於解離寫實的傳統那一部分如果也要開啟這類交互的基進表現，那麼受限於「體證」問題它的轉超越性將更難成形）；相關的寫作要站在那個立場「衝刺」，自然就得慎重評估（周慶華，2008b：160～161）。但不管怎樣，新詩寫作既然

可以如上述「邊走邊計議」，那麼先依所從來的西式規範而更深廣化對它的認知，也就成了眼前要「姑且進取」的不二法門。

這總說是「新詩寫作的方向」的試為提點，細說則是該方向的具體化擇便。而這一擇便難免會因優先順序的考慮而暫且作一些「要項」的限定，以便有志於新詩寫作的同好隨機參鏡，以及一起來兼行探勘未來「更新」的道路。

依前面所理出的那一詩的思維模式（見前）來看，顯然它是特別適用或相應有前進式光譜的新詩的。這麼一來，所謂具體化的新詩寫作的方向，也就可以從中思議規模了。換句話說，詩的基本成分「能表」為意象和韻律，而「所表」為情意，這些都需要細究來圖繪理則；至於進一步涉及學派競奇的部分，從現代派以下因為有「製造差異」的特殊經驗，所以緊接著廣加索驥以為「知所前進」的途徑的憑藉，也就不言可喻了。

第十四章　指標與驅動：
「思維與寫作」課程的回顧與前瞻

一、「思維與寫作」作為一門課程

　　從課名來看，「思維與寫作」在當今所有都經具體指實的課程中，顯然空泛無當極了；它既看不出所要指涉的對象，也無法自我顯示學科的屬性，到頭來就只能說它是「跨科」的課程。就因為這一看似跨科的課程的出現，所謂的通識教育就得吸納它而為它排定一個位置。這是本校（臺東大學）多年以來所實施的，也是一直深受質疑的課程。

　　「思維與寫作」課程從有同仁提議，直到在相關委員會裏作成決議後，於 1998 學年度由本校語教系規畫實施。原先是全校共同必修課，2003 年學校以「提升大學基礎教育計畫：轉型與創新——臺東大學基礎課程之建構實踐與評鑑」獲部通過，開始將它轉化為「閱讀」和「寫作」，從此「思維與寫作」課程窄縮為「寫作」領域，且變成共同必選。現在「思維與寫作」課名還在，但已被「各學科寫作」（兼及「各學科經典閱讀」）所「瓜分」，已經不再獨享「一門課程」的榮銜。

　　這種轉變，主要是 2003 年那一「提升大學基礎教育計畫」的通過而強為介入調整課程所造成的。在 2002 年學校提計畫時，主其事的人看到「思維與寫作」課程實施幾年後成效不彰，想以此「轉進」的方式促成改變：「校層級共同必修課程『思維與寫作』是屬於本校通識課

程，但委由各系依據各系的特色與需求安排教師授課。各系教師授課的重點也因個人對於『思維』及『寫作』的認知不同，賦予不同的意涵和安排不同的教學課程內容。各系不同走向的課程安排，正向的看是課程和教學的多元化，負向的看是在未共同制定的規準下進行授課，教學的成效就令人質疑」（臺東大學籌備處，2002：9）；而亟欲由「既有的教育類課程出發，透過轉型和擴增，在以『閱讀』和『寫作』為基軸概念下，同時考量跟學生閱讀及寫作能力培養的相關課程的導入，發展以教育類、科普類、社會科學類等三類共構的跨院及課程規畫，以營造多元學習的環境」（同上，10）。但這一轉變，「思維與寫作」的「思維」性不見了，原要連結的思維／寫作的一貫性及其嘗試建構的學科規模也無由再接續了。

二、相關「思維與寫作」課程的諸多疑慮

為何一門「大而無當」的課程卻還要為它建構一個學科規模？這個矛盾性，其實也正是「思維與寫作」這門課程的「魅力」所在。也就是說，它的未能「具體指實」，乃因不必具體指實，而由「需求性」予以充實。這個需求性，就是它進入學科場域後所形成的；凡是有需要後設思維和寫作指導的，都可以透過「思維與寫作」課程來「總其成」。這樣「思維與寫作」課程就算真的是空泛無當，也會因為授課者的見識加持而讓它有內容起來。

現在「思維與寫作」課程被收攝於「閱讀與寫作」課程，它原先可以「廣及」的性質，就為著這一「狀況未能弄明白」就予以扭轉而從此不再發揮所能預期的功效。換句話說，上述的計畫書對「思維與寫作」課程的理解已經大為不足：「其（『思維與寫作』）課程主要目的是透過閱讀和分析文章的過程，培養職前教師的思考和批判的能力，進而將個人的運思應用於寫作之中，以能用文字書寫具體表達個人的

觀點論述。閱讀的意義不在於讀懂文字的表徵，更重要的是能理解和詮釋作者文字所蘊涵的信息，並且能對信息作『正確』地解讀和判斷，進而能運用該資訊，建構個體的知識體系，成為掌握知識和運用知識的主體」（臺東大學籌備處，2002：7）；更不要說它對相關執行過程的陌生：「『思維與寫作』課程有其教學目標及對學生能力培養的期許，然雖為校層級共同必修課程，在執行上卻回歸到各系，由各系依其系的特色安排課程內容。由於各系教師對於該課程的認知和解讀有所異同，因此各系學生習得的能力也存在著質的不同，有些系更未能達到教學的目標，讓本課程淪為通識課程的『虛化課程』之一，學生對於課程的認知和學習呈負向消極態度」（同上，7～8）。前者（指對「思維與寫作」課程的理解大為不足），是指不明白「思維與寫作」課程的總體後設性（可以在具體學科中從「思維」到「寫作」而將該學科予以總綰提領）；後者（指對相關執行過程的陌生），是指不清楚「思維與寫作」課程在實施中並非只是「閱讀和分析文章」一類作法這麼簡單（它還考慮因應各學系的特性而調整相關「思維」及「寫作」的方向）。其實，這種「誤解」在「思維與寫作」課程規畫初期就存在了，只是一直沒能有效的加以澄清。

　　當時開課在即，因為課名已定但「教些什麼」卻還未有共識，以至就任由授課者各自去發揮。因此，就有的專教邏輯思考、資料檢索和論文寫作；有的專教應用文寫作、各體文學寫作和修辭技巧；有的專教藝術思維和寫作；有的專教科學方法論等。而不滿意的人，就質疑「為什麼大家不能教一樣的東西」以及「有無統一教材的必要」等。這些疑慮，就我作為同樣授課者的立場來說，那時所能想到的是建議「將各人所專擅的部分挑出（如通論思維和寫作的相關知識；分論各種思維的類型，分論各種文體的寫作，分論各種思維類型和各種文體寫作的『互動』關係等），串連成一個大單元，然後在大班級教學中由大家輪流教學。而受學者除了合班上課，還可以為他們安排小組討論，由教學者個別指導。至於該小組是否要打破系別界線而重新分配，或

不打破系別界線而以原班級為小組單位，都可以（視情況）再作協商。其餘像受學者的獨立學習部分，則可『授權』負責小組指導的教學者，依需要指導受學者於課外進行。此外，如果還考慮場地的限制（沒有可以容納太多人的教室），不是請學校增闢大教室，就是彈性採行上下學期開課，而將任課者分成兩組進行教學（即使是這樣，學校也得增闢可容納一、二百人的中型教室）來個協同教學（周慶華，2008b：103b～104）。這自然沒有機會實現；但即使實現了，也會有問題。也就是說，這種協同教學固然可以「讓受學者『大開眼界』，也讓教學者自我『調整思路』，一併有利於別科教學的『改善』，同時還可以刺激其他共同科的教學者『起而效尤』，可說是一舉數得」（同上，97～98），但實際上卻也忽略了它理當要有的總體後設性。這種後設性，是回歸各學科所需要的「思維→寫作」以及實質上的總綰提領，才能完滿一門看似空泛而實是有大作用的課程需求。

對於這一點，我本有可行的構想（不同於他人只教些基本寫作概念的認知），只是礙於難以全面推動，才有上述的協同教學的呼籲。彼時我的授課涉及思維和寫作的相關知識以及各學科具體的思維和寫作方向等，同時也在連續授課中寫成兩本專書出版（周慶華，1999b；2001b）。這就是為了落實在各學科中而將各學科更精實的發展所設想出來的，它道地是一門後設性的學科；只是沒有奧援，無法形成一股風氣而大為改善當前各學科教學「未能晉級」的沉疴。

三、「思維與寫作」課程在大學教育中的指標作用

所以說「思維與寫作」課程是「看似空泛而實是有大作用的課程」（見前），主要是它要落實在各學科中才能見著效果；而一旦能落實在各學科中，它的總綰提領的「指導」功能就會讓它顯得無比重要。因為「思維」在此是「為某某而思維」而「寫作」在此是「為某某而寫

作」，它一貫的解決了學科在自我促成上的「制約」問題，使得「思維與寫作」課程永遠都帶有優先性及其在反省學科建制上的引領作用。

我們知道，後設性是一種自我批評或評論自身的體現（布魯克，2003：245），它在彰顯功能時縱然會躍至反規律化的境地：「在某種意義上，後設所依據的，是海森堡的不確定原理的闡述：『對於物質的最小的基本粒子來說，每一次觀測過程都會引起嚴重的干擾。』而且要描述客觀世界是不可能的，因為觀測者總是在改變被觀測者。然而，後設的憂慮甚至比這更為複雜；因為海森堡尚且相信至少總有什麼是可以描述的，即使不是一幅自然的圖像，也會是一幅跟自然『相關』的圖像，而後設所表明的是甚至連這樣的過程都是不確定，那又怎麼可能『描述』事物？後設是對於一種基本的兩難處境的高度自覺：如果人們開始去『表現』世界，他們就會迅速意識到這個世界正是如上所說的是不能夠『被表現的』──後設所開始探討的，正是這兩難處境」（渥厄，1995：4），但整體上它的實欲「置對象於掌上」的省視工夫，還是頗為可觀。換句話說，只要是經過後設程序的，相關的討論就會著成一種「制高」典範，而遠非一逕處於對象實踐階段的「一序言說」可以相比。在這種情況下，「思維與寫作」課程就是要用來後設觀照各學科的，它的檢討各學科「究竟是如何思維和寫作的」優位性，顯然不宜從踐行中抽走，而將它隨意的等同於一門泛泛的學科。

這樣的一門總體後設性的學科（進入各學科後就要轉成個別後設性的學科），在大學教育中應該可以深具一種「指標作用」。如果不諱言現今國內的大學教育全仿自西方，那麼有關大學教育的「沿革」就有下列四個階段變化：第一是起源於古希臘時代的博雅教育和學術研究，以追尋教育的內在自為目的和內在價值性以及探索真理為主；第二是起源於十七世紀啟蒙運動的實用效益教育，以尋求教育的表現性和知識效益為主；第三是起源於二十世紀五、六〇年代的博雅的職業教育，以發展通才的全人博雅教育和專門的技職教育為主（目的在協調先前的知識本質論和效益論）；第四是起源於二十世紀八〇年代的反

大學運動，著重在揭露和批判西方資本主義中（特別是美國）大學如何的透過跟企業建立的「知識工業」和「學科制度」的劃分來再製和符應資本主義社會中的勞力資本、生產關係和生產線等（金耀基，1989；黃俊傑主編，1997；戴曉霞，2000；陳伯璋等，2002；鄭燕祥，2006）。不論迄今這四種大學教育的精神理念是如何的「參錯為用」，它都不免要予以學科化。這種學科化，雖然會被部分點綴性的「通識教育」所沖淡，但它的「全程性」堅持還是牢牢的保有它的正常體制。換句話說，通識教育即使倡議者曾有「大學通識教育可以是大學、社群、國家以至一個文化的教育理念；可以是一種教學措施，提供相關課程和學術活動以擴闊學生的視野；可以是一個以培育大學生的心靈或人格為目標的文化取向；可以是一種對於大學教育的哲學構想；可以是一項提倡某些理想甚至或抗衡現行教育系統的社會運動；也可以是一個具有特定內容和目標的課程；甚至可以是一系列以通識教育為名而推行的課程組合等等」（何秀煌，1998：45）、「通識教育不是把多一些有關『人文』和『科學』的課程拿來併讀，而主要是如何培育學生的洞識、分析和貫串能力，也藉此薰陶學生，培養高尚人格、氣質和欣賞品味」（葉啟政，1995：181）、「所謂『通識教育』，就是一種建立人的主體性並跟客觀情境建立互為主體關係的教育，也就是說是一種完成『人之解放』的教育」（黃俊傑，1995）這類的洞見在推銷，但它在實際的課程規畫中就不能「無形」化或「消際」化；反而是一個個「稍泛」學科的衍化，更讓人聯想到專精教育的學科規模可以「更好」的取代它。既然是這樣，那麼直接藉由後設學科的「發威」，不也是理所當然且可寄予厚望的麼！

「思維與寫作」課程這種在大學教育中的指標作用，一方面固然是靠它的總體後設性撐起的；但另一方面也是源於它不類的「殊異性」所徵候的。也就是說，沒有一門課程會訂成這樣的「無所指涉」，它的另類形態已經給課程羣組帶來必要「另眼相待」的變數或可以為它「仰望成真」。因此，縱使一門「思維與寫作」課程被教得「零零落落」，

還是無妨它要在大學教育中繼續佔著「獨此一支」的特殊地位。而從這一點來看，當年我所在意的「我們利用協同教學，將該課程『充實』化，以及可藉機宣導教學者認知或觀點不可能一致的理由，期望受學者不妨『兼容並蓄』以便寬闊視野。這種教學法的直接受益者，不只受學者（可多吸收資訊），還包括教學者（有機會交流分享彼此的研究成果）。此外，它也可能因此而樹立起一種『典範』，推廣後可以提升（各科）教學的水準」（周慶華，2008b：93），也就不純為無計其的總體後設性，反而因為那樣「殷殷致意」而可見「思維與寫作」課程的大可深為期待。

四、繼起「思維與寫作」課程的驅動程式

以「思維與寫作」課程的總體後設性「獨此一支」的佔著大學教育的特殊地位，它的指標作用就會因為「過於醒目」而被多方的慮度；再不然它的課程招牌也會因為「無以類比」而被有心的賞鑑，使它「別有所圖」的昭示性恆存。換句話說，「思維與寫作」課程的明列，在在彰顯著有一門獨特實擬的課程就「即將發生作用」；它自我標示後設性的學科特色，「輾轉成空」後是很可以再為它鋪展新義，而讓它真正的「備感重要」。

這是從「思維與寫作」課程要有的學科高度來說的；它所出示的「思維」和「寫作」的總綰提領性，總得有可以「派上用場」的地方，而要求它如上述般的升級，也就「恰逢其時」。這總說是繼起「思維與寫作」課程的驅動程式，細說則是該驅動程式的分項展演。我們知道，思維是指人所自覺且規律的心理活動，有特定的對象、目的和方法（周慶華，1999b：45）；而寫作則是筆述或書寫的同義詞，為思維的具形化（思維的外化動作及其完成，就是寫作的狀態及其結果）（同上，88）。由於「思維與寫作」有「與」字在連接，不免會引發人望文生義，而

忽略了它內涵上可能有的廣度和深度。比如有人會把它想成是一種「調適」或「修正」的過程，讓思維擔負「完善」寫作的助緣，而寫作成了檢驗思維的手段；以至思維被工具化，而寫作也被單純化了。又比如有人會把它想成是一種特定或專門領域由內蘊到外化行動的「祕方」或「進路」，使思維成了探照燈兼催化劑，從此將寫作推上神聖殿堂；以至思維被神祕化，而寫作也被神聖化了。雖然如此，後者仍然不脫「工具」色彩，使得「思維與寫作」終究少了那麼一點「自主性」（周慶華，2008b：107）。其實，上述的情況，只是屬於「我們知道自己在思維或寫作」的範圍；此外，還有「我們實際在思維或寫作」以及「我們知道自己知道自己在思維或寫作」等可能性。當中「我們實際在思維或寫作」是對象性的，存在於具體情境的思維或寫作中；而「我們知道自己在思維或寫作」和「我們知道自己知道自己在思維或寫作」則是後設性的和後後設性的，分別存在於對具體情境的思維或寫作的檢視和再檢視上。後者也可以形諸文字，而成為所謂的「後設寫作」和「後後設寫作」（照理可以無限「後設」下去），以有別於前者的形諸文字過程所得稱的「對象寫作」。而不論如何，只要寫作一出現，思維就要被「消融」在裏頭；使得所談論的寫作，都有思維「內在其中」（同上，107～108）。換句話說，「思維與寫作」從對象性到後設性（或後後設性），它在課程結構中於理是可以這樣存在的；只是一旦學科化了，它的不能不後設性就得油然躍升（對象性的部分就讓它「隱在」）。這樣「思維與寫作」作為一門課程的驅動程式，就可以從它在學科的位置開始。

我們把「思維與寫作」課程當作一門學科，無疑是虛擬的，它得跟其他學科「結合」後才顯出後設學科性。而這則有基本的人文學科、社會學科和自然學科等可以使力：在人文學科方面，寫作是為了探討人類存在的意義、價值及其創意表現的學問；在社會學科方面，寫作是為了探討人類的社羣組織的原理原則和人際關係的運作方式的學問；在自然學科方面，寫作是為了探討生物和物質的產生及其運作規

律的學問（周慶華，1999b：127、179、212）。因此，「思維與寫作」課程落實在具體學科的「求情」或「索碼」上，就得展現這種有「分工進趨」作用的欲力，以為實質的學科風采樹立楷模。至於各「大」學科底下還可以細分「小」學科，則一樣比照著將它分派進來。如人文學科還可以分哲學、宗教學、文藝學、史學、語言學和文化學等等。當中哲學和宗教學等就是直接在處理人的存在、存在意義和存在價值等課題；而文藝學則是間接在處理人的存在、存在意義和存在價值等課題；至於史學、語言學和文化學等，則是分別在處理人的存在、存在意義和存在價值在歷史長河裏演變的情況、所運用的語言符號媒介和相異系統所顯現的差別等課題。由於人的存在、存在意義和存在價值等現象或問題，還存有「異見」或可再作思考的空間，以至上述學科都可以再發展下去（也就是還可以繼續寫作）。至於其他的次次學科或所衍生的後設學科（次次次學科），同樣可以比照辦理或別為開闢疆域。又如社會學科還可以分社會學、政治學、經濟學、法學、心理學、管理學、傳播學、人類學、民俗學、考古學、地理學、教育學、統計學和人口學等等。當中社會學、政治學、經濟學、法學、心理學、管理學和傳播學等就是直接在處理社羣組織的原理原則和人際關係的運作方式等課題；而人類學、民俗學、考古學、地理學、教育學、統計學和人口學等則是間接在處理社羣組織的原理原則和人際關係的運作方式等課題。由於社羣組織的原理原則和人際關係的運作方式等現象或問題，也還存有「異見」或可再作思考的空間，以至上述學科也都可以再發展下去（也就是還可以繼續寫作）。至於其他的次次學科或後設性的次次次學科，也同樣可以等同辦理或別為尋求發展。又如自然學科還可以分基礎學科（如數學、化學、物理學和生物學等）、技術學科（如電子技術、計算機技術和工程技術等）和應用學科（如電子計算機工程、太陽能、合成纖維和遺傳工程等）等等。當中除了基礎學科中的生物學是在處理生物的產生及其運作規律，其餘的都是直接或間接在處理物質的產生及其運作規律。由於生物和物質的產生及其運

作規律等現象或問題，也還存有「異見」或可再作思考的空間，以至上述學科也都可以再發展下去（也就是還可以繼續寫作）。至於其他的次次學科或後設性的次次次學科，也同樣可以比類辦理或別為開啟新猷（同上，144、188、215～221）。

這一驅動，「思維與寫作」課程的自我後設化，就會一再的延伸出去，而有「類型」經驗的整合。如在知識經驗方面。可以有抒情／敘事／說理等文體類型、高度抽象／中度抽象／低度抽象等抽象類型、人文學科／社會學科／自然學科等學科類型、前現代／現代／後現代等學派類型和創造觀型文化／氣化觀型文化／緣起觀型文化等文化類型等等。又如在規範經驗方面，可以有倫理式、道德式和宗教式等等。又如在審美經驗方面，可以有優美／崇高／悲壯等模象觀式、滑稽／怪誕等造象觀式、諧擬／拼貼等語言遊戲觀式和多向／互動等超鏈結式等等（周慶華，2007b）。它們在大方向上，三類經驗自成一個交集的關係圖：

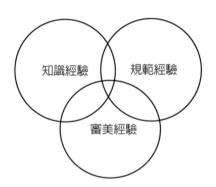

此外，知識經驗或規範經驗或審美經驗內部，各自的「依違」或「包攝」關係，也都有可以布圖說明的（同上），也就不言可喻了。甚至為了完成一個特別複雜的文學文本的理解模式，不惜讓它的「深意」來穿梭紙背（以它的深廣的透視力將文學文本的可能性「和盤托出」而顯異常本領）：

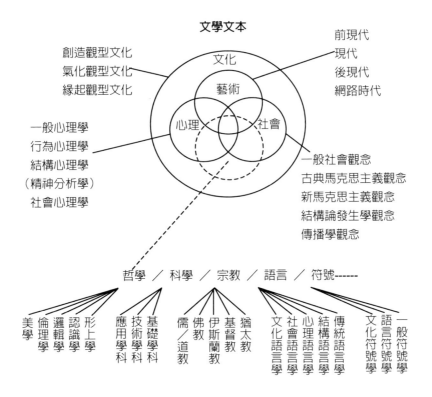

文學文本

前現代
現代
後現代
網路時代

文化

創造觀型文化
氣化觀型文化
緣起觀型文化

藝術

一般心理學
行為心理學
結構心理學
（精神分析學）
社會心理學

心理　　社會

一般社會觀念
古典馬克思主義觀念
新馬克思主義觀念
結構論發生學觀念
傳播學觀念

哲學　／　科學　／　宗教　／　語言　／　符號------

美學　倫理學　邏輯學　認識學　形上學　　應用學科　技術學科　基礎學科　　儒／道教　佛教　伊斯蘭教　基督教　猶太教　　文化語言學　社會語言學　心理語言學　結構語言學　傳統語言學　　文化符號學　語言符號學　一般符號學

（周慶華，2009：256）

　　這都是以「思維與寫作」為名，而進行實質的揣度和建樹，所體現的已經不是任何單一學科的對象實踐所能見的那些東西；它的「制高點」式的處理各學科或各整合經驗，既有「指引」功能又能自我展現「光華」（完構的篇章都帶著哲學性），不盡應了一個系統內的驅動程式。這種程式，由「思維與寫作」課程來表面維持；而由授課者從實務上去發揚，終而「動靜兩竑」。

　　如果把寫作收攬為基進創新的取向，那麼它最後所能見長的就是西方人所崇仰的「神創」：「起初，神創造天地——神說：『要有光。』」就

有了光——神說：『地要生出活物來，各從其類；牲畜、昆蟲、野獸，
各從其類。』事就這樣成了——神說：『我們要照著我們的形象、按著
我們的樣式造人，使他們管理海裏的魚、空中的鳥、地上的牲畜和全地，
並地上所爬的一切昆蟲。』神就照著自己的形象造人，乃是照著祂的形
象造男造女」（香港聖經公會，1996：1～2）、「人類受造的目的，是為
了創造；唯有創造，人類才能以榮耀回報造物主」（魏明德，2006：15）。
這無非就是我們的榜樣；從此得試著尋隙、突圍和開新，掌控新寫作的
創造權，努力使我們自己成為下一個神（周慶華，2008b：51～52）。這
麼一來，繼起的「思維與寫作」課程的驅動程式，也就在這一學科分進
整合和立志創新上「奉旨」應機了。

五、一個有關「思維與寫作」課程內在的新指標

作為一門課程，「思維與寫作」應該跟各學科搭配不成（一開始大
家就不是這樣思考），轉而開設在各學系予以統括又不成（授課者也不
知道要如何統括），最後變成全校的必選課更不成（由各系學生來選
修，試問這樣的課程要怎麼教呢），似乎是「無用至極」。但又不然！
它的存在還是昭告了一個新學科的可能想望：以它來總綰提領既有學
科的後設知見，而讓大學教育可以多一分自省能力。現在縱使該課程
已經顯得「回天乏術」，但只要它保留著，就會促使我們去面對它，進
而設法讓它發揮更大的效用。

倘若從課程本身的「新需」性來說，它不能強返理想情境的就得
自我充實內容以見「仍形重要」。也就是說，還有機會開設這門課程的
人，得試為量度所能展現的風采，以為「可期待」的憑籍。而這不妨
以因應能趨疲為旨歸，且將跨域書寫引為常規，一舉著成「思維與寫
作」課程內在的新指標。前者（指因應能趨疲），是因為西方的創造觀
型文化鑄下過多不堪的典範以及東方的氣化觀型文化和緣起觀型文化

太大意的隨波逐流，而造成如今舉世瘋狂的爭權奪利和耗用地球有限資源的全球化浪潮。當中創造觀型文化所崇尚的天國信念過深，會反過來企圖「埋葬」現實世界。還有創造觀型文化所內蘊的塵世急迫感，長期以來不斷有意無意的衍生出一種暴力愛，以「強迫接受憐憫和教誨」的方式在對待非西方世界的人；它所要索得非西方世界的人「悔過」的承諾，已經低估了非西方世界的人的「求生之道」（也就是不跟西方世界的人一般見識）。這代表了裏面隱含有西方世界的人既不了解自己也不了解他人的近於「全盲」的問題。換句話說，所有當今所見的能源短缺、環境破壞、生態失衡和核武恐怖等後遺症，也就是從這兩點（指崇尚天國的信念過深和塵世的急迫感）「發端」。氣化觀型文化和緣起觀型文化原不是這個路數的，但從一個多世紀以來隸屬於這兩個文化傳統中的人憚於西方科技的威嚇脅迫，也都挺不住而被收編「隨人起舞」了；以至已現的能趨疲徵象的「沒有明天」的後果，也就得由大家來分攤承受（周慶華，2009：313～315）。顯然這不會有光明的前景可以期待；而將資源的耗用減到最低程度以避免不可再生能量達到飽和，自然就考驗著我們能否保有過一個「雖不美好但也不致太壞」的未來的智慧（周慶華，2002a；2004a；2005）。因此，不步像美國這樣逐漸淪為「貧困大國」的後塵（堤未果，2009），也不盲目隨中國大陸這種「飢餓大國」的崛起（肯吉，2007），也就成了善於因應能趨疲的起點。

　　後者（指跨域書寫），是因為出了界域，還可以展望的，大概就是向神祕界覓踪了。這是同宗教見識而肯定在現實世界以外還有一個靈界的存在，所得一併關連致思的。換句話說，「思維與寫作」在結撰的過程中，可能會有靈界的介入以及相關的詮釋要聯上靈界才能「盛稱圓滿」；而目前大家都還鮮少意識到這些的，就得列入所要展望的範圍而試為給予必要的安置。

　　我們可以設想，靈界和現實界的交涉，經過靈異學和世學的對比研擬後，可能有「次元」性的層次存在。這種次元性的層次，是以靈

界和現實界的關連來定例的。它在最基本的層次是一次元和一次元的
關連：

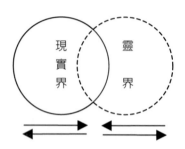

當中靈界較難體驗，姑且以虛線圈劃來表示；而靈界和現實界在空間
上可以「半合半離」，也可以「全合」和「全離」（圖下方的一組箭頭
就是分別在表徵這兩種情況；雖然「全離」那種情況有點不好想像）。
這樣靈異學和世學的關連，就是次元性完成的；它們彼此的對應也從
形式（空間概念）深入到實質（內在理路），而受論述規範的完全統轄
（不然就無法設想兩界有不在同一個空間而靈異學和世學還可以交涉
那種情況）。此外，它出了最基本的層次，還可以有一次元和多次元的
關連、多次元和一次元的關連以及多次元和多次元的關連等三種情況：

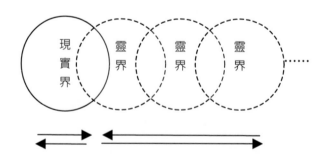

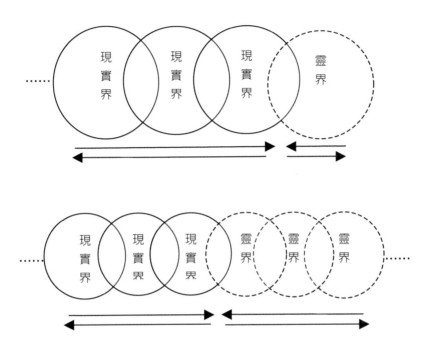

照理這幾種關連情況都有可能存在，只是它們的分合或拆疊現象不易
掌握；以至僅能以「容許」的方式看待，而把討論的重點擺在兩界相
通的部分。換句話說，不論靈界和現實界會是怎樣的一種交涉關係，
在建構靈異學的過程中都得給相關的構成分子安排一個隱藏式的集合
區域(也就是接近先驗性的存置場域)，而將各種次元性的關連情況「隨
機」發露或布建(周慶華，2006a：36～38)。因此，「思維與寫作」要
成就什麼樣子，倘若也受制於靈界，那麼它的「因緣」及其「目的」
也就得置於上述的架構中去定位；而所有「思維與寫作」的「要」或
「不要」以及相關的開展等，自然也要連結靈界的欲求來一起衡量。
而它的新學科性，姑且可以規畫出一些：

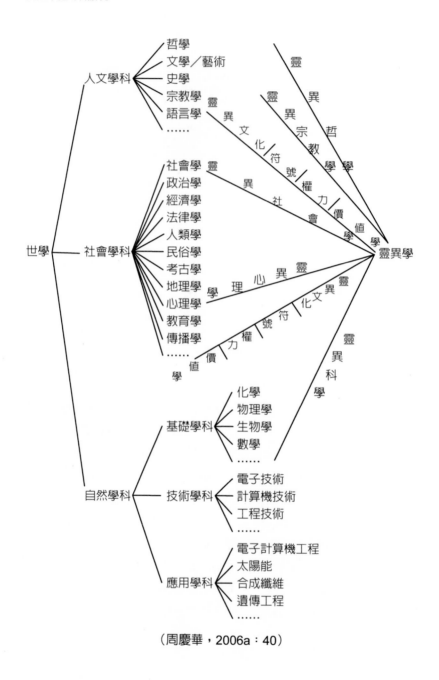

（周慶華，2006a：40）

　　以上是「思維與寫作」課程的總體後設性難成後，所可以如此規模改向的。它仍然在後設欲求的範圍，但旨趣已經有所聯類。而所謂的新指標，約略就是透過該聯類在自我完成出奇。

第十五章　出版透視與高空鳥瞰：
洪文瓊臺灣兒童文學史的書寫典範

一、觀察者與參與者兼具的身分

　　自從兒童文學因為有「兒童」的限制項而可以脫離文學的領域且自成一個範疇後，有關對它的認知就開始朝向後認識論的立場移動。也就是說，論述兒童文學的人都基於權力意志而依便構設了一套套的兒童文學的知識，使得兒童文學的範疇性也跟其他學科的範疇性一樣（周慶華，2004d；2007b；2009），充滿著習取上的不確定感。而根據這一點來看臺灣一地的兒童文學論述所顯現的「紛繁多姿」，由於已經後認識論觀念的對焦，所以所見相對上就會「真切」一點。

　　在這種情況下，想要對一個資深兒童文學人如洪文瓊的兒童文學的見解劃定討論區，也就毋須再別為尋找前提。換句話說，只要當洪文瓊也在參與兒童文學知識的建構，他就可以進入這一次第的觀察範圍且不必受舊認識論真假／有效與否一類形上欲求的制約。而這在我類屬「第二層次」的掌握中，得有一個切入點來跟他相關的論述接軌，以便後續「依違後認識論」式的討論能夠順利的展開。

　　這個切入點，是有關兒童文學在臺灣的「興起」樣態的。它大約有三個方面可以歸結發揮：第一，兒童文學是近代西方人文理性抬頭下的產物。先是比照一般人脫離中古世紀神學籠罩後所要凸顯的自主性，而

重視起即將「長大成人」的兒童這個層級的獨特性；後是認為兒童既然要長大成人，那麼他們也該有文學的涵養，以便為在人來說所不可或缺的審美心靈的深化奠定基礎。這在早期以改寫或創作「適合兒童」欣賞的作品為主（可以《格林童話》和《安徒生童話》為標誌），晚期則朝向「專為兒童」需要而創作的途徑邁進。

第二，綜觀兒童受到重視而隨後有兒童文學的興起，這在西方已經有二、三百年的歷史〔艾斯卡皮（D. Escarpit），1989；湯森（J. R. Townsend），2003；吳鼎，1991；葉詠琍，1982〕。但在中國原來並沒有兒童文學這種東西，僅見的一些啟蒙教材（如《三蒼》、《急就篇》、《孝經》、《論語》、《女誡》、《千字文》、《開蒙要訓》、《蒙求》、《太公家教》、《兔園冊》、《百一詩》、《雜鈔》、《雜字書》、《三字經》、《百家姓》、《神童詩》、《千家詩》、《二十四孝》、《對相四言》、《朱子治家格言》、《日記故事》、《幼學瓊林》、《龍文鞭影》、《唐詩三百首》、《昔時賢文》、《女兒經》和《弟子規》等）所傳授的內容也不過是要兒童提早體驗成人的生活（周慶華，2000a：121～140）；直到近百年來西方文化陸續傳入後，兒童文學的觀念才開始引進而在中土社會萌芽成長。至於臺灣，從上個世紀五０年代以還（緣於一些作家隨著國民政府遷臺，在此地辦報、設出版社、獎掖兒童文學創作，而逐漸帶動起兒童文學的生產、傳播和接受的熱潮），就頗積極要跟西方的兒童文學接軌，迻譯、創作、傳播和研究等都不落人後。

第三，大體上，有幾項指標可以看出臺灣的兒童文學在這五十多年來努力「進取」的跡象：首先是創辦兒童雜誌和兒童報紙，如《臺灣兒童月刊》、《小學生雜誌》、《小學生畫刊》、《學友》、《東方少年》、《幼獅少年》、《小樹苗》、《紅蘋果》、《小袋鼠》、《月光光》、《兒童月刊》、《小讀者》、《大雨》、《風箏》、《布穀鳥》、《滿天星》、《國語日報》和《兒童日報》等，這些專屬性的雜誌和報紙所開闢的兒童文學版面，提供相關作品發表的機會，對於推動兒童文學的創作風氣實有莫大的助益。其次是專業或附屬的童書出版社的設立，如東方出版社、國語日報社、民生

報社、臺灣省教育廳、書評書目出版社、洪建全教育文化基金會、九歌出版社、幼獅文化公司、富春文化公司、天衛文化公司、小魯出版公司、皇冠出版公司、信誼基金出版社、親親文化公司、愛智圖書公司、光復書局、漢聲雜誌社、臺英社、張老師出版社、新學友書局、遠流出版公司、格林文化公司和童書藝術國際文化公司等，這些出版社所出版相關的系列作品，不啻直接帶起了兒童文學創作的熱潮。再次是兒童文學獎的舉辦，如教育部優良兒童讀物獎、臺灣省教育廳兒童文學創作獎、中山學術文化基金會中山學術文藝獎兒童文學類、國家文藝基金會國家文藝獎兒童文學類、新聞局小太陽獎、文建會兒歌一百徵選、高雄市兒童文學寫作學會兒童文學創作柔蘭獎、師院生兒童文學創作獎、洪建全兒童文學創作獎、中華兒童文學獎、東方少年小說獎、信誼幼兒文學獎、陳國政兒童文學獎、國語日報兒童文學牧笛獎、九歌現代少兒文學獎、臺東大學兒童文學獎和其他較後出的公私立文學獎兒童文學類等，這些兒童文學獎所獎勵的相關的創作，更加推波助瀾兒童文學向「自產性」高峰發展。再次是兒童劇團、兒童文學學會、兒童文學學術研討會、兒童文學的研習和教學研究等等的創設和建制，如兒童教育劇團、水芹菜兒童劇團、魔奇兒童劇團、杯子兒童劇團、九歌兒童劇團、臺東兒童劇團、蘭陽兒童劇團、小木偶劇坊、如果兒童劇團、信誼基金會小袋鼠說故事劇團等兒童劇團的組成及高雄市兒童文學寫作學會、臺北市兒童文學教育學會、臺灣省兒童文學協會、中華民國兒童文學學會等兒童文學學會的創會和各師院語文教育學系所舉辦「兒童文學與語文教育學術研討會」、靜宜大學文學院所舉辦「兒童文學與兒童語言學術研討會」、臺東大學兒童文學研究所所舉辦「兒童文學學術研討會」等以及佛教慈恩育幼基金會所創辦慈恩兒童文學研習營、各公司機關團體所創辦兒童文學研習會、各大專院校兒童文學課程的開設、臺東大學兒童文學研究所的設立等，這些環繞著兒童文學的傳播和推廣等活動的策畫和執行，也多方的刺激了兒童文學的成長。而由此也可見兒童文學這一「後起之秀」或「附庸蔚為大國」的實體，在臺灣這個彈丸之地所受廣泛重視和特加憐愛的一斑（周慶華，2004e：157～159）。

　　依照上述這個架構，在此地凡是跟兒童文學有關的事物，似乎都可以「據為系聯」而有我們「一窺詳情」的機會。而這就洪文瓊的表現來看，他除了長期任教於臺東大學，還曾擔任過兒童圖書與教育雜誌總編輯、慈恩兒童文學研習會總幹事、中華民國兒童文學學會第二任祕書長、兒童日報創報總編輯、信誼學前教育基金會兒童文學委員會委員、國語日報編輯顧問兼兒童文學周刊版主編和九二八電腦公司CAI&E-Book部門顧問等職（洪文瓊，2004：底封面摺口），可以說在創作和翻譯以外所關涉的「推動」兒童文學的出版、傳播、研究和教學等行業，他都經歷了。這也使得他特別有資格從觀察者和參與者的身分來發言，並且取得無緣這般接觸兒童文學的人所嚮往的「專業資歷」。

二、兒童文學的出版透視概況

　　顯然兒童文學在臺灣一地的發展時間尚短，而洪文瓊的專業資歷剛好都接上了。這從他所編著的《臺灣兒童文學手冊》（1999）和《臺灣圖畫書手冊》（2004），以及主編兼撰稿的《中華民國臺灣地區兒童期刊彙編，民國38～78年》（1989）、《1945～90年兒童文學大事紀要》（1991）和《1945～90年華文兒童文學小史》（1991）等書，可以印證。

　　如果以洪文瓊特大宗的有關兒童文學出版的論述為例，那麼他對臺灣兒童文學約略就有三個階段獨家的透視：第一個階段是在〈1945～1993年臺灣兒童讀物出版量與質的總體分析〉一文中所論斷的「高價位套書」、「虛浮風尚」、「一窩蜂主義」、「非專業化傾向」和「缺乏民族風格的作品」等幾項有關臺灣兒童讀物的品質問題，以及「缺乏品管管道」、「缺乏理論支援」、「兒童圖書館資源不足」、「消費觀念偏頗」和「兒童文學從業人員社經地位偏低」等一些涉及影響臺灣兒童讀物健全發展的因素（洪文瓊，1994a：43～47）。這些主要環繞著出版物所顯現的「可觸及的跡象」而發的見解，不啻道出了兒童文學觀

念外來所實踐處「體質」普遍難以跟人家併比的癥結。也就是說，洪文瓊的透視已經可以直逼文化移植的困境（只要不是在自己的土壤醞釀的東西，都有這種缺憾）！

第二個階段是在〈多媒體時代兒童文學發展前瞻〉一文中所鋪展的「編著系統」／「用戶介面」／「多重文字和多重媒體」／「虛擬實境」／「儲存技術」／「放映技術」等多媒體系統影響資訊傳播的技術環節、「圖書形態的改變」／「編制作業方式的徹底改變」／「參與化、視覺化、聽覺化將是兒童電子書的最高編輯指針」／「圖書使用方式的大變革」等多媒體時代電腦對出版業引發的衝擊、「電腦將成為作家必備的基本工具」／「作家傳統的獨立性和獨尊性將受到嚴重挑戰」／「作品螢幕化的挑戰」／「書面的文學語言和口說的文學語言的一致性問題」等多媒體對兒童文學作家的衝擊和「使用電腦繪圖相關套裝軟體成為必須具備的基本能力」／「美術分工不但繼續存在，而且會愈來愈細」／「設計規畫及廣泛的背景知識益形重要」等多媒體對兒童圖書美術工作者的衝擊，以及「要摒除傳統重文的觀念，重估圖、音的教育價值」／「外版化危機的未雨綢繆」／「注重多媒體產品開發相關理論研究」等結論和建議（洪文瓊，1997：16～36）。這類的預期，雖然還未釐清如其他論者所指出的宰制耗能危機和資訊化社會的新虛無性等問題〔柯司特（M. Castells），1998；曼德，2001；格拉罕（G. Graham），2003〕，但在臺灣內部後續一片「看好」聲中（梁瑞祥，2001；須文蔚，2003；張高評主編，2007），還是有「見微知著」的效果。這麼一來，洪文瓊的透視就無異預告了科技移植及全球化「不得不爾」的無奈！

第三個階段是在統整圖書書而結撰成《臺灣圖畫書發展史》一書所發掘的「圖畫書出版深受市場環境因素和政府政策因素影響」、「相對於經濟發展是臺灣圖畫書的關鍵指標，解嚴開放同樣是促成臺灣圖畫書發展的分水嶺」、「從圖畫書出版社總體運作來看，近六十年來，臺灣圖畫書出版系統，一直是官方、民間並存的發展形態；出版品則外版書多於本土版，幼兒刊物是本土圖畫書作畫家當前最重要的寄足

場所」、「電腦多媒體適合用來展現圖畫書，由於客觀的環境（市場小、拷貝容易，交易規範不易……），電子童書出版在臺灣並未造成風潮」、「幼兒讀物的兩大支柱──圖畫書和幼兒期刊，到九〇年代均出現再分化的現象」、「臺灣圖畫書的版式、繁體注音、橫排（字由左而右）逐漸成為主流範式」、「精裝加附 CD、親子手冊是流行的包裝方式，主要是為了迎合學習導向的消費心態；而在行銷方面，臺灣一直未發展出良好的產銷分工制度。套書直銷由光復、臺英試行成功，一直盛行不止」、「臺灣圖畫書未來的發展和先進國家相較，差距不在印刷、裝訂，而在編、寫、畫和研究方面」、「臺灣圖畫書發展的三個歷史分期中，第三期雖然多元競榮，卻也面臨最嚴峻的考驗」和「從縱向近六十年臺灣圖畫書三期的發展脈絡中，省教育廳編輯小組設立、洪建全兒童文學獎創設、信誼基金會設立、臺英和漢聲產銷合作、國立臺東大學兒童文學研究所設立，這五個事件對臺灣圖畫書的發展具有關鍵性的影響」等事項，以及所陳列的「人才培育應列為第一優先」、「設置圖畫書美術館」、「強化兒童圖書資訊的蒐集、整理、分析」、「鼓勵獎助出版專業期刊」、「獎勵有關圖畫書專題研究或撰寫教科書」、「獎助鄉土題材圖畫書創作出版」、「整理資深圖畫書作畫家人才檔」和「設置並遴選圖畫書作畫家講座」等建言（洪文瓊，2004：99〜104）。這種文化進化論式的批判方式，固然遺缺多多（包括創作和接受的精神易動跟出版和傳播的物質變化不是一併偕進、整體環境充滿著人和市場的不穩定因素以及社會文化的形塑和被形塑的質性難以全面考察等等）（埃斯卡皮，1989；何金蘭，1989；滕守堯，1997；周慶華，2003），但所揪舉的臺灣圖畫書市場脈動的某些「癱滯」現象，仍然稱得上「慧眼灼照」且「苦口婆心」。換句話說，洪文瓊的透視對於文化進口再製的窘迫頗有警覺和知所轉進方向。

　　基本上，出版視野只能看到經濟力和生產關係的運作〔史密斯（D. C. Smith），1995；隱地，1994；孟樊，2002〕，對於誰在操縱經濟力和生產關係以及背後的美學、道德規範、世界觀和終極信仰的「支持

度」等一概無從著眼（即使偶爾著眼了，也會因為事涉複雜而僅能「淺嘗即止」，根本深入不了）。而洪文瓊有關兒童文學的出版考察，就頗有自知之明，自動略過作者、作品、讀者和更深歷史文化背景等層面，而僅依現實傳播的動向立論。這種切面透視，隱含有混沌理論（葛雷易克，1991）的碎形或蝴蝶效應的新洞見；只是少了一點複雜理論（沃德羅普，1995）偶發變數影響全局的觀照智慧。這是說臺灣兒童文學市場的考察，很難只就某些重要事件的出現就能斷定它的影響力（應了混沌理論），當中可能還有海島型國家人特別崇洋媚外和內部多股力量交混激盪而不定接受嗜新向度所偶然促成（得從複雜理論的角度來看）。也因為有後者存在，所以要再預期臺灣兒童文學的發展方向或想望它的理應前進作為，也就少能如願。

三、高空鳥瞰的一些成果

　　除了關注出版的波動，洪文瓊還旁及許多課題，包括兒童圖書的推廣和應用、兒童文學的見思、兒童文學的專類發展和電子童書等等（洪文瓊，1994a；1994b；1994c；1997），這些也可以一併看出他學思的一斑。而大致上，這類的討論大多採鳥瞰的方式（他雖然有跟人合著《兒童讀物導論方法與策略教學研究》和《1945～92年臺灣地區外國兒童文學類中譯本調查研究》等書，可以一覽他細談詳較的功力，但就兒童文學這個區塊所會涉及的作者、作品、讀者和更深歷史文化背景等層面，目前他則還沒有餘暇進行深廣度兼備的探討），所得也有一些成果可以觀摩。而在這些「小」成果中，特別是有關用來支持他論述兒童文學的出版兼及他從事兒童文學的傳播、研究和教學「所以可能」依據的兒童文學的見思部分，不妨予以稍事整理來跟前節所論的相呼應。

　　首先是作為兒童文學更高層級制約力的兒童文化問題。在洪文瓊的觀察中，既然「兒童文學」要被獨立出來了，那麼就不能沒有專屬的兒童文化在背後支撐而使得兒童文學有地方可以掛搭。所謂「以兒童文化為依歸，指的是肯定兒童也是文化的創造者，肯定兒童有他們獨立的人格和能力，肯定他們也有自己的文化。兒童文化觀的教育理念是以兒童為本位的人本教育理念，它把兒童當作跟成人一樣的『人』看待，教育的目標就是在使兒童能成為自我發光的生命體，而不是成人文化的反光體」（洪文瓊，1994c：代序1），這是他設論的基調，也是他要「轉」重視兒童文學的大前提。而在兒童文化的倡導下，一門兒童學的「新」學科也跟著要被他所期待完成：「由於兒童文化觀的教育理念是以兒童為本位，因此兒童教育的落實和達成，必須對兒童有充分的認識和了解才可能，也就是必須有豐厚的兒童學以為奧援。所謂『學』是指有系統的大知識體系，兒童學就是指研究兒童的各種系統知識，舉凡兒童發展、兒童心理、兒童語言乃至兒童權利等等都包括在內」（同上，代序1～2）。這雖然不是他的首發〔十九世紀以來，歐、美、日就陸續有人在作這方面的研究，且已經從生物學、醫學、生理學、人類學、社會學、犯罪學、倫理學、語言學、統計學、數學、解剖學、衛生學、病理學、宗教學、文學、哲學、美學、史學和教育學等眾多學科的角度廣為開啟兒童學的面向（吳鼎，1991：15）〕，但有這個可以讓論說「一以貫之」的設定，所解決的兒童文學「非憑空而起」的問題，還是比一般僅能就兒童文學談論兒童文學的人要「視野恢闊」。

　　其次是以兒童學來框限兒童文學的問題。洪文瓊所力主的「真正的兒童文學是立基於『兒童學』的文學，也唯有這樣的兒童文學出現了，兒童文學才談得上真正存在，而兒童文學『學』也才有成立的基礎」（洪文瓊，1994c：6），這在「先天條件」上就限定了兒童文學的向度，以至接著他所發出的「從兒童文學『學』的觀點來立論，兒童文學在性質和知識分類結構上都從屬於文學。文學是藝術的一環，而

『美』又是藝術的本質，因此回溯兒童文學的本質也是美。我們可以歸總的說，『文學』是兒童文學探討的主題，『兒童』是它的方向、它的屬性狀態。它的目的是給兒童提供美的感受，促進兒童的身心發展，幫助兒童達成社會化」（同上，6）這一相關兒童文學性質的界定，也就前提／結論局部相通貫了〔所以說「局部相通貫」，是因為還有「文學」在，它究竟能否兒童化，還是一個大問題（周慶華，2004c；2009）〕。這所透露的建構論（而非本質論）背景，最大的難題還在於接下來的「空白」待填。換句話說，兒童學管轄下的兒童文學到底「會是什麼樣子」，旁觀者都可以發出「舉證」的籲請，而設論的人又該怎麼回應？這一點，洪文瓊顯然還處在但為「初為發凡」的階段，有興趣的人可以為他代勞。

　　再次是直接提點兒童文學的次類型問題。洪文瓊在論述兒童文學的次類型如童話和少年小說時，並沒有再跟兒童學作連結，而是直就該次文類來立論。如「童話的內涵個人認為可化約為三方面，也就是三個基本構成要素：『兒童』、『故事』、『幻想』。兒童是指童話主要閱讀對象為兒童；故事是指體裁上童話是屬散文故事體；然而給兒童看的故事類型太多，那些才能歸為童話？這就涉及童話用以跟其他故事文類相區隔的『童話特質』問題。此一能使得童話跟其他故事區別開來的質素就是『幻想』，它是童話最重要的構成質素，也是西洋現代童話的命名精義所在，可說就是古典童話和現代童話所共具的『特質』」（洪文瓊，1994c：19）、「『小說』範疇規範少年小說的類別歸屬，基本上應該具備小說的文學形式，『人物的非扁平性』、『具故事化結構』和『受生物定律規範』三項當是最重要的判別式。『少年』的範疇是界定少年小說在『小說』中的位域，它應以適合少年閱讀為定位。從少年發展的角度來考慮，『主要人物的可認同性』、『情節的可經驗性——事件具經驗意義、衝突解決方式契合少年的行為能力』、以及『主題、題材和發展任務的相關性』，或不失為最好的定位指標」（同上，41）等等正是。這個「邏輯斷裂」（也就是兒童學隱匿後，相關兒童文學次

文類的討論就會「不知所繫」），原則上洪文瓊還是試為填補了。也就是說，洪文瓊仍然在文中藉「發展心理學」的觀點稍微統合該次文類的內涵而得出上述的結論；縱使格局還有待開闊，但所論已經能「契理應機」了。

由於洪文瓊在討論兒童文學的種種問題上，多屬短製片章，不容易看出他整體的構思藍圖；尤其這些又如何跟他所特別感興趣的兒童文學的出版「緊密結合在一起」，也不見說明，以至二者並列就不免給人有「假以時日還期盼他再說明白」的強烈感覺！因此，只能說他「站」在高空俯瞰一切，正好得出這些「影影綽綽」的約莫成果；想看到成體系論說的人，無妨自己聯想構築，也許會跟他的「創見」相遇。後者是說像洪文瓊這樣要展現創見而可以如願體現於「一套論說」的，實際上也不是什麼難事（周慶華，1998；2002b；2004d；2004c；2009），就看大家是否「知所感發」而踵武強論了。

四、臺灣兒童文學史的書寫典範

就在洪文瓊精於兒童文學出版的考察而略於兒童文學實質內涵的建樹時刻，我們會發現他的學術的敏感度頗為「與眾不同」。所謂「治史是我長期的興趣，為臺灣兒童文學立史，更是我長年的心願」（洪文瓊，2004：出版感言Ｖ），這種「史好」既然成型了，那麼相關的史實建構不就得全面性的展開？可是他卻又自我侷限只就出版一個面向來撰述。因此，嚴格的說那僅僅是兒童文學的「出版史觀」，而還搆不上「整體史觀」。即使是這樣，裏面所蘊涵的「鮮少能如所見」的考鏡分析力道，還是有著成書寫典範而可以寄予他人習取的地方。

我們知道，文學史的書寫本就內蘊著雜音充斥的張力：「柯爾辯稱：我們不需要文學史，因為文學史的對象總是常常現存的，都是『永恆的』，所以它毫無確當的歷史可說。歐立德也會否認一件文學藝術作

品會成為『過去』的。他說：『所有歐洲文學，起自荷馬，都是同時並存的，而且構成一個同時並存的秩序。』一個人大可跟叔本華辯論，以為藝術常常能達到了它的目的；藝術品是永遠沒有改進，而且不可以被取代和重演的。在藝術裏，我們毋須追問『這是什麼事情』（原注：倫克認為這是史料編纂的目的），因為我們能十分直接地經驗事物的演變。因此，文學史並不是真正的歷史，因為它是一門有關現存的、無所不存的和永久存在的事物的知識」〔韋勒克（R. Wellek）等，1987：412〕、「韋勒克認為：所謂文學史只不過是作家、藝術機構和技巧演變的歷史而已；至於說到文學的演變、進展和歷史等，根本沒有那麼一回事。在他的《文學史的沒落》一書中，他認為文學作品是隨時隨地都可以接觸到的；這一種即時可及性，否定了文學是屬於『過去』。即使我們要勉強接受文學史的存在的話，那也只不過是一種非常含混不清的『心理概念』；它所包含的是刺激和反應，或者是陳規和反陳規。不管爭論的立場如何，都無法預知它改變的方向。這顯然是和傳統的文學觀截然不同的立論」〔佛克馬（D. Fokkema）等，1987：譯序 VII〕。而洪文瓊仍然堅持要為臺灣兒童文學立史，可能是他覺得出版事業較「明朗化」，勤於觀察掌握，一部臺灣兒童文學出版史就可以成形。因此，他所自信或自豪的一些言論如「本書對臺灣兒童文學史的分期，從整體大環境作多角度觀照，有與眾不同的分法和論點」（洪文瓊，1994a：扉頁書內容簡介）、「不論電子童書是不是比傳統兒童讀物更有價值、更值得我們接受，它的發展，無疑的都將關係著未來下一代的教養」（洪文瓊，1997：出版序言 1）、「由於過往的經驗，在兒童文學領域裏，我對出版、編輯擁有較深厚的經驗，因此這一本《臺灣圖畫書發展史》，我決定先選擇從出版的觀點加以分析立論」（洪文瓊，2004：出版感言 V）等，也就「文如其人」而不同兒戲了。

　　大概也是因為洪文瓊對於出版環境的熟悉而以為治史「易如反掌」，所以導至他忽略了史觀在當代的轉變（而仍信守歷史有它的「客觀」指標）。該轉變，最主要的是不再「抱殘守缺」相信歷史的客觀性；

而它一方面來自詮釋學的啟迪，一方面來自後結構主義的激勵。前者
（指詮釋學的啟迪），認為史實的認定並沒有絕對客觀的標準（任何人
所提出的「標準」，最多只具有相互主觀性），而這還不是最重要的；
最重要的是史實認定者的企圖。正如尼采（F. W. Nietzsche）所提示的，
並沒有所謂「純粹的認知」，認知本身就是一種詮釋和評價的活動，一
種意義和價值的設置建構。因此，大家所認定的「史實」從來就不是
什麼純粹的「史實」，而是一個意義價值界定的範疇。這個範疇，其實
已形同一個崇高的「理念」，它不僅僅是可以作為討論相關問題的依
據，更是指導行動、定位行動主體的最高價值體系。而當大家在爭論
誰所認定的「史實」才是真史實時，那並不是它更客觀或更真確，而
是因為它更理想或更崇高。換句話說，史實的判定並不是認知層面上
的「真／假」問題，而是價值層面上的「信仰抉擇」或「意識形態鬥
爭」問題（路況，1993：122～123）。後者（指後結構主義的激勵），
認為長久以來世人對歷史的研究都強調在時間的延伸線上，將各種散
亂的史實資料重新歸納排比，以期根據邏輯推衍的順序，重新建立某
個事件或時代的意義。然而，這種治史的方法往往過分重視「體系」、
「始源」和「傳承」等觀念，在研究史實時容易陷入削足適履或一廂
情願的歧途；不但無法重現所謂的「歷史原貌」（事實上也不可能），
反而將史學範圍侷限於少數主題、事件或人物的重複研究中。因此，
凡是對於史學過分凸顯某些事件和人物承先啟後的樞紐地位，熱中鑽
研某一時期的「時代精神」，強求某些意識理念的來龍去脈，乃至重塑
理想主義式的世界史觀等舉動，都會遭致連聲的撻伐！也就是說，人
文現象的產生和發展，本來就沒有固定不變的軌跡可以遵循，也沒有
終極的意義目標可以企及；我們的種種思想行為尺度，都是「知識欲
求」和「權力欲求」交鋒下的產物。這也使得「新」史學工作者，要
以「現在」為立足點，為「現在」寫出一部歷史，而不是妄想於重建
「過去」（傅柯，1993：導讀二 40～56）。這雖然都可以在權力意志的
「重新介入」下翻盤（依舊讓它「如人所信」的），但有關它在相當程

度上的「挑激」作用，還是不得不加以理會。在這種情況下，洪文瓊的出版史觀的書寫方式，就有可供「反思」的另類的典範意義。

典範一詞，通常都要追溯到孔恩（T. S. Kuhn）的界定：「我所謂的『典範』，指的是公認的科學成就，在某一段時間內，它們對於科學家社羣來說，是研究工作所要解決的問題和解答的範例」（孔恩，1989：38）。而洪文瓊的臺灣兒童文學史的書寫，是否會成為兒童文學社羣的範例，還無從得知；但可以判斷它應該成為「典範」，所以這裏就直接用典範一詞。這種典範，一方面是指洪文瓊對兒童文學的出版生態極盡描繪的能事可以高懸而被人所觀摩仿效；一方面則是指洪文瓊未能及時轉化史觀「以為趨新」而得當作反面教材（負向典範）。這二者的表面矛盾現象（也就是既要效法他的出版史觀，又要以他的具體書寫為戒，明顯是一大弔詭），可以從自我昇華取徑來化解。換句話說，同樣的出版史觀，得再加上詮釋學或後結構主義的理論裝備，而使它朝向如何有助於兒童文學的創作、接受、研究和教學等新格局的開拓去著力（而不是停留在貌似客觀的「量化」兼微量「質性」旨趣的考察階段），才能完滿一個較新史學的要求。因為這是從洪文瓊的論述成果推論出來的，所以要把相關的「典範意義」歸功於他，以見別為趨時而再開新聲的途徑。

五、繼起者還有什麼可以思考的空間

洪文瓊所不自覺的臺灣兒童文學史書寫的另類典範，可以從新認識論的角度重許以一個準後設知見而讓它「如如存在」；正如我作為此次的論述者，雖然也以新認識論自衡，但又極力構設了「一套言說」，彼此的質距並不會太遠。因此，他的見解和我的新會，自然就可以形成一個「相互對話」的局面。而為了更加擴延這個局面的邊界，我試著再行追問「繼起者還有什麼可以思考的空間」。

　　說實在的（別在意這句話可能的語病），對兒童文學出版情況不太關心或不夠敏感的人，是不可能大量論述這塊區域的大大小小的經驗；以至整體的對話就得拉出來別為定位。這是說談兒童文學的出版「第一把交椅」就給洪文瓊，然後我們來「促其重思」：首先，兒童文化／兒童學並不是抓著一些學科就可以建立起來的。這除了得注意「兒童」被論述的不定取向〔波茲曼（N. Postman），1994；巴克肯翰（D. Buckingham），2003；黑伍德（C. Heywood），2004；熊秉真，2000〕而必須「選樣有則」，還需要將它置入權力／知識的新認識論框架中予以妥適處理，所設論的東西才不致觸處涉疑。其次，發想兒童文學次文類的質性，已經有一些精實且成套的論說可以借鏡（陳意爭，2008；林明玉，2009；許靜文，2009；許峰銘，2010；嚴秀萍，2010），不宜再自我囿限而逐看別人「遠為超前」。再次，對於多媒體這種「新興文類」，在預期它的影響力時，也未必是「順勢」式的。舉凡它的新資訊焦慮、新虛無主義、霸權爭奪戰和資源大消耗等後遺症（周慶華，2008a：220～224），都可以促使我們從反面來進行一種「逆勢」式的批判，以為挽救世界的沉淪而延緩能趨疲臨界點的到來。

　　重思的啟動，不僅是針對洪文瓊這個可對話者，它也是針對每一個有心的後繼者。臺灣兒童文學史的書寫終究要賦予足夠新穎的內涵，才可望「出類拔萃」而被世人所垂青。而這第一要務，就是從「陳俗舊規」中奮起，以基進的理論領航（周慶華，2004d；2005；2006b；2007c；2008a；2009），重新規模兒童文學的方向。至於這個方向所要融鑄的古今中外相關文學／兒童文學的成分或計慮新成分，在可見的未來還會是「嘗試」性質居多，這就得勞動大家趕緊「觀念跟上」，以便可以實踐無礙。此外，似乎沒有更好的辦法足以用來突破現狀。

參考文獻

卜倫（1998），《西方正典》（高志仁譯），臺北：立緒。

七等生（2003），《我愛黑眼珠》，臺北：遠景。

于國欽（2006），《巨變中的臺灣經濟》，臺北：商訊。

山德勒（2010），《綠能經濟學——企業與環境雙贏法則》（洪世民譯），臺北：繁星。

凡得來恩等（2009），《生態設計學：讓地球永續的創意法則》（郭彥銘譯），臺北：馬可字羅。

三橋規宏（2009），《綠色復甦時代》（朱麗真譯），臺北：商周。

方平等譯（2000），《新莎士比亞全集第十二卷‧詩歌》，臺北：貓頭鷹。

方迪遜（2005），《鬼魂之謎》（未著譯者姓名），臺北：晶石。

巴克等（2006），《預見五種未來科技：掌握未來二十五年的商機》（高子梅譯），臺北：臉譜。

巴克（2007），《文化研究智典》（許夢芸譯），臺北：韋伯。

巴克（2009），《文化研究核心議題與關鍵爭辯》（吳沛嶸譯），臺北：韋伯。

巴克肯翰（2003），《童年之死：在電子媒體時代下長大的孩童》（張雅婷譯），臺北：巨流。

巴舍拉（2003），《空間詩學》（龔卓軍等譯），臺北：張老師。

瓦克（2007），《拉丁文帝國》（陳綺文譯），臺北：貓頭鷹。

孔恩（1989），《科學革命的結構》（王道還編譯），臺北：遠流。

孔穎達（1982a），《尚書正義》，十三經注疏本，臺北：藝文。

孔穎達（1982b），《毛詩正義》，十三經注疏本，臺北：藝文。

孔穎達等（1982），《禮記正義》，十三經注疏本，臺北：藝文。

王文洋（2007），《重建美麗的臺灣》，臺北：天下。

王世德主編（1987），《美學詞典》，臺北：木鐸。

王岳川（1993），《後現代主義文化研究》，臺北：淑馨。

王萬邦（2008），《最後機會》，臺北：商訊。

王福祥（1984），《話語語言學概論》，北京：外語教學與研究。

丹尼爾（2005），《當神祕學來敲門》，臺北：尖端。

丹席格爾（2007），《導演思維》（吳宗璘譯），臺北：電腦人。

毛思迪（2001），《中國——新霸權》（李威儀譯），臺北：立緒。

尹啟銘（2006），《斷鏈：前瞻臺灣經濟新未來》，臺北：天下。

尹德瀚（2006.10.25），〈地球生態惡化 50 年後大崩解〉，於《中國時報》第
　　A6 版，臺北。

內崎巖等（2010），《企業回收最佳實務》（謝育容譯），臺北：商周。

文德爾班（1998），《西洋哲學史》（羅達仁譯），臺北：商務。

卡弘（2001），《哲學的終結》（馮克利譯），南京：江蘇人民。

卡森（1997），《寂靜的春天》（李文昭譯），臺中：晨星。

卡卡貝茲等（1990），《權力、政治與組織》（蔡麟筆譯），臺北：巨流。

卡普費雷（1992），《謠言》（鄭若麟等譯），臺北：桂冠。

卡利尼寇司（2007），《反第三條路》（陳文暉等譯），臺北：韋伯。

布區（1997），《電影理論與實踐》（李天鐸等譯），臺北：遠流。

布侃南（2004），《連結》（胡守仁譯），臺北：天下。

布洛克（2000），《西方人文主義傳統》（董樂山譯），臺北：究竟。

布萊森（2009），《布萊森之英語簡史》（曹嘉秀譯），臺北：天下。

布雷瑟（2002），《另類世界史——打開歷史廣角》（黃中憲譯），臺北：書林。

布睿格等（2000），《亂中求序——混沌理論的永恆智慧》（姜靜繪譯），臺北：
　　先覺。

布魯克（2003），《文化理論詞彙》（王志弘等譯），臺北：巨流。

布魯格（1989），《西洋哲學辭典》（項退結編譯），臺北：華香園。

布魯吉斯（2004），《小小地球》（楊曉霞譯），香港：三聯。

包曼（2007），《液態之愛》（何定照等譯），臺北：商周。

白靈主編（2003），《中國現代文學大系（貳）：詩卷（一）》，臺北：九歌。

尼布爾（1992），《基督教倫理學詮釋》（關勝渝等譯），臺北：桂冠。

史旭瑞特等（2009），《全球化觀念與未來》（游美齡等譯），臺北：韋伯。

史柏林（2004），《影像與幻像：解離性身分疾患（DID）之藝術治療手記》（施婉清等譯），臺北：心理。

史密士（2000），《超越後現代心靈》（梁永安譯），臺北：立緒。

史密斯（1995），《圖書出版的藝術與實務》（彭松建等譯），臺北：周知等。

史區斯特（2007），《哲學診治：諮商和心理治療的另類途徑》（張紹乾譯），臺北：五南。

史蒂芬斯（2006），《大夢兩千年》（薛絢譯），臺北：立緒。

史迪格里茲（2007），《世界的另一種可能：破解全球化難題的經濟預告》（黃孝如譯），臺北：天下。

立花隆（1998），《瀕死體驗》（吳陽譯），臺北：方智。

弗列德曼（2009），《未來一百年大預測》（吳孟儒等譯），臺北：木馬。

弗羅姆金（2000），《世界之道——從文明的曙光到21世紀》（王瓊淑譯），臺北：究竟。

伍汀等（2005），《綠色全球宣言》（鄧伯宸譯），臺北：立緒。

宇同（1987），《中國哲學問題史》，臺北：彙文堂。

向明主編（2006），《曖·情詩：情趣小詩選》，臺北：聯經。

竹內薰（2009），《黑白假說：看穿偽科學的19個思考實驗》（夏淑怡譯），臺北：臉譜。

朱自清編選（1990），《中國新文學大系·詩集》，臺北：業強。

朱耀偉編譯（1992），《當代西方文學批評理論》，臺北：駱駝。

艾克曼（2004），《氣味、記憶與愛欲——艾克曼的大腦詩篇》（莊安祺譯），臺北：時報。

艾翠斯（1999），《迷宮的冥想——西方靈修傳統再出發》（趙閩文譯），臺北：商周。

吉奈提（2008），《認識電影》（焦雄屏譯），臺北：遠流。

牟宗三（1987），《中國哲學的特質》，臺北：學生。

伊格頓（1987），《當代文學理論導論》（聶振雄等譯），香港：旭日。

伊茲拉萊維奇（2006），《當中國改變世界》（姚海星等譯），臺北：高寶國際。

米道斯（2007），《成長的極限》（高一中譯），臺北：臉譜。

安德生（2006），《綠色資本家：一個可永續經營企業的實踐典範》（鄭益明譯），臺北：新自然主義。

安傑利斯（2001），《哲學辭典》（段德智等譯），臺北：貓頭鷹。

列維－布留爾（2001），《原始思維》（丁由譯），臺北：商務。

佚名（2000），《鬼魂》（劉清彥譯），臺北：林鬱。

佚名（2001a），《特異功能》（劉清彥譯），臺北：林鬱。

佚名（2001b），《儀式與魔法》（劉清彥譯），臺北：林鬱。

貝克（2004），《文化研究——理論與實踐》（羅世宏等譯），臺北：五南。

貝克曼（2008），《亞洲未來衝擊：未來 30 年亞洲新商機》（吳國卿譯），臺北：財信。

貝林格（2005），《巫師與巫術》（李中文譯），臺中：晨星。

貝斯特等（1994），《後現代理論：批判的質疑》（朱元鴻等譯），臺北：巨流。

希克（2004），《信仰的彩虹》（王志成等譯），臺北：世界宗教博物館基金會。

希爾曼（1998），《靈魂符碼》（薛絢譯），臺北：天下。

希爾斯（1992），《論傳統》（傅鏗等譯），臺北：桂冠。

希爾斯（2004），《知識分子與當權者》（傅鏗等譯），臺北：桂冠。

辛格（2003），《我們只有一個世界》（李尚遠譯），臺北：商周。

邢昺（1982a），《論語注疏》，十三經注疏本，臺北：藝文。

邢昺（1982b），《孝經注疏》，十三經注疏本，臺北：藝文。

沈恩（2008），《好思辯的印度人》（陳信宏譯），臺北：先覺。

沈清松（1986），《解除世界魔咒——科技對文化的衝擊和展望》，臺北：時報。

沈清松主編（2001），《跨世紀的中國哲學》，臺北：五南。

沈清松主編（2002），《哲學概論》，臺北：五南。

李梵（2002），《文字的故事》，臺中：好讀。

李明輝編（2003），《儒家經典詮釋方法》，臺北：喜瑪拉雅基金會。

李明輝（2008），〈省思中國哲學研究的危機——從中國哲學的「正當性問題」談起〉，於《思想》第 9 期（167），臺北：聯經。

李明燦（1986），《社會科學方法論》，臺北：黎明。

李威斯（2005），《文化研究的基礎》（邱志勇譯），臺北：韋伯。

李維－史特勞斯（1998），《野性的思維》（李幼蒸譯），臺北：聯經。

克勞（1998），《女性主義思想：欲望、權力及學術論述》（夏傳位譯），臺北：巨流。

克里克（2000），《驚異的假說——克里克的「心」、「視」界》（劉明勳譯），臺北：天下。

克里斯托（2000），《英語帝國》（鄭佳美譯），臺北：貓頭鷹。

克羅斯比（2008），《寫給地球人的能源史》（陳郁琦譯），臺北：左岸。

克里斯欽森（2006），《發燒地球 200 年》（達娃譯），臺北：野人。

克莉絲蒂娃（2005），《（納瓦羅訪談）思考之危境：克莉絲蒂娃訪談錄》（吳錫德譯），臺北：麥田。

伶姬（2003），《如來的小百合：一個現代通靈者的自述》，臺北：聯經。

吳鼎（1991），《兒童文學研究》，臺北：遠流。

吳珮慈（2007），《在電影思考的年代》，臺北：書林。

吳爾夫（2002），《哲學概論》（郭實渝等譯），臺北：學富。

村上隆（2007），《藝術創業論》（江明玉譯），臺北：商周。

余光中（2007），《蓮的聯想》，臺北：九歌。

宋兆麟（2001），《巫覡——人與鬼神之間》，北京：學苑。

佛克馬等（1987），《二十世紀文學理論》（袁鶴翔等譯），臺北：書林。

佛里曼（2008），《世界又熱、又平、又擠》（丘羽先等譯），臺北：天下。

佛德曼（2006），《了解全球化》（蔡繼光等譯），臺北：聯經。

何秀煌（1998），《從通識教育的觀點看——文明教育和人性教育的反思》，臺北：東大。

何金蘭（1989），《文學社會學》，臺北：桂冠。

里茨爾（2006），《虛無的全球化》（王雲橋等譯），上海：上海譯文。

匠英一（2001），《解開第六感之謎》（林雅倩譯），臺北：大展。

呂格爾主編（2004），《哲學主要趨向》（李幼蒸等譯），北京：商務。

杜普瑞（1996），《人的宗教向度》（傅佩榮譯），臺北：幼獅。

沃爾夫（1999），《靈魂與物理──一個物理學家的新靈魂觀》（呂捷譯），臺北：商務。

沃德羅普（1995），《複雜──走在秩序與混沌邊緣》（齊若蘭譯），臺北：天下。

沙羅梅（2004），《每個愛的早晨都有夜晚》（梁若瑜譯），臺北：大田。

伽梵達摩譯（1974），《大悲心陀羅尼經》，《大正藏》卷 20，臺北：新文豐。

佩尼（2008），《敘事治療入門》（陳增穎譯），臺北：心理。

肯吉（2007），《中國撼動世界：飢餓之國崛起》（陳怡傑等譯），臺北：高寶國際。

居恩（1994），《文字與書寫──思想的符號》（曹錦清等譯），臺北：時報。

孟樊（1995），《當代臺灣新詩理論》，臺北：揚智。

孟樊（2002），《臺灣出版文化讀本》，臺北：唐山。

孟樊（2003），《臺灣後現代詩的理論與實際》，臺北：揚智。

孟羅（1993），《靈魂出體》（翔翎譯），臺北：方智。

林區（1998），《思想傳染》（張定綺譯），臺北：時報。

林少雯（2004），《現代異次元：十則靈療的故事》，臺北：聯經。

林少雯（2005），《現代異次元 2：與靈界擦撞》，臺北：聯經。

林明玉（2009），《少年小說中的人物刻劃──以紐伯瑞兒童文學獎得獎作品為例》，臺北：秀威。

林徐典編（1992），《漢學研究之回顧與前瞻（歷史哲學卷）》，北京：中華。

林富士（2004），《漢代的巫者》，臺北：稻鄉。

林慶彰主編（2003），《五十年來的經學研究》，臺北：學生。

林靜伶（2000），《語藝批評──理論與實踐》，臺北：五南。

林耀福主編（2002），《生態人文主義──邁向一個人與自然共生共榮的社會》，臺北：書林。

武長德（1984），《科學哲學——科學的根源》，臺北：五南。

奈思比（2006），《奈思比11個未來見定》（潘東傑譯），臺北：天下。

奈思比等（2009），《中國大趨勢》（侯秀琴譯），臺北：天下。

杭亭頓（1998），《文明的衝突與世界秩序的重建》（黃裕美譯），臺北：聯經。

波茲曼（1994），《童年的消逝》（蕭昭君譯），臺北：遠流。

波謙斯基（1987），《哲學講話》（王弘五譯），臺北：鵝湖。

周逸衡等（1996），《靈魂CALL OUT——解讀靈魂完全手冊》，臺北：商周。

周慶華（1996），《文學圖繪》，臺北：東大。

周慶華（1998），《兒童文學新論》，臺北：生智。

周慶華（1999a），《新時代的宗教》，臺北：揚智。

周慶華（1999b），《思維與寫作》，臺北：五南。

周慶華（1999c），《佛教與文學的系譜》，臺北：里仁。

周慶華（2000a），《中國符號學》，臺北：揚智。

周慶華（2000b），《文苑馳走》，臺北：文史哲。

周慶華（2001a），《後宗教學》，臺北：五南。

周慶華（2001b），《作文指導》，臺北：五南。

周慶華（2002a），《死亡學》，臺北：五南。

周慶華（2002b），《故事學》，臺北：五南。

周慶華（2003），《閱讀社會學》，臺北：揚智。

周慶華（2004a），《後佛學》，臺北：里仁。

周慶華（2004b），《語文研究法》，臺北：洪葉。

周慶華（2004c），《文學理論》，臺北：五南。

周慶華（2004d），《創造性寫作教學》，臺北：萬卷樓。

周慶華（2004e），《後臺灣文學》，臺北：秀威。

周慶華等（2004），《閱讀文學經典》，臺北：五南。

周慶華（2005），《身體權力學》，臺北：弘智。

周慶華（2006a），《靈異學》，臺北：洪葉。

周慶華（2006b），《語用符號學》，臺北：唐山。

周慶華（2007a），《走訪哲學後花園》，臺北：三民。

周慶華（2007b），《語文教學方法》，臺北：里仁。

周慶華（2007c），《紅樓搖夢》，臺北：里仁。

周慶華（2008a），《轉傳統為開新——另眼看待漢文化》，臺北：秀威。

周慶華（2008b），《從通識教育到語文教育》，臺北：秀威。

周慶華（2008c），《剪出一段旅程》，臺北：秀威。

周慶華（2009），《文學詮釋學》，臺北：里仁。

金耀基（1989），《大學之理念》，臺北：時報。

舍明那拉（2003），《靈魂轉生的奧祕》（陳家猷譯），臺北：世茂。

阿姆斯壯（1999），《神的歷史》（蔡昌雄譯），臺北：立緒。

阿姆斯壯（2009），《愛情的條件——親密關係的哲學》（邵宗瑩譯），臺北：
　　麥田。

阿皮格納內西（1996），《後現代主義》（黃訓慶譯），臺北：立緒。

拉納戴夫（2006），《預見未來：善用預測力，創造企業的競爭優勢》（曹嬿恆
　　譯），臺北：麥格羅‧希爾。

韋伯（1988），《新教倫理與資本主義精神》（于曉等譯），臺北：谷風。

韋勒克等（1987），《文學理論》（梁伯傑譯），臺北：水牛。

派佛（2008），《用你的筆，改變世界：如何寫出撼動人心的好文章？》（閻蕙
　　羣譯），臺北：大是。

郎恩（1994），《權力——它的形式、基礎和作用》（高湘澤等譯），臺北：桂冠。

科恩主編（1993），《文學理論的未來》（程錫麟等譯），北京：中國社會科學。

哈維（2008），《新帝國主義》（王志宏等譯），臺北：羣學。

哈爾門（2005），《文字的歷史》（方奕譯），臺中：晨星。

柯爾（2000），《物理與頭腦相遇的地方》（丘宏義譯），臺北：天下。

柯司特（1998），《網絡社會之崛起》（夏鑄九等譯），臺北：唐山。

胡適等（1988），《中國哲學思想論集‧總論篇》，臺北：水牛。

胡適編選（1990），《中國新文學大系‧理論建設集》，臺北：業強。

南方朔（2001），《在語言的天空下》，臺北：大田。

洪文瓊（1994a），《臺灣兒童文學史》，臺北：傳文。

洪文瓊（1994b），《兒童圖書的推廣與應用》，臺北：傳文。

洪文瓊（1994c），《兒童文學見思集》，臺北：傳文。

洪文瓊（1997），《電子童書小論叢》，臺北：傳文。

洪文瓊（2004），《臺灣圖畫書發展史——出版觀點的解析》，臺北：傳文。

范正美（2004），《經濟美學》，北京：中國城市。

施百俊（2009），《美學經濟密碼》，臺北：商周。

姜汝祥（2004），《差距：從中國一流企業與世界第一的距離，思考臺灣企業
　　的競爭力》，桃園：良品文化館。

柏拉圖（1989），《柏拉圖理想國》（侯健譯），臺北：聯經。

威肯特（1999），《當代意識形態》（羅慎平譯），臺北：五南。

威爾伯（2000），《靈性復興——科學與宗教的整合道路》（龔卓君譯），臺北：
　　貓頭鷹。

威爾森（2002），《生物圈的未來》（楊玉齡譯），臺北：天下。

馬昌儀（1999），《中國靈魂信仰》，臺北：雲龍。

封‧笙堡（2008），《窮得有品味》（闕旭玲譯），臺北：商周。

查普曼（1989），《語言學與文學》（王晶培審譯），臺北：結構群。

紀登斯（2001），《失控的世界》（陳其邁譯），臺北：時報。

迪德里齊等（2001），《全球資本主義的終結：新的歷史藍圖》（徐文淵譯），
　　北京：人民文學。

海默哈夫（2006），《文化產業》（廖佩君譯），臺北：韋伯。

香港聖經公會（1996），《聖經》，新標點和合本，香港：香港聖經公會。

班固（1979），《漢書》（顏師古注），臺北：鼎文。

徐訏（1991），《現代中國文學過眼錄》，臺北：時報。

紐通（2003），《靈魂的旅程》（曾怡菱譯），臺北：十方書。

孫奭（1982），《孟子注疏》，十三經注疏本，臺北：藝文。

孫震等主編（2007），《危機臺灣》，臺北：渤海堂。

孫詒讓（1983），《墨子閒詁》，新編諸子集成本，臺北：世界。

高爾（2006），《不願面對的真相》（張瓊懿等譯），臺北：商周。

秦霖（2006），《靈異占星》，臺北：棋碁。

唐圭璋編（1973），《全宋詞》，臺北：文光。

格拉罕（2003），《網路的哲學省思》（江淑琳譯），臺北：韋伯。

索斯金（2005），《通靈自學書》（桂彤譯），臺北：布波。

埃斯卡皮（1989），《文學社會學》（葉淑燕譯），臺北：遠流。

陳來（2001），《現代中國哲學的追尋》，北京：人民。

陳淳（1986），《北溪字義》，文淵閣四庫全書第 709 冊，臺北：商務。

陳黎等譯著（2005），《致羞怯的情人：400 年英語情詩名作選》，臺北：九歌。

陳玉梅（1999），《非常醫療，非常另類》，臺北：天下。

陳世驤（1975），《陳世驤文存》，臺北：志文。

陳伯璋（2002），〈大學理念的知識觀反思與大學實體的社會建構：一種對「大
　　學」的知識社會學反思〉，於《思與言》第 40 卷第 4 期（51～111），臺北。

陳東榮等主編（1995），《典律與文學教學》，臺北：中華民國比較文學學會等。

陳俊輝（1991），《新哲學概論》，臺北：水牛。

陳義芝主編・賞讀（2006），《為了測量愛：當代情詩選》，臺北：聯合文學。

陳意爭（2008），《圖畫與文字的邂逅──圖畫書中的圖文關係探索》，臺北：秀威。

陳慕純（2008），《文明的危機與轉機──21 世紀公民必讀之書》，臺北：允晨。

寇威（2005），《全球化歷史》（陳昶佑譯），臺北：韋伯。

寇尼爾（2004），《性／別──多元時代的性別角力》（劉泗瀚譯），臺北：書林。

曼恩（2002），《改變西方世界的 26 個字母》（江正文譯），臺北：究竟。

曼德（2001），《網路大衰退》（曾郁惠譯），臺北：聯經。

望茲等（2005），《飛進第六感───一個靈媒的親身經歷》（陳麗舟譯），臺北：
　　商周。

莫渝（2007），《波光瀲灩：20 世紀法國文學》，臺北：秀威。

莫爾（1984），《倫理學原理》（蔡坤鴻譯），臺北：聯經。

莫爾斯（2002），《生態學》（金恆鑣譯），臺北：麥格羅・希爾。

梭蒙（1987），《邏輯》（何秀煌譯），臺北：三民。

梭羅（2000），《知識經濟時代》（齊思賢譯），臺北：時報。

康德（1986），《判斷力批判》（宗白華等譯），臺北：滄浪。

康斯勒（2007），《沒有石油的明天：能源枯竭的全球化衝擊》（郭恆祺譯），臺北：商周。

張默等編（1995），《新詩三百首》，臺北：九歌。

張默編（2007），《小詩‧牀頭書》，臺北：爾雅。

張潮（1990），《幽夢影》（周慶華導讀），臺北：金楓。

張灝（1989），《幽暗意識與民主傳統》，臺北：聯經。

張志楷（2009），《中國因素：大中華圈的機會與挑戰》（林宗憲譯），臺北：博雅書屋。

張振東（1993），《西洋哲學導論》，臺北：學生。

張高評主編（2007），《文學數位製作與教學》，臺北：五南。

張開基（2000），《飛越陰陽界》，臺北：新潮社。

張開基（2005），《自殺者在靈界（2）》，臺北：林鬱。

張漢良編（1988），《七十六年詩選》，臺北：爾雅。

馮友蘭（1994），《中國哲學史》，臺北：商務。

麥考爾（2009），《綠經濟：提升獲利的綠色企業策略》（曾沁音譯），臺北：麥格羅‧希爾。

麥唐諾等（2008），《從搖籃到搖籃：綠色經濟的設計提案》（中國 21 世紀議程管理中心等譯），桃園：良品文化館。

麥克里蘭（1991），《意識形態》（施忠連譯），臺北：桂冠。

麥克邁克爾（2007），《人類浩劫──失衡生態的反噬》（王新雨譯），臺北：商務。

梅納德等（1994），《第四波──二十一世紀企業大趨勢》（蔡伸章譯），臺北：牛頓。

郭崇倫（2008.8.19），〈阿敏，反全球化首席理論家〉，於《中國時報》第 A11 版，臺北。

郭慶藩（1983），《莊子集釋》，新編諸子集成本，臺北：世界。

清聖祖敕編（1974），《全唐詩》，臺南：平平。

連銀三（2004），《生命輪迴的密碼──一位死而復生通靈者之自述》，臺北：大唐知識。

許峰銘（2010），《童詩圖像教學》，臺北：秀威。

許靜文（2009），《臺灣青少年成長小說中的反成長》，臺北：秀威。

開普樓（1986），《權力遊戲──人類三角關係》（章英華等譯），臺北：桂冠。

梁瑞祥（2001），《網際網路與傳播理論》，臺北：揚智。

渥厄（1995），《後設小說──自我意識小說的理論與實踐》（錢競等譯），臺北：駱駝。

菲柏（2005），《大魔法師咒語書》（文軒等譯），臺北：達觀。

傅柯（1993），《知識的考掘》（王德威譯），臺北：麥田。

傅柯（1998），《瘋癲與文明》（劉北成等譯），臺北：桂冠。

傅頌（2007），《這就是你面對的全球化》（武忠森譯），臺北：博雅書屋。

傅拉瑟（1995），《攝影的哲學思考》（李文吉譯），臺北：遠流。

寒哲（2001），《西方思想抒寫》（胡亞非譯），臺北：立緒。

萊特（2007），《失控的進步》（達娃譯），臺北：野人。

曾鳴等（2008），《龍行天下：中國製造未來十年新格局》，臺北：大都會。

費雪（2000），《第一性──女人的天賦正在改變世界》（莊安琪譯），臺北：先覺。

費雪（2009），《剪刀、石頭、布──生活中的賽局理論》（林俊宏譯），臺北：天下。

湯森（2003），《英語兒童文學史綱》（謝瑤玲譯），臺北：天衛。

湯林森（2007），《文化與全球化的反思》（鄭棨元等譯），臺北：韋伯。

黃一峰（2004），《電影市場學》，北京：中國電影。

黃俊傑（1995），〈當前大學通識教育的實踐及其展望〉，於《通識教育季刊》第 2 卷第 2 期（29），臺北。

黃俊傑主編（1997），《大學理念與校長遴選》，臺北：中華民國通識教育委員會。

黃俊傑編（2001），《中國經典詮釋傳統（一）：通論篇》，臺北：喜瑪拉雅基金會。

黃俊傑編（2002），《傳統文化與現代價值的激盪與調融（一）》，臺北：喜瑪拉雅基金會。

黃慧英（1988），《後設倫理學之基本問題》，臺北：東大。

須文蔚（2003），《臺灣數位文學論》，臺北：二魚。

程予誠（2006），《行銷電影》，臺北：亞太。

堤未果（2009），《貧困大國美國──金融風暴為什麼發生在美國？》（楊明綺譯），臺北：商周。

黑伍德（2004），《孩子的歷史：從中世紀到現代的兒童與童年》（黃煜文譯），臺北：麥田。

勞思光（1977），《哲學淺說》，香港：友聯。

斯珀波等（2008），《關聯：交際與認知》（蔣嚴譯），北京：中國社會科學。

斯卡迷達（2001），《聶魯達的信差》（張慧英譯），臺北：皇冠。

隆柏格（2008），《暖化？別鬧了！》（嚴麗娟譯），臺北：博雅書屋。

華特斯（2000），《全球化》（徐偉傑譯），臺北：弘智。

普里戈金（1990），《混沌中的秩序》（沈力譯），臺北：結構群。

堺屋太一（1996），《世紀末啟示》（王彥花等譯），臺北：宏觀。

統一夢公園編輯小組企畫（2003），《愛情二十四節氣》，臺南：統一夢公園。

路況（1993），《虛無主義書簡──歷史終結的游牧思考》，臺北：唐山。

福勒（1987），《現代西方文學批評術語》（袁德成譯），成都：四川人民

福雷門（1998），《環境生態學：污染及其他逆壓對生態系結構與功能之影響》（金恆鑣譯），臺北：國立編譯館。

塞斯（2007），《印度：下一個經濟強權》（蕭美惠等譯），臺北：財訊。

塞爾（1995），《宗教與當代西方文化》（衣俊卿譯），臺北：桂冠。

塞爾維爾（1989），《意識形態》（吳永昌譯），臺北：遠流。

楊慎（1983），《升菴詩話》，續歷代詩話本，臺北：藝文。

楊澤編（1996），《魯迅小說集》，臺北：洪範。

楊大春（1994），《解構理論》，臺北：揚智。

楊年強（1998），《魂靈超度：巫師術士》，臺北：將門文物。

雷夫金（1988），《能趨疲：新世界觀——二十一世紀人類文明的新曙光》（蔡伸章譯），臺北：志文。

奧力佛（2005），《哲學的歷史》（王宏印譯），臺北：究竟。

奧伯汀（2005），《2010 大趨勢》（徐愛婷譯），臺北：智庫。

董芳苑等（1985），《另一個世界的祕密》，臺北：宇宙光。

道金斯（1995），《自私的基因》（趙淑妙譯），臺北：天下。

葉國良等（2005），《經學通論》，臺北：大安。

葉啟政（1995），《臺灣社會的人文迷思》，臺北：東大。

葉詠琍（1982），《西洋兒童文學史》，臺北：東大。

葉維廉（1988），《歷史、傳釋與美學》，臺北：東大。

詹偉雄（2005），《美學的經濟：臺灣社會變遷的 60 個微型觀察》，臺北：風格者。

達爾尼等（2008），《綠色企業力——改變世界的八十個人》（梁若瑜譯），臺北：平安。

葛蘭德（2008），《領你預見未來》（徐紹敏譯），臺北：商智。

葛拉威爾（2000），《引爆趨勢——舉手之勞成大事》（齊思賢譯），臺北：時報。

葛雷易克（1991），《混沌——不測風雲的背後》（林和譯），臺北：天下。

瑞斯尼克（2008），《穿越時空的訪客——遇見達文西》（廖梅璇譯），臺北：維京國際。

碧果（1988），《碧果人生》，臺北：采風。

維柯（1997），《新科學》（朱光潛譯），北京：商務。

維登（1994），《女性主義實踐與後結構主義理論》（白曉紅譯），臺北：桂冠。

維加德（2008），《趨勢學・學趨勢：剖析趨勢成因，預測趨勢大未來》（羅雅萱譯），臺北：麥格羅・希爾。

趙仲明（1993），《巫師・巫術・祕境中國巫術文化追蹤》，昆明：雲南大學。

趙雅博（1979），《知識論》，臺北：幼獅。

廖炳惠（1990），《形式與意識形態》，臺北：聯經。

赫爾德等（2005），《全球化與反全球化》（林佑聖等譯），臺北：弘智。

熊秉真（2000），《童年憶往——中國孩子的歷史》，臺北：麥田。

蒲慕州編（2005），《鬼魅神魔　中國通俗文化側寫》，臺北：麥田。

潘恩等（2008），《微趨勢》（潘勛譯），臺北：雅言。

潘世墨等（1998），《現代社會中的科學》，臺北：淑馨。

潘添勝（2005），《神奇的靈魂學》，臺南：西北。

臺東大學籌備處（2002），《提升大學基礎教育計畫：轉型與創新——臺東大學基礎課程之建構、實踐與評鑑》，臺東：臺東大學籌備處。

慕勒（2009），《全球七大短缺》（張淑惠等譯），臺北：商周。

蔡文華（1995），《前世今生的論證》，臺北：如來印經會。

蔡源煌（1988），《從浪漫主義到後現代主義》，臺北：雅典。

滕守堯（1997），《藝術社會學描述》，臺北：生智。

德希達（2004），《書寫與差異》（張寧譯）臺北：麥田。

德勒茲等（2004），《何謂哲學？》（林長杰譯），臺北：商務。

德比亞齊（2005），《文本發生學》（汪秀華譯），天津：天津人民。

樊明德（2004），《以電影開啟生命智慧——e 化電影式生命教育之理論與實踐》，臺北：學富。

鄭志明（1998），《臺灣民間宗教結社》，嘉義：南華管理學院。

鄭志明（1999），《臺灣新興宗教現象——傳統信仰篇》，嘉義：南華管理學院。

鄭志明（2004），《宗教與民俗醫療》，臺北：大元。

鄭振鐸編選（1990），《中國新文學大系・文學論爭集》，臺北：業強。

鄭燕祥（2006），《教育範式轉變：效能保證》，臺北：高等教育。

劉熙（1988），《釋名》，增訂漢魏叢書本，臺北：大化。

劉勰（1988），《文心雕龍》，增訂漢魏叢書本，臺北：大化。

劉述先（2001），《全球倫理與宗教對話》，臺北：立緒。

劉述先主編（2002），《中國思潮與外來文化》，臺北：中央研究院中國文哲研究所。

劉軍寧（1992），《權力現象》，臺北：商務。

劉還月（1996），《臺灣民間信仰小百科・靈媒卷》，臺北：臺原。

閻紀宇（2008.6.28），〈代誌大條 9 月前北極冰恐消失〉，於《中國時報》第 F1 版，臺北。

黎國雄（1994），《靈魂附體與精神療法》，臺北：希代。

黎國雄（1995），《解讀靈異現象》，臺北：希代。

隱地（1994），《出版心事》，臺北：爾雅。

盧勝彥（2004a），《靈與我之間——親身經歷的靈魂之奇》，桃園：大燈。

盧勝彥（2004b），《靈魂的超覺——八次元空間感應》，桃園：大燈。

歐文（2006），《生態學的第一堂課》（蔡伸章譯），臺北：書泉。

歐頓（2000），《生態學：科學與社會之間的橋樑》（王瑞香譯），臺北：國立編譯館。

鮑曼（1992），《自由》（楚東平譯），臺北：桂冠。

鮑德威爾（2008），《電影藝術：形式與風格》（曾偉禎譯），臺北：麥格羅・希爾。

戴蒙（2006），《大崩壞：人類社會的明天？》（廖月娟譯），臺北：時報。

戴震（1978），《孟子字義疏證》，臺北：商務。

戴維斯（1992），《沒門》（馬曉光等譯），北京：中國社會科學。

戴曉霞（2000），《高等教育的大眾化與市場化》，臺北：揚智。

簡克斯（1998），《文化》（俞智敏等譯），臺北：巨流。

簡政珍（2006），《電影閱讀美學》，臺北：書林。

蕭新煌等（2005），《綠色藍圖：邁向臺灣的「地方永續發展」》，臺北：天下。

曇無讖譯（1974），《大般涅槃經》，《大正藏》卷 12，臺北：新文豐。

塞爾維爾（1989），《意識形態》（吳永昌譯），臺北：遠流。

懷特（2003），《後現代歷史敘事學》（陳永國等譯），北京：中國社會科學。

魏斯（2003），《前世今生：生命輪迴的前世療法》（譚智華譯），臺北：張老師。

魏明德（2006），《新軸心時代》（楊麗貞等譯），臺北：利氏。

魏特罕（2000），《空間地圖——從但丁的空間到網路的空間》（薛絢譯），臺北：商務。

謝希聲（1978），《公孫龍子注》，新編諸子集成本，臺北：世界。

龐士東（2007），《囚犯的兩難——賽局理論與數學天才馮紐曼的故事》（葉家興譯），臺北：左岸。

嚴秀萍（2010），《童話中的反動思維——以狼和女巫形象的塑造及轉化為討論核心》，臺北：秀威。

關紹箕（2003），《後設語言概論》，臺北：輔仁大學。

羅素（1984），《西洋哲學史》（邱言曦譯），臺北：中華。

羅斯坦（1998），《環境倫理學：對自然界的義務與自然界的價值》（王瑞香譯），臺北：國立編譯館。

羅森堡（1997），《「新」的傳統》（陳香君譯），臺北：遠流。

羅爾斯（2003），《正義論》（李少軍等譯），臺北：桂冠。

聶魯達（1999），《二十首情詩與絕望的歌》（李宗榮譯），臺北：大田。

嚴羽（1983），《滄浪詩話》，歷代詩話本，臺北：藝文。

蘭特利奇等編（1994），《文學批評術語》（張京媛等譯），香港：牛津大學。

顧燕翎主編（1996），《女性主義理論與流派》，臺北：女書。

國家圖書館出版品預行編目

反全球化的新語境 / 周慶華著. -- 一版. --
　臺北市：秀威資訊科技, 2010.04
　　面：　公分. -- (社會科學類：AF0138)
　BOD 版
　參考書目：面
　ISBN 978-986-221-422-0 (平裝)

　1.趨勢研究　2.社會變遷　3.全球化

541.49　　　　　　　　　　　　　99003922

 社會科學類　AF0138

反全球化的新語境

作　　者 / 周慶華
發 行 人 / 宋政坤
執行編輯 / 詹靚秋
圖文排版 / 郭靖汝
封面設計 / 蕭玉蘋
數位轉譯 / 徐真玉　沈裕閔
圖書銷售 / 林怡君
法律顧問 / 毛國樑　律師
出版印製 / 秀威資訊科技股份有限公司
　　　　　　台北市內湖區瑞光路 583 巷 25 號 1 樓
　　　　　　電話：02-2657-9211　　傳真：02-2657-9106
　　　　　　E-mail：service@showwe.com.tw
經 銷 商 / 紅螞蟻圖書有限公司
　　　　　　台北市內湖區舊宗路二段 121 巷 28、32 號 4 樓
　　　　　　電話：02-2795-3656　　傳真：02-2795-4100
　　　　　　http://www.e-redant.com

2010 年 4 月 BOD 一版
定價：310 元

讀　者　回　函　卡

感謝您購買本書，為提升服務品質，煩請填寫以下問卷，收到您的寶貴意見後，我們會仔細收藏記錄並回贈紀念品，謝謝！

1.您購買的書名：＿＿＿＿＿＿＿＿＿＿＿＿＿＿＿＿＿＿＿

2.您從何得知本書的消息？

　　□網路書店　　□部落格　□資料庫搜尋　　□書訊　□電子報　□書店

　　□平面媒體　　□ 朋友推薦　□網站推薦 □其他＿＿＿＿＿＿

3.您對本書的評價：(請填代號　1.非常滿意 2.滿意 3.尚可 4.再改進)

　　封面設計＿＿＿　版面編排＿＿＿　內容＿＿＿　文/譯筆＿＿＿　價格＿＿＿

4.讀完書後您覺得：

　　□很有收獲　□有收獲　□收獲不多　□沒收獲

5.您會推薦本書給朋友嗎？

　　□會　□不會，為什麼？＿＿＿＿＿＿＿＿＿＿＿＿＿＿＿＿＿＿＿

6.其他寶貴的意見：＿＿＿＿＿＿＿＿＿＿＿＿＿＿＿＿＿＿＿＿＿＿

＿＿＿＿＿＿＿＿＿＿＿＿＿＿＿＿＿＿＿＿＿＿＿＿＿＿＿＿＿＿＿

＿＿＿＿＿＿＿＿＿＿＿＿＿＿＿＿＿＿＿＿＿＿＿＿＿＿＿＿＿＿＿

＿＿＿＿＿＿＿＿＿＿＿＿＿＿＿＿＿＿＿＿＿＿＿＿＿＿＿＿＿＿＿

讀者基本資料

姓名：＿＿＿＿＿＿＿＿＿＿＿＿　年齡：＿＿＿＿　性別：□女 □男

聯絡電話：＿＿＿＿＿＿＿＿＿＿　E-mail：＿＿＿＿＿＿＿＿＿＿＿＿

地址：＿＿＿＿＿＿＿＿＿＿＿＿＿＿＿＿＿＿＿＿＿＿＿＿＿＿＿＿

學歷：□高中(含)以下　　□高中　　□專科學校　　□大學

　　　□研究所(含)以上 □其他＿＿＿＿＿＿＿＿

職業：□製造業 □金融業 □資訊業 □軍警 □傳播業 □自由業

　　　□服務業 □公務員 □教職　 □學生 □其他＿＿＿＿＿＿

To：114

台北市內湖區瑞光路 583 巷 25 號 1 樓

秀威資訊科技股份有限公司　　收

寄件人姓名：

寄件人地址：□□□

- -

(請沿線對摺寄回,謝謝!)

秀威與 BOD

BOD（Books On Demand）是數位出版的大趨勢，秀威資訊率
先運用 POD 數位印刷設備來生產書籍，並提供作者全程數位出
版服務，致使書籍產銷零庫存，知識傳承不絕版，目前已開闢
以下書系：

一、BOD 學術著作─專業論述的閱讀延伸
二、BOD 個人著作─分享生命的心路歷程
三、BOD 旅遊著作─個人深度旅遊文學創作
四、BOD 大陸學者─大陸專業學者學術出版
五、POD 獨家經銷─數位產製的代發行書籍

BOD 秀威網路書店：www.showwe.com.tw
政府出版品網路書店：www.govbooks.com.tw

永不絕版的故事・自己寫・永不休止的音符・自己唱